kailash

Veit Lindau

WERDE VERRÜCKT

Wie du bekommst, was du wirklich-wirklich willst

kailash

MIX
Papier aus verantwortungsvollen Quellen
FSC® C084279

Verlagsgruppe Random House FSC® N001967
Das für dieses Buch verwendete FSC®-zertifizierte Papier
Tauro liefert Papier Union.

1. Auflage
Originalausgabe

Lektorat: Anne Nordmann
Umschlaggestaltung und Layout: ki 36 Editorial Design, Daniela Hofner, München
Illustrationen: Daniela Hofner und Carla Nagel
Satz: EDV-Fotosatz Huber/Verlagsservice G. Pfeifer, Germering
Druck und Bindung: Print Consult, München
Printed in Slovak Republic
ISBN 978-3-424-63111-1
www.kailash-verlag.de

PROLOG

Erhebe deinen Geist.

Der Mensch ist nicht fertig.
Er wird gerade erst geboren.

Ich widme dieses Buch dem schöpferischen Rebellen in dir,
jener Stimme, die weiß,
dass das, was du heute als Wirklichkeit erlebst,
nicht das Ende deiner Möglichkeiten,
sondern immer nur der Anfang ist.

Egal, wie oft du schon gefallen bist,
wie sehr du an dir gezweifelt
oder wie lange du gezögert hast:
Es gibt einen magischen Zeitpunkt,
um neu zu beginnen.

Und der ist JETZT.

INHALTSVERZEICHNIS

PROLOG

PART 1: VERSTÄNDNIS

PART 2: SINN

PART 3: MANIFESTATION

DU

DU bist wunderschön.
DU bist ein kreatives Genie.
DU bist wahrhaftig.
DU bist unendlich wertvoll.

DU hast das Recht
auf ein glückliches Leben,
in Freiheit, Reichtum und Gesundheit.

DU hast das Recht
auf eine sinnliche, wahrhaftige, nahe Liebesbeziehung,
auf Orgasmen aller Art,
auf Freundschaften, die für dich durchs Feuer gehen,
auf eine Arbeit, die du so sehr liebst, dass du dich wunderst,
dafür auch noch bezahlt zu werden.

DEIN Leben ist ein kostbares Abenteuer der Selbsterkenntnis.
DU liebst dich genauso, wie du bist.
DU fühlst dich von deinen Mitmenschen und der gesamten
Existenz geliebt.
DU liebst frei und bedingungslos zurück.

DU bist am richtigen Platz, zur richtigen Zeit.
DU genießt jeden Schritt auf einem einzigartigen Pfad,
den nur DU gehen kannst.
Wenn DU nicht wärest, würde etwas fehlen.

DU bist eine Schatztruhe, gefüllt mit Weisheit,
Wissen und Fähigkeiten.
DU traust dich, bemerkenswert zu sein.
DU verschenkst deine Gaben voller Freude.

DU bist alles, und DU bist entspannt nichts.
DU tanzt frei durch dein Leben und ruhst doch still in dir.

Nichts ist zu gut, um wahr zu sein.
Für DICH ist immer noch viel mehr drin,
als DU bisher gedacht hast.
DEINE Zukunft bietet ungeahnte Möglichkeiten.

Egal, wie alt DU bist,
die beste Zeit liegt noch vor DIR.

DU bist ein Wunder, umgeben von Wundern.
Es erwarten dich noch viele Wunder.

Das Leben ist gut zu DIR.
DU bist gut.
DU bist frei.

BEREIT?

Was hast du gedacht, als du diese Sätze über DICH gelesen hast?
Was hast du gefühlt?

Konntest du sie uneingeschränkt bejahen?
Spiegeln sie sich in deinem alltäglichen Leben wider?

Oder lösen die Worte Widerstand in dir aus?
Zweifel? »Meint er das ernst?«
Verneinung? »Das gilt nicht für mich!«
Frust? »Schön wär's!«

Wie auch immer du reagiert hast,
was da geschrieben steht,
ist die Wahrheit über dich, über mich, über uns alle.

Wenn wir es nicht vollständig fühlen oder leben können,
liegt (noch) ein Irrtum im Geist vor.
Wir haben irgendwann eine begrenzende Lüge über uns gehört
und als Wahrheit akzeptiert.
Wir haben vergessen, wer wir wirklich sind:
wunderschöne, einzigartige, liebenswerte, schöpferische Genies.

Es ist Zeit, dass wir uns erinnern.

WERDE VERRÜCKT

Was wir brauchen, sind ein paar verrückte Leute;
seht euch an, wohin uns die Normalen gebracht haben.

Bernhard Shaw

In diesem Buch dreht sich alles um die Macht deines Geistes und den Einfluss deines Glaubens in Bezug auf das, was für dich möglich ist.

Es ist eine Einladung, in deinem Geist verrückt zu werden – im positiven Sinn. Ich möchte mit dir in die Welt der Freidenkerinnen und Verwirklicher eintauchen.

Ich möchte gemeinsam mit dir radikal infrage stellen, wer du bist und was du kannst. Das ist gesund! Wer nicht regelmäßig an den Grenzen seiner eigenen Überzeugungen rüttelt, verhärmt geistig. Denn Leben kennt keinen Stillstand. Es wächst, oder es zieht sich zurück. So auch deine geistige Komfortzone. Entweder sie wird immer wieder neu ausgedehnt, oder sie schrumpft.

Natürlich gibt es auch ein pathologisches Verrücktsein. Schizophrenie, Wahn. Wem das widerfährt, der hat mein tiefes Mitgefühl. Darüber möchte ich keine Witze reißen.
Doch hier und jetzt lade ich dich zu jener Verrücktheit ein, die wir als Kinder unbewusst gelebt haben – den freien Geist des Staunens. Die kühne Ahnung: »He, das war doch noch nicht alles. Hier geht noch viel mehr!«

Ich glaube nicht an Zufälle. Wenn dieses Buch gerade in deinen Händen liegt und sich dort gut anfühlt, haben wir ein Date.
Ich vermute mal, etwas reicht dir noch nicht.
Etwas bewegt dich.
Etwas sehnt sich in dir – nach einem intensiveren Leben, nach Freiheit, Erfolg, Reichtum, Liebe …

Du liest diese Zeilen, weil du dich nicht mit der Norm zufriedengeben kannst. Du willst sie verschieben, jene unsichtbare Grenze zwischen *möglich* und *unmöglich*.

Lass uns gemeinsam deinen Glauben in Bezug auf deine Möglichkeiten verrücken.
Wenn du mich fragst, brauchen wir noch viel, viel mehr gesunde Verrückte.
Denn das kann es noch nicht gewesen sein.

Schau dich um.
Obwohl wir in unseren Breitengraden so viel materiellen Reichtum angehäuft haben, laufen viel zu viele nicht wirklich glückliche Menschen durch deine Stadt.
Obwohl wir so viel wissen, haben wir unseren Heimatplaneten fast unwiderruflich in den ökologischen Kollaps getrieben.
Obwohl genug für alle da ist, lassen wir Millionen Menschen hungern und sterben.

Es gibt viele eindringliche Beispiele dafür, dass das, was wir häufig als Norm(al) akzeptieren, im Grunde genommen nur gesellschaftlich sanktionierter Wahnsinn ist. Wie wir mit den Genies, als die unsere Kinder geboren werden, in den Schulen verfahren. Dass wir Essen lieber wegwerfen, als es mit den Hungernden zu teilen. Dass wir Millionen von Steuergeldern für von Anfang an zum Scheitern verurteilte Projekte vergeuden. Dass wir unsere liebsten Beziehungen durch Unehrlichkeit und Routine vergiften. Dass wir Kriege um Rohstoffe führen, mit denen wir dann die Luft verpesten.
Ich könnte ewig so fortfahren, doch ich möchte dich nicht deprimieren, sondern ermutigen.

Denn ich bin trotz der täglichen Nachrichten kein Pessimist. Ich glaube – an dich, an mich, an uns alle.

Warum?

Weil es sie in unserer Geschichte immer gab: die gesunden Verrückten. Die, die es gewagt haben, die Norm in ihrem Geist zu brechen.

Manche Namen nennen wir auch heute noch voller Bewunderung: Spartacus, Jesus, Michelangelo, Thomas Edison, Ludwig van Beethoven, Alexander Fleming, Marie Curie, Mutter Teresa, Albert Einstein, Martin Luther King …

Viele Namen schallen so laut, dass wir aus Ehrfurcht versucht sein könnten, sie auf ein fernes, für uns unerreichbares Podest zu heben. Wären da nicht auch die »einfachen«, stillen Helden von nebenan.

Zum Beispiel die Afroamerikanerin Rosa Parks, die sich am 1. Dezember 1955 weigerte, ihren Sitzplatz im Bus für einen weißen Fahrgast zu räumen, und so zur Mitauslöserin der schwarzen Bürgerrechtsbewegung wurde. Oder das Mädchen Malala, das 2014 den Nobelpreis erhielt. Sie hat darauf bestanden, in Afghanistan zur Schule zu gehen, und ist dafür von den Taliban fast umgebracht worden. Oder die vielen Jungunternehmer, die heute ihre ersten Start-ups manchmal schon mit vierzehn Jahren gründen – nicht nur, um viel Geld zu verdienen, sondern um die Welt zu verbessern.

Es gab sie also schon immer, die Querdenkerinnen, die Vordenker, die Verwirklicherinnen von Utopien. Mich fasziniert der Gedanke, dass es noch viel mehr davon unter uns gibt. Doch sie sind eingeschlafen – und träumen einen Traum der Begrenzungen. Dieses Buch sucht sie. Denn jetzt ist die Zeit, da wir sie alle brauchen. Mehr glückliche Menschen. Mehr Mitschöpfer. Mehr Menschen, die keinen Bock darauf haben zu warten, sondern die bereit sind, die Revolution, nach der sie sich sehnen, genau dort einzuleiten, wo sie jetzt stehen.

Nach dem Zeitalter der Technologie befinden wir uns nun im Zeitalter der Information. Alles ist überall verfügbar. Die Fusion von technischer und menschlicher Intelligenz steigert unser Wirkungspotential exponentiell. Noch nie hatte ein Einzelner einen so machtvollen Hebel für individuelle und kollektive Veränderung zur Verfügung wie jetzt. Auf die Politik und die alten Tanker der Wirtschaft brauchen wir nicht zu hoffen. Sie bewegen sich zu langsam, zu zäh durch die Stromschnellen dieser Zeit. Die kühne und zugleich arrogante Avantgarde im Silicon Valley, die mit Google, Facebook, etc. die Weltherrschaft anstrebt, können wir nicht bremsen. Doch sie braucht ein Gegengewicht in Form von Millionen geistig agiler, selbstbestimmter Mitschöpfer.

Die Liste an Gründen, warum wir als menschliche Art unseren Geist noch weit verrücken müssen, ließe sich über viele Seiten fortführen. Doch viel spannender bist du.

Welche Frage hat dich zu diesem Buch greifen lassen?
Welche Sehnsucht pocht in dir?
Was reicht dir nicht?
In welchem Bereich deines Lebens flüstert dir eine leise, eindringliche Stimme zu:
»Das kann es einfach noch nicht gewesen sein!?«

Wenn du möchtest, liste einige dieser Themen, offenen Fragen und Baustellen hier auf:

- Welchen SINN hat mein irdisches Dasein?
- Wo liegt mein Seelenplan?
- Wie soll diese Reise aussehen?
- Woher kommt diese Leere in mir?
- Was erfüllt mein Wesen?

Das Schöne ist: Obwohl ich dich nicht kenne, weiß ich hundertprozentig, dass das, was du in diesen Bereichen als deine Wirklichkeit erlebst, nicht das Ende deiner Möglichkeiten ist. Da geht noch viel, viel mehr.

Bist du bereit, es herauszufinden?

Lass uns gemeinsam verrückt werden!

WIRKLICH-WIRKLICH

„Was nährt deine Seele?

Warum schreibe ich *wirklich-wirklich*?
Warum nicht einfach nur *wirklich*?

Weil der menschliche Geist ein gieriger, ängstlicher, neugieriger Gesell ist. Er kreiert Wünsche am Fließband. Er schickt uns wie ein wild gewordener Affe in alle möglichen Ecken des Dschungels. Er verführt uns – wenn wir nicht hellwach sind –, falschen Möhren hinterherzurennen – und das manchmal über Jahre. Sicher hast du schon die Erfahrung gemacht, dich mit allem, was du hattest, für einen Wunsch ins Zeug zu legen, um am Ende festzustellen, dass er nichts, aber auch gar nichts mit dir zu tun hatte. Besonders in der heutigen Zeit – manipuliert durch laute Werbeversprechen, irritiert durch tausend Optionen und gefordert von allen Seiten – ist es ratsam, deine Wünsche zweimal zu hinterfragen, bevor du deine kostbare Lebenszeit in ihre Erfüllung investierst. Auf dem lärmenden Marktplatz der Welt ruhig herauszuhören, was du wirklich-wirklich willst, ist eine Kunst.

Die Antwort macht dich still, und gleichzeitig entfacht sie in deinem Herzen ein stetiges Feuer für die Dinge, die tatsächlich getan werden müssen.

Als Mensch zu wissen, was du wirklich-wirklich willst, befreit dich und fokussiert deinen so mächtigen Geist auf das für dich WESENtliche.

ERFOLG TUT GUT

Erfolg.

Was fällt dir zu diesem Wort ein? Schreib es hier auf:

Zufrieden mit mir & meinen Leistungen. finanzielle Unabhängigkeit. Anerkennung; Freude am Leben, innere Ruhe;

Bitte nimm dir Zeit, in das, was du geschrieben hast, hineinzuspüren. Fühlt es sich klar und entspannt an? Oder »hängt« darin Energie fest?

Wenn du deine Gedanken über Erfolg liest und ihnen dein aktuelles Leben gegenüberstellst, kannst du einen Zusammenhang erkennen?

Schneide ich in Gesprächen das Thema Erfolg an, reagieren die Menschen sehr unterschiedlich:

»Ich brauche keinen Erfolg!«
»Will ich unbedingt!«
»Funktioniert eh nicht.«

»Erfolg macht nicht glücklich!«
»Erfolg ist sexy!«
»Erfolg hat unsere Erde kaputtgemacht!«
»Ich hätte gerne Erfolg, aber bei mir klappt es nicht.«
»Erfolg ist ein Männerding.«
»Erfolg ist geil!«
»Erfolg verbrennt!«

Selten werden diese Meinungen entspannt geäußert – das Thema Erfolg scheint für viele stark emotionsgeladen zu sein; Freude, Frust, Neid oder Gier schwingen mit. Wenn du möchtest, mach dir den Spaß, und frag deine Freunde und Kollegen, was sie mit dem Begriff assoziieren. Was fällt ihnen als Erstes dazu ein?

Um erfüllt zu leben, brauchst du eine gesunde, positive Beziehung zur Tugend des Erfolgs.

Ich behaupte, dass viele Menschen Erfolg abwerten, weil sie ihn nicht haben.
In Äsops Fabel vom Fuchs und den Trauben versucht der Fuchs verzweifelt, an die leckeren Trauben zu kommen. Als er es nicht schafft und bemerkt, dass er von einer Maus bei seinem Scheitern beobachtet wird, behauptet er lautstark, dass er nie an den Trauben interessiert gewesen sei. Sie seien ihm viel zu sauer.

So ging es mir vor 25 Jahren auch. Mein Leben befand sich in einem desolaten Zustand. Schleifengelassenes Medizinstudium, heruntergekommene Einzimmerwohnung mit Außenklo und Möbeln vom Sperrmüll und eine verkorkste Liebesbeziehung nach der nächsten. Ich war chronisch pleite und vor allem: Ich hatte keine Ahnung, was ich wollte.

Kein Ego steht gern nackt und unwissend da. Also machte ich es wie der Fuchs. Ich kultivierte eine Antihaltung, kiffte, las Bücher über Weltrevolutionen und Erleuchtung und fühlte mich beim Lesen sehr schlau. Ich zeigte mit dem Finger verächtlich auf alle, die ihr Leben im Griff hatten, und sammelte Vorurteile gegen erfolgreiche Menschen. … bis der Druck irgendwann so mächtig wurde, dass ich bereit war, in den Spiegel zu schauen: Da stand ein frustrierter junger Mann, der weder wusste, was er will, noch wie er es bekommen soll. Der ernüchternde Schmerz dieser Erkenntnis sandte mich auf eine intensive Forschungsreise. Ich wollte Erfolg verstehen und meistern.

Diese Reise hatte viele interessante Stationen.
Ich brach mein Medizinstudium ab, weil ich damit den Traum meiner Eltern gelebt hatte und nun meinen eigenen endlich finden wollte.
Ich wischte im Krankenhaus alten Leuten den Hintern ab und war glücklich dabei.
Ich verkaufte Staubsauger in einer Drückerkolonne, bis ich vor lauter Scham Migräne bekam.
Ich meldete mich bei einem Escortservice an, weil die Vorstellung, Sex und Geld zu vereinen, für einen jungen Mann einfach zu verlockend war.

Ich möchte WIRKEN

Und irgendwann fing ich an, die Prinzipien des Erfolgs zu studieren. Sie funktionierten.
Ich baute ein Seminarunternehmen auf. Ermutigt durch einen meiner wichtigsten Lehrer stürzte ich mich daneben munter in alle weltlichen Versuchungen: Sex, Drogen, Macht, Geld …

Als ich den ersten Hügel des Erfolgs erreicht hatte, traf ich den nächsten Lehrer, einen Guru, und entsagte zu seinen Füßen allen weltlichen Genüssen. Nun glaubte ich, ich wäre angekommen und hätte alles verstanden.
Doch irgendwann wurde es mir auf dem Meditationskissen zu langweilig.
Eine ungestüme Kraft trieb mich zurück in die Welt; mein Drang nach Wirken war noch lange nicht gestillt.
Ich las Hunderte Bücher über Erfolg und Glück. Ich meditierte. Ich affirmierte. Ich löste in Therapien alte Traumen auf.[1] Ich betete, hoffte auf Wunder, spielte Lotto.
Ich wünschte mir alles vom Universum.
Ich fühlte mich ungeduldig zerrieben – zwischen großen Ideen auf der einen Seite und meinen begrenzten Ressourcen auf der anderen Seite.
Ich handelte hochspekulativ an der Börse, bis ich wie ein Zombie nur noch an auf- und absteigende Kurven denken konnte.

1 Die eine Woche später wieder da waren.

Ich arbeitete über viele Jahre hart und kam dennoch nicht auf einen grünen Zweig.
Ich träumte lange vom großen Geld, denn ich war überzeugt, es würde alle meine Probleme lösen.
Als es dann da war, war ich nicht glücklicher. Ich hatte nur die eine Sorte Probleme gegen die andere getauscht.

Ich durfte erfahren, wie es ist, wenn materieller Reichtum kommt und wieder geht und wieder kommt. Irgendwann realisierte ich, dass es mir gar nicht um Geld ging. Es ging mir um Selbstverwirklichung. Ich fühlte mich wie ein Ferrari, der die ganze Zeit mit angezogener Handbremse um denselben Block fährt. Ich wollte einen Weg finden, die Kraft in mir zu befreien und in eine Bahn zu lenken, die sich richtig anfühlt.
Ich unterhielt mich auf dieser Forschungsreise mit sehr armen und sehr reichen Menschen. In beiden Lagern fand ich Glück und Leid. Ich gab meinen Stolz auf. Ich hielt wie ein Jäger nach Vorbildern Ausschau, die zumindest auf einem Gebiet etwas erreicht hatten, was ich auch wollte. Ich lernte von ihnen. Ich probierte viel aus. Ich machte ungezählte Fehler. Ich tappte in so gut wie jede klassische Falle auf dem Weg des Erfolgs. Das kostete mich Geld, Zeit, Nerven, Würde und Freundschaften.

Vor ungefähr zehn Jahren hatte ich es dann endlich zusammen: ein für mich einleuchtendes Erfolgs-ABC. Das praktiziere ich seitdem jeden Tag. Es funktioniert. Ich warte nicht mehr auf ein Wunder – ich übe eine Kunst.

Heute bin ich nicht nur erfolgreich, sondern ich fühle es auch.
Ich fühle mich in mir wohl (hat eine Weile gedauert).
Seit über zwanzig Jahren lebe ich mit einer großartigen Frau in einer lebendigen Beziehung, wie ich sie mir seinerzeit so schön nie hätte vorstellen können. Ich durfte eine wunderbare Tochter großziehen.
Unsere Unternehmen schreiben mittlerweile Umsätze im siebenstelligen Bereich, indem sie Gutes in die Welt bringen. Der ökonomische Reichtum gibt mir die Möglichkeit, endlich viele der Projekte umzusetzen, die schon lange in meiner schöpferischen Pipeline warten.
Ich arbeite mit Menschen zusammen, die ich liebe. Wir sind eine große Familie. So habe ich es immer gewollt.
Meine Bücher finden den Weg zu vielen Leserinnen und Lesern, die mir auf diese Weise erlauben, ihr Leben zu berühren.
Ich lerne in meiner Arbeit täglich interessante, liebenswerte Menschen kennen.
Ich weiß, dass dies alles auch wieder geht. Deshalb bin ich dankbar, dass sich auch die Kunst des Loslassens langsam und leise einstellt.
Ich habe meine Berufung gefunden und lebe mich darin aus.

Das alles erzähle ich nicht, um anzugeben, sondern weil ich finde, dass man, bevor man den Rat eines Menschen annimmt, überprüfen sollte, ob er lebt, was er lehrt. Ich schreibe dieses Buch nicht aus einer theoretischen Perspektive; Erfolg ist eines meiner zentralen Lebensthemen und darüber zu kommunizieren mein Auftrag. Alles, was ich mit dir teile, ist durchlebt. Es ist nicht nur durch meine persönliche Erfahrung bestätigt; ich habe diese Prinzipien an mehrere tausend Klienten weitergegeben, und auch bei ihnen greifen sie.

Es hat auf meinem Weg des Erfolgs viele entscheidende Weggabelungen gegeben. Eine der wichtigsten war der Moment, als ich für mich eine positive Definition von Erfolg fand.
Ich habe mir die Zeit genommen, alle meine Vorurteile zu überprüfen, und alles Falsche über Bord geworfen. Übrig geblieben ist eine Definition, die es mir endlich ermöglicht hat, eine gesunde Beziehung zum Erfolg aufzubauen.
Diese Definition möchte ich hier mit dir teilen; auf ihr baut das gesamte Buch auf.

Erfolg ist eine Tugend. Es ist deine Fähigkeit,

- immer wieder frisch herauszufinden, was du wirklich-wirklich willst, und dann
- dein gesamtes Potential sanft, bewusst und effektiv dafür einzusetzen, dass du es auch bekommst.

Jeder Mensch will und muss wissen, was er wirklich-wirklich will. In Wahrheit ist bereits dieses Wissen ein Riesenerfolg. Und jeder Mensch sehnt sich danach zu bekommen, was er wirklich-wirklich will.

Wenn du für dich erkannt hast, dass das, was du gerade wirklich-wirklich willst, die erste Million ist, dann setz dich dafür ein. Sanft, bewusst und effektiv. Es steht niemandem zu, dich deswegen zu verurteilen. Denn niemand läuft auf deinem Pfad.

Wenn du gerade der Welt entsagen und dich in ein Kloster zurückziehen möchtest, um Erleuchtung zu finden, tu es. Sanft, bewusst und effektiv.[2] Es steht niemandem zu, dich deswegen zu verurteilen. Denn niemand läuft auf deinem Pfad.

Wenn es für dich gerade das Allerwichtigste ist, Frieden auf der Welt zu schaffen, setz dich dafür ein. Mit allem, was du hast. Sei der erfolgreichste Friedensbotschafter, den es je gegeben hat.

Was steht gerade für dich an? Sex, Nestbau, Business, Gesundheit …? Gut. Sauge alles auf, was du über Erfolg lernen kannst, und setze es in Bezug auf *dein* aktuell heißestes Thema um.

Erfolg als Tugend ist so alt wie die Menschheit.

Vor circa 70.000 Jahren ist auf unserem Planeten etwas geschehen, was Forscher bis heute nicht eindeutig erklären können. Einer bestimmten Gattung von Tieren, den Menschenaffen, reichte es nicht mehr aus, einfach »nur« zu sein. Sie begannen zu hinterfragen, zu

2 Du willst ein Heiliger werden? Mach es richtig. Jesus und Buddha sind für mich zwei sehr erfolgreiche Menschen gewesen. Sie beeinflussen uns noch immer.

reflektieren und zu erschaffen. Dies war auch die Geburtsstunde unseres Bedürfnisses nach Erfolg.

Hier einige epochale Erfolge:

- Die Entdeckung des Feuers.
- Die Geburt der Kunst in Tanz und Höhlenmalerei.
- Der Anbau von Getreide.
- Die Erschaffung von Göttern, mit denen wir sprechen konnten.
- Die Errichtung von Städten und Imperien.
- Kriege zu gewinnen.
- Kriege zu beenden.
- Die *Odyssee* und *Faust* zu schreiben.
- Die Pest zu besiegen.
- Überirdisch schöne Musik zu komponieren.
- Menschen ein leuchtendes Vorbild zu sein.
- Revolutionen anzuzetteln.
- Dampfmaschinen zu bauen.
- Gott vom Thron zu stürzen.
- Dich selbst daraufzusetzen.
- Vernunft in die Welt zu bringen.
- Zu fliegen wie Vögel.
- Frauen Männern gleichzustellen.
- Computer zu bauen.
- Unsere Geister durch das Internet zu vernetzen.

… und jetzt bist du dran.

Vergiss, was die anderen unter Erfolg verstehen. Sie stehen nicht an deiner Stelle.
Was willst *du* wirklich-wirklich?
Finde es heraus. Benenne es.
Dann geh von der Bremse und spiel das beste Spiel deines Lebens.

Erfolg regt deine Entwicklung an.
Er lockt dich aus der Komfortzone.
Er macht dich sichtbar.
Er lässt dich neue Wahrheiten über dich entdecken.

Erfolg in dem, was du liebst,
weitet deinen Geist,
durchflutet dich mit Ekstase
und lässt dich still werden.

Lust auf mehr Erfolg?

DIESES BUCH UND DU

> **„Das größte Geschenk, das du mit uns allen teilen kannst, bist du!**

Im folgenden Kapitel erkläre ich dir zum Warmwerden und Kennenlernen, warum ich dieses Buch schreibe. Außerdem biete ich unentschlossenen Lesern und Leserinnen eine Entscheidungshilfe an und warne noch einmal vor meinem Kommunikationsstil. (Wenn du dir sicher bist, dass du das Buch lesen möchtest, und meinen Stil bereits kennst, kannst du diesen Teil auch einfach überspringen.)

Warum dieses Buch

Der erste Grund bist du

Die bewusste Selbstverwirklichung – im Geist und in unseren Taten – ist für mich das höchste Ideal des menschlichen Lebens. Mich macht kaum etwas anderes so glücklich wie der Anblick eines Menschen, der für sein Ding brennt und sein gesamtes Potential dafür mutig und entschlossen in die Waagschale wirft.

Der zweite Grund sind deine Mitmenschen

Lass es uns ungeschönt beim Namen nennen: Ein Mensch, der nicht weiß, was er will oder wie er es bekommt, nervt. Er raubt einem mit seiner Unklarheit Energie. Er macht gern andere für sein Unglück verantwortlich, ist neidisch auf die, die ihr Ding

durchziehen, und verbreitet lieber negative Nachrichten, als aktiv die Welt zu verschönern.
Dein Umfeld atmet auf, wenn du in deine schöpferische Kraft kommst. Manche werden gehen, weil sie deine neue Klarheit nicht aushalten, doch die, die bleiben, haben wesentlich mehr Spaß mit dir. Aus einem bedürftigen Konsumenten wird eine inspirierende Quelle für andere. Es gibt Menschen in deiner Umgebung – Kids, ein Geliebter, Kollegen, Eltern –, die dich lieben und brauchen. Sie sehnen sich nach deiner freiesten und schönsten Version. Da ist etwas, was nur du ihnen geben kannst. Ich schreibe auch für sie.

Der dritte Grund ist der Zustand der Welt

Ich arbeite in verschiedenen Rollen – als Coach, Autor, Trainer, Lehrer –, doch im Grunde meines Herzens bin ich ein Reformer. Ich möchte nicht nur unterhalten oder ein paar gelangweilte Egos auf ihrem Selbsterkenntnistrip bespaßen. Ich möchte meinen Beitrag zu einer schöneren und friedvolleren Welt leisten. Die Evolution hat uns Menschen mit einem unvorstellbar machtvollen Werkzeug ausgestattet – einem schöpferischen Bewusstsein. Wir sind fähig, innere Welten zu erschaffen, die so noch nie existiert haben, und sie dann im Außen zu manifestieren. Noch gehen wir mit diesem Werkzeug um wie ein unbedarftes Kleinkind, dem durch Zufall ein scharfes Messer in die Hände gefallen ist. Mit unserem unkontrollierten Geist verletzen wir uns selbst, unsere Mitmenschen, die Natur, unseren Heimatplaneten.
Viele haben zwar mittlerweile erkannt, dass etwas nicht stimmt, doch wir bekämpfen immer noch viel zu sehr die Symptome – die

Umweltkrise, Kriege, vermeintlich illegale Einwanderer, die Schere zwischen Arm und Reich – und übersehen dabei die eine zentrale Quelle aller Probleme: den menschlichen Geist. Hier entsteht Trennung. Hier werden Gegner erschaffen. Ein unkontrollierter Geist – blind vor Gier oder Angst – kreiert Schwierigkeiten, die nicht sein müssten. Unsere Vorstellungskraft hat miteinander konkurrierende Götter erschaffen und uns für diese Gebilde unserer Phantasie in den Krieg ziehen lassen. Obwohl wir wissen, dass bestimmte Verhaltensweisen über kurz oder lang zum ökologischen Kollaps führen, rammeln wir stur weiter.

Es ist der Geist, der ehemals Liebende in unwürdige Scheidungskriege führt.
Er löscht das Feuer unserer Sehnsucht und Visionen.
Er hält uns mit Zweifeln klein.
Er verstrickt uns in banale Kleinigkeiten, statt uns zu unserer wahren Größe zu verhelfen.

Es sind normierte Gedanken, viral verbreitet durch Erziehungssysteme und Medien, die aus lebendigen Freigeistern gelangweilte Vertreter des Mittelmaßes formen.
Es ist der unreflektierte Geist, der uns Gründe liefert, warum wir jetzt, nur noch dieses eine Mal, unsere heiligsten Werte verraten sollten.
Sein unkontrolliertes Denken erzeugt die Illusion von Mangel und lässt uns dann wie blöde Esel Möhren hinterherrennen, in der Hoffnung, ein Loch in uns, das gar nicht existiert, stopfen zu können.

Ein schwacher Geist gibt die Verantwortung für das, was geschieht, an andere ab. Er regt sich über die Politiker auf.
Doch es sind nicht »die da oben«, die unsere aktuellen Krisen erzeugen. Unsere Leistungsgesellschaft, die Millionen von Menschen unreflektiert und kurz vorm Burnout durch das Leben hetzt, ist nicht von selbst entstanden. Wir selbst sind dafür verantwortlich. Wir alle. Es sind Milliarden Geister – vernetzt durch Beziehungen, Medien, Internet –, die unsere Welt in diesem Augenblick erschaffen.

> Wenn das, was der menschliche Verstand bis hierher kreiert hat, die Norm ist, dann brauchen wir viel mehr gesunde Verrückte.

Ich bin kein Freund von Glaubensrichtungen, die den menschlichen Geist regelrecht verteufeln. Nach dem Motto, wenn wir alle nur nicht mehr denken würden, wäre alles fein. Wir können uns den Kopf nun mal leider nicht abschlagen. Wir müssen lernen, mit dem Fluch und der Chance unserer schöpferischen Gabe zu leben. Wir müssen begreifen, dass unser Denken niemals neutral ist. Wir erschaffen in jedem Moment. Jeder von uns webt mit seinem Geist am Schicksal der Menschheit mit.

Wie bereits erwähnt: Es gab schon immer lebendige Leuchtfeuer, Menschen, die die Macht des Geistes nicht ignoriert, sondern sie bewusst eingesetzt haben, um mehr Gutes, Wahres und Schönes in die Welt hineinzumanifestieren. Wissenschaftler, Poeten, Künstler, Visionäre, Rebellen, Heilige. Wir sprechen noch Jahrhunderte später beGEISTert ihre Namen aus. Sie wussten, was sie wirklich-wirklich wollten, und sie haben ihr gesamtes Potential dafür verwendet, es wahr zu machen. Es ist verführerisch und bequem, sie auf einen Thron zu setzen, und im Zustand der Anbetung einzuschlafen. Doch dafür haben wir nicht die Zeit.

Jetzt sind wir dran. Die nächste Revolution wird von unten kommen. Sie wird von vielen sinnzentrierten Menschen gemacht werden, die friedvoll die Verantwortung übernehmen, um sanft und radikal eine neue Welt zu kreieren. Wir brauchen viele, viele Menschen mit klaren Werten, die wissen, was sie wollen, und ihre schöpferische Kraft konstruktiv dafür einsetzen.

Der vierte Grund sind die vielen Missverständnisse

Ich liebe die Tugend des Erfolgs. Leider ist sie in Verruf geraten. Erst wegen derjenigen, die sie aus blinder Gier als zerstörerisches Werkzeug einsetzten, dann wurde sie von Tschakka-tschakka-Motivationsgurus verunglimpft, die mit euphorischen Versprechen für falsche Erwartungen und viel Enttäuschung sorgten, und in den letzten zwei Jahrzehnten hat die spirituelle Flachlandszene das Thema schließlich durch abstruse, kindlich-naive Wunschrituale zusätzlich ins Lächerliche gezogen. In einer gewissen Weise verstehe ich mich als Anwalt der uralten Tugend des Erfolgs. Ich erfinde das Werkzeug des Erfolgs ganz gewiss nicht neu. Das kann auch gar nicht mein Anliegen sein, denn die hier vorgestellten Prinzipien werden seit tausenden von Jahren praktiziert. Doch da sie immer noch von zu wenig Menschen, die etwas Wertvolles beizutragen

hätten, benutzt und von einigen wenigen stark missbraucht werden, stelle ich sie in einem neuen Kontext vor. Eingebettet in die Sinnfrage (Was brauchen wir wirklich und was nicht?) und nüchterner.
Mein Anliegen war es, allen Firlefanz auszusortieren, der zwar gut klingt, aber nicht hält, was er verspricht. Nach zwanzig Jahren intensiver Beschäftigung mit dem Thema maße ich mir an, einschätzen zu können, was funktioniert und was in die Kategorie Humbug fällt. Es gibt viel zu wenig gutgesinnte UND erfolgreiche Menschen. Deshalb freue ich mich, dir ein solides Handwerkszeug des Erfolgs mitgeben zu können.[3]

Der fünfte Grund sind meine Klientinnen und Klienten

Ich habe die Erfolgsprinzipien, um die es in diesem Buch geht, in vielen Live- und Online-Seminaren an etwa 10.000 Menschen weitervermittelt. Dabei bin ich oft gebeten worden, die Essenz dessen in einem Buch zusammenzufassen. Dieser Bitte komme ich hiermit sehr gern nach. Ein Riesendank an euch und euer Vertrauen!

3 Du findest im Anhang eine ausführliche Auflistung von Büchern, die mich inspiriert haben.

Entscheidungshilfe

Dieses Buch ist für dich …

- wenn du jetzt schon spüren kannst, dass es passt. Vertrau deinem Instinkt.
- wenn du in deinem Leben gerade ein Tal durchschreitest und eine herzliche Aufmunterung gebrauchen kannst.
- wenn du an chronischem Schöpfungsstau[4] leidest.
- wenn das Leben dir deutliche Signale sendet, dass es Zeit ist, Wolke 7[5] zu verlassen.
- wenn bereits dutzende Erfolgsratgeber leicht verstaubt in deinem Bücherregal stehen, an die du hin und wieder frustriert denkst, weil es bei dir anscheinend nicht so klappt, wie es da beschrieben steht.

---

4 Chronischer Schöpfungsstau tritt ein, wenn Menschen ihren Geist mit unendlich vielen Theorien, Idealen, Träumen und »Was wäre wenn?«-Gedanken vollstopfen, es aber verpassen, sie auch auf die Straße zu bringen.

5 Wolke 7 ist eine Bewusstseinsentwicklungsphase, in der sich rational denkende Menschen wieder für das öffnen, was nicht messbar ist. Das an sich ist sehr wertvoll, doch bei mangelnder Erdung führt es zu kuriosen Symptomen: Die Betroffenen glauben, sich alles einfach nur vom Universum wünschen zu müssen. Oder dass das irdische Leben eh nur eine Illusion ist und es deshalb nicht notwendig ist, Rechnungen zu bezahlen. Oder dass sie keinen Erfolg haben, weil sie der Welt bereits einen Schritt voraus sind. Ich würde gern ein ganzes Buch ausschließlich über diese zum Teil irrsinnig komischen Stilblüten menschlichen Glaubens schreiben. Doch die, die es sich gerade auf Wolke 7 gemütlich gemacht haben, können meistens nicht darüber lachen. Falls du dich angesprochen fühlst, mach dir keine Sorgen: Es geht wieder vorbei. Wenn du das Buch noch nicht wütend in die Ecke gefeuert hast, löst sich die Wolke bereits wieder auf. Ist nicht schlimm. Die Erde bietet genug Abenteuer!

- wenn du nicht bereit bist, deine wilden Träume loszulassen, obwohl dir deine Zweifel leise zuflüstern: »Gib endlich auf!«
- wenn du auf der weltlichen Erfolgsebene bereits eine Menge erreicht hast und merkst, dass trotzdem noch etwas fehlt.[6]
- wenn du bereits ein gutes Spiel spielst und spürst: »Es ist Zeit für das nächste Level.«
- wenn alle auf dich einreden: »He, du hast doch schon so viel erreicht, gib dich zufrieden«, doch dein Herz wütend rebelliert: »Nein, das kann es noch nicht gewesen sein!«
- wenn du gerade denkst: »Veit, können wir endlich loslegen?! Ich bin heiß auf guten, erfüllenden, elektrisierenden Erfolg!«

Du kannst die Prinzipien dieses Buches nutzen, um …

- mehr Kohle mit einer guten Sache zu verdienen.
- eine lebendige Beziehung zu eröffnen und zu gestalten.
- mit Sinn berühmt zu werden.
- deine Wohnung endlich aufzuräumen.
- deine Liste der 100 Dinge, die du vor dem Sterben noch erleben willst, entscheidend schrumpfen zu lassen.
- erfolgreich, sexy, glücklich und ein guter Mensch zu sein.
- Frieden in dir, unabhängig von äußeren Umständen, zu finden.
- die Welt wirksam zu verbessern, ohne andere damit zu nerven.

---

6 Ich habe etliche Klienten, die weltlich sehr erfolgreich und dennoch unglücklich sind. Es berührt mich immer wieder zu sehen, wie viel Mut es kostet, sich an so einem Punkt des Lebens (um das die meisten anderen dich beneiden würden) noch einmal ganz neue, verrückende Fragen zu stellen.

- mit weniger Anstrengung mehr zu leisten.
- einen langen Traum endlich Wirklichkeit werden zu lassen.
- gesünder zu leben und deine Selbstheilungskräfte zu aktivieren.
- dich geistig zu befreien, damit du häufiger über dich selbst lachen kannst.
- viel öfter das zu tun, was du wirklich-wirklich willst.

Vielleicht macht es dich hibbelig, dass ich diese Kennenlern-Prozedur so ausführlich gestalte. Doch wir sind bereits mittendrin im Thema dieses Buches: der Kunst zu bekommen, was du wirklich-wirklich willst:

Geh nicht durch jede offene Tür. Nimm nicht an jedem Gespräch teil. Lies nicht jedes Buch. Deine Lebenszeit ist kostbar. Deine Aufmerksamkeit ist deine wichtigste Währung. Wäge sorgfältig ab, in was du sie investierst.

Deshalb möchte ich fairerweise auch noch darauf hinweisen, dass dieses Buch garantiert nichts für dich ist …

- wenn du gerade einhundertprozentig zufrieden bist mit deinem Leben. Denn es wird für Unruhe sorgen.
- wenn dir Recht zu haben wichtiger ist, als glücklich zu sein. Denn dein Rechthaben hält dich genau da fest, wo du stehst.
- wenn du aus irgendeinem Grund beschlossen hast, dass Erfolg nichts für dich ist. Das erklärte Ziel dieses Buches ist es nämlich, dich erfolgreicher zu machen.

- wenn du nach einem Weg suchst, mehr Erfolg zu haben, ohne dich verändern und bewegen zu müssen.
- wenn du denkst, bereits alles zum Thema Erfolg zu wissen.
- wenn du nach einer magischen Zauberformel zum leichten Abheben suchst. Ich bin bekannt als guter Erder …

Mein Schreibstil – eine kleine Warnung

Ich bin durch und durch Pragmatiker. Für mich zählt nicht, was gut klingt, sondern was gut funktioniert. Alle wissenschaftlich orientierten Menschen bitte ich um Verständnis für meine Vereinfachungen. Mein Anliegen ist es, bestimmte Prinzipien in einleuchtende Bilder zu übersetzen, so dass möglichst viele Menschen sie unmittelbar in ihrem Alltag anwenden können.

Ich kommuniziere sehr direkt. Zartbesaitete Seelen mögen manche Worte als ruppig oder frech empfinden. Ich kann dir versichern, es kommt alles von Herzen. Ich stelle mir beim Schreiben vor, wie ich mit dir an einem Tisch sitze und wir ein freundschaftliches, ehrliches und waches Gespräch führen. Mir ist es weniger wichtig, von dir gemocht zu werden, als dich zum Nachdenken anzuregen. Dafür ist mir jedes Mittel recht – die zarten und die lauten Töne, die Ermunterung und die Provokation. Das Paket mit Informationen und Fragen in diesem Buch ist heiß. Wenn du es auspackst, erschüttert es viele deiner Grundüberzeugungen. Deshalb mein Vorschlag: Konzentrier dich weniger auf den Postboten und seinen Stil, sondern mehr darauf, was der Inhalt mit *dir* macht. Wo und wie er dich berührt.

Ich spreche in meinen Vorträgen und Büchern jeden Menschen mit *du* an. Nicht aus Unhöflichkeit, sondern weil unser Unterbewusstsein Du-Botschaften näher an uns herankommen lässt. Außerdem begegne ich dir innerlich wirklich auf Augenhöhe. Auch wenn wir uns nicht persönlich kennen, weiß ich, dass wir in den zentralen Herausforderungen und Themen unseres Lebens Geschwister sind.

Liebe Frau, lieber Mann: noch ein Wort zur geschlechterspezifischen Wortwahl. Bitte glaube mir, dass ich es mir nicht leicht mache. Gerade weil ich mich viel mit der Macht von Worten und Gedanken beschäftige, ist mir klar, dass es nicht einfach nur eine Spitzfindigkeit ist, wenn sich Frauen mehr sprachliche Berücksichtigung wünschen. Ich werde deshalb immer wieder zwischen männlicher und weiblicher Ausdrucksform wechseln beziehungsweise da, wo es passt, eine gemeinsame Ansprache verwenden. Für Männer mag sich dies ungewöhnlich anfühlen. Besser, wir gewöhnen uns dran … [7]

7 Das nächste Buch, das wir im eigenen Verlag herausbringen, werden wir in zwei Varianten veröffentlichen – für *sie* und für *ihn*. Versprochen.

Wie dieses Buch lesen

Fühl dich völlig frei, das Buch in deinem Rhythmus zu verdauen. Vorwärts, rückwärts, durcheinander, am Stück, mit Pausen.

Dieses Buch kann dir als Inspiration *und* als konkrete Manifestationsanleitung dienen.
Wenn du mit seiner Hilfe ein konkretes Ziel verwirklichen möchtest, empfehle ich dir, Part 1 und Part 2 in Ruhe als Vorbereitung zu lesen und dann Part 3, *gründlich*, Schritt für Schritt umzusetzen. Du tust dir keinen Gefallen, eine Etappe zu überspringen. Sie bauen aufeinander auf, und du wirst jede brauchen.

Wenn du bereits ein erfahrener Erfolgsprofi bist, mag es für dich interessant sein, die Kapitel zu überfliegen und dir die Themen herauszusuchen, die du gern vertiefen oder verfeinern möchtest. Solltest du dich währenddessen bei dem Gedanken: »Das kenne ich schon« ertappen, lade ich dich herzlich ein, sofort die Frage nachzuschieben: »Lebe ich es auch konsequent und konkret?«[8] Ich bin seit zwanzig Jahren in diesem Business und lerne immer noch et-

8 Ich bin zum Beispiel immer wieder sehr erstaunt, wie viele Experten und Coaches perfekt über ein Thema dozieren können, ohne es selbst in ihrem Alltag anzuwenden. Und mal unter uns, wahrscheinlich wäre ich auch so einer, hätte ich nicht eine unglaublich hartnäckige und wache Frau an meiner Seite, die mich früher sehr häufig nach meinen Vorträgen mit dem Satz an der Tür empfing: »Schatz, das hast du so toll erklärt. Was bedeutet das denn jetzt ganz konkret für uns?«

was Neues dazu beziehungsweise erinnere mich gern an die noch gründlichere Umsetzung.

Ich habe den Verlag gebeten, dieses Buch lebendig zu gestalten, damit es deinen kreativen Flow anregt. In jedem Fall freut sich dieses Buch, wenn du es so richtig vereinnahmst. Es liebt Notizen, Klebezettel, Strichmännchen, Eselsohren und Kaffeeflecken. Es wartet darauf, von dir mit Leben erfüllt zu werden.

Dein Leserbereich

Die Informationen in diesem Buch brauchen den Kontakt zu deinem Unterbewusstsein, um positive und nachhaltige Ergebnisse zu erzeugen. Dafür stelle ich dir auf der Webseite zum Buch im Leserbereich mehrere geführte Meditationen und weiteres Zusatzmaterial zur Verfügung. Die Arbeit damit wird die Effekte um ein Vielfaches verstärken. Es lohnt sich, dort vorbeizuschauen. Geh dafür auf www.werde-verrueckt.de, und melde dich für den Leserbereich an. Das Passwort dafür lautet »lebenslust«, zusammen- und kleingeschrieben.

AM ANFANG DAS ENDE IM SINN

Ein Ziel ist ein Traum mit Termin.

Harvey Mackay

Lust auf ein erstes schöpferisches Experiment?

Du kannst mir glauben, ich gebe in diesem Buch alles, was ich habe. Doch letztendlich entscheidet sich seine Wirkung in dir. Es liegt in der Macht *deines* Geistes, ob dieses Buch nach ein paar netten Aha-Effekten in deinem Bücherregal landet oder ob es der Initialfunke für einen wundervollen Aufbruch sein wird.

Weil dein Part so wichtig ist, habe ich das letzte Kapitel des Buches für dich aufgehoben. Stell dir vor, du könntest dir jetzt wünschen, was dieses Buch in deinem Leben bewirken soll. Blättere auf die Seite 428 und schreibe exakt auf, was du am Ende unserer gemeinsamen Reise gefunden haben möchtest. Lege deine Zukunft fest. Dann vergiss es wieder. Lies das Buch, und ich wette, du wirst, wenn du wieder auf der letzten Seite ankommst, erstaunt sein.

DIE DREI SÄULEN DEINES GLÜCKS

Letztendlich wollen wir alle einfach glücklich sein.

Auch wenn ich in diesem Buch häufig von Erfolg spreche und viele Prinzipien des Erfolgs beschreibe, geht es im Grunde genommen nicht um Erfolg.

Denn genau betrachtet ist Erfolg gar kein Ziel, sondern immer nur ein Mittel.

Wir sehnen uns alle danach, Glück und Erfüllung zu erfahren. Das verbindet uns.

Egal, auf welchem Weg wir wandeln, egal, was wir anstellen – Kinder bekommen, einen Wolkenkratzer bauen, eine Partei gründen, den Regenwald abholzen, den Regenwald schützen, Geld scheffeln, Geld entsagen oder in der Nase popeln –, wir tun dies alle bewusst oder unbewusst, weil wir glücklich sein wollen. Wir wollen uns gut fühlen. Diese essentielle Erfahrung ruht auf drei Säulen.[9]

---

9 Diese einfache Dreiteilung geht zurück auf den Medizinsoziologen Aaron Antonovsky, den Begründer der *Salutogenese* (die Wissenschaft davon, wie Gesundheit entsteht). Er prägte den Ausdruck als Gegensatz zur *Pathogenese* (wie Krankheit entsteht). Antonovsky zufolge ist Gesundheit kein starrer Zustand, sondern ein variierender Prozess. Niemand ist je hundertprozentig krank oder hundertprozentig gesund. Antonovsky ging davon aus, dass es nicht primär um die Abwesenheit pathologischer Befunde geht (Wie viele Menschen kennst du, die körperlich fit sind und dennoch leiden?), sondern um das Erreichen eines möglichst vollständigen Kohärenzgefühls. Diese Erfahrung der ganzheitlichen Stimmigkeit braucht drei Elemente – Verständnis, Sinn, Bewältigbarkeit. Ich habe mir erlaubt, das Modell sowohl in der Reihenfolge als auch der Begriffswahl unserem Thema anzupassen. Diese Anpassung resultiert auch aus der Erfahrung von vielen Gesprächen mit Klienten. So konnten sie es am besten nehmen.

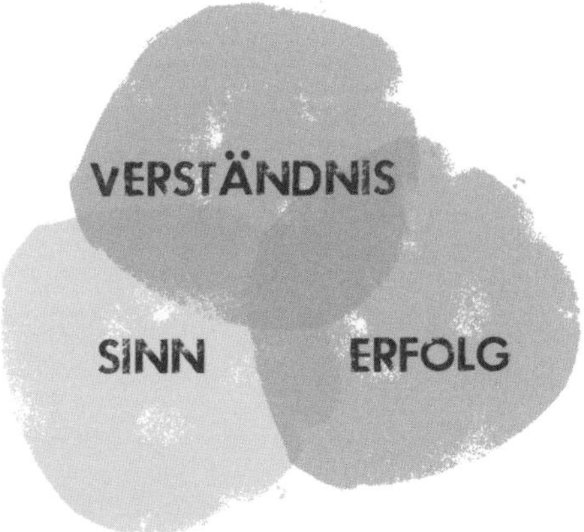

Verständnis: Du musst verstehen, was in deinem Leben passiert.
Sinn: Das, was geschieht, muss für dich einen tieferen Sinn ergeben. Was du tust, muss etwas mit dem zu tun haben, was du wirklich-wirklich willst.
Erfolg: Du musst einen Weg sehen, um das zu bekommen, was du wirklich-wirklich willst. Du brauchst die Erfahrung des Erfolgs in dem, was dir am Herzen liegt.

Immer dann,

- wenn du dir selbst gut erklären kannst, was gerade passiert,
- wenn es um etwas geht, das dich im Kern berührt
- und wenn du das Gefühl hast, die anstehenden Herausforderungen gut meistern zu können,

wirst du dich gut, stimmig und glücklich fühlen.

Wenn eine der drei Säulen wankt, leiden wir.

Wenn wir nicht erkennen können, wo wir uns auf unserer Reise befinden, wenn wir nicht verstehen, wie wir hierhergekommen sind und was gerade passiert, irritiert uns das. Wir fühlen uns unsicher, verwirrt, gestresst, verängstigt.

Wenn das, was geschieht, für uns ohne wahren Wert ist, kommt uns die Motivation abhanden. Das innere Feuer erlischt. Nach einer Weile fühlen wir uns traurig und leer.

Wenn wir keinen Weg sehen, unsere Herausforderungen gut zu bewältigen und das zu bekommen, was uns wichtig ist, wächst der Frust. Langfristig wandelt er sich in Aggression um oder implodiert in einer Depression.

Du kannst dieses einfache Drei-Punkte-Schema in den kommenden Tagen testen.
Wann immer du dich unwohl fühlst, frage dich:

Verstehe ich gerade, was passiert?
Geht es hier um etwas, was mich wirklich berührt?
Sehe ich einen klaren Weg zu bekommen, was ich will?

Mit großer Wahrscheinlichkeit wirst du eine oder mehrere der drei Fragen mit Nein beantworten.

Dieses Buch unterstützt dich darin, öfter und intensiver glücklich zu sein. Es orientiert sich dafür an den drei Säulen.

In dem Part über VERSTÄNDNIS erwartet dich eine kurze Abhandlung darüber, wie die Realität, die du gerade erfährst, entstanden ist. Du wirst dadurch besser verstehen, wie du dahin gekommen bist, wo du dich gerade befindest.
In dem Part über SINN widmen wir uns ausführlich der Frage: »Was willst du wirklich-wirklich?«
In dem Part über MANIFESTATION übergebe ich dir ein solides Handwerkszeug für die Umsetzung deiner Ziele und Träume. Denn nichts ist frustrierender, als zu wissen, was du wertschätzt, es aber nicht realisiert zu bekommen. Die darin vermittelten Prinzipien kannst du auf jeden Bereich anwenden – Gesundheit, Beziehung, Finanzen, Job, Selbsterkenntnis –, auf alles, was du dir wünschst.

Auch wenn ich dich noch nicht persönlich kenne, gehe ich davon aus, dass du nur einen Bruchteil deines Potentials lebst.[10] Die Frage ist: Willst du herausfinden, was noch geht? Es wäre mir eine Ehre, dich ein Stück deines spannenden Weges begleiten zu dürfen.

Lass uns erforschen, wie deine Realität entstanden ist,
wonach sich dein Herz wirklich-wirklich sehnt
und wie du es bekommst.

Denn darum geht es doch im Leben, oder?

10 Ich übrigens auch. Denn da ist immer noch viel mehr. Es wird also nie langweilig.

VERSTÄNDNIS

1

Glaube ich daran, dass es funktionieren kann?

WIE IST DEINE WIKLICHKEIT ENTSTANDEN?

Wie sind wir persönlich und kollektiv dort gelandet,
wo wir gerade stehen?
Warum leiden wir manchmal so gern?
Warum setzen wir nicht immer sofort um,
was wir erkannt haben?
Warum kämpfen die meisten Menschen gegen Windmühlen,
die sie selbst erschaffen haben?

Dieser Teil des Buches lässt dich begreifen, wie deine Realität entsteht. Dadurch ist sie noch nicht verändert. Doch wahrscheinlich beginnt sie so bereits, sich zu entspannen. Dein Leben ist kein Zufall, es folgt einem verborgenen Programm. Lass es uns aufdecken.

Ich werde diesen Part relativ kurz halten. Wenn das Gesetz der Anziehung funktioniert, bist du jemand, der mehr daran interessiert ist, sein Feuer zu stärken und seine Träume endlich umzusetzen, als dich mit Ursachenforschung zu beschäftigen.

DEINE GEDANKEN WERDEN DEINE WIRKLICHKEIT

Schau dir dein Leben an, so wie es heute ist. Wie bist du hierhergekommen?

Hier eine gewagte These:

Das Leben, das du heute führst, ist das Ergebnis der Gedanken, die du in den letzten Jahren gedacht hast.

Untersuchen wir das etwas genauer. Es gibt Tatsachen, die sind nicht nur offensichtlich, sondern auch machtvoll in ihrer Konsequenz und trotzdem ignorieren wir sie oder versuchen, sie totzuquatschen. Eine – vielleicht die radikalste von allen – werde ich in diesem Buch in verschiedenen Varianten wiederholen:

Deine Gedanken werden deine Wirklichkeit.

Vielleicht hast du diesen Satz bereits irgendwo gehört. Doch ist er auch schon richtig bei dir angekommen?[11] Wenn du einmal wirk-

11 Ich hör manch einen jetzt sagen: »Aber Veit, das ist doch ein alter Hut.« Dann frage ich dich: Lebst du es? Es ist ein himmelweiter Unterschied, ob du etwas ein paar Mal gehört und vielleicht ein bisschen ausprobiert hast oder ob es vollständig in dein Sein integriert ist. Ich studiere, praktiziere und lehre diese Grundidee seit zwanzig Jahren und kann nicht behaupten, sie voll verdaut zu haben.

lich verinnerlicht hast, was er bedeutet, kannst du dich nie wieder ernsthaft über miserable Umstände oder deine Mitmenschen beklagen oder behaupten, irgendetwas sei unmöglich.
Um Missinterpretationen zu vermeiden – dieser Satz ist kein Zauberspruch. Er bedeutet nicht: »Denk an etwas, und schon ist es da.« Hier geht es nicht um Hokuspokus, sondern um Fakten. Dein Denken ist enorm mächtig. Es kann so gut wie alles in deinem Leben beeinflussen. Es entscheidet, welchen winzig kleinen Ausschnitt deiner dich umgebenden Wirklichkeit du wahrnimmst und welchen überwiegenden Rest du komplett ausblendest.

Ein einziger Gedanke kann deine Physiologie, deinen Puls, deine Glücks- und Stresshormone, deinen Atem, deinen Muskeltonus und deine Ausstrahlung verändern.
Du hast das Tausende Male selbst schon erlebt. Gerade geht es dir noch gut, dann taucht ein angsterfüllter Gedanke auf, und schon schaltet dein Körper um in den Fluchtmodus. Was dir gerade noch Freude bereitet hat, verblasst. Das, was alles schiefgehen kann, wird vor deinem inneren Auge plötzlich übermächtig groß. Andersherum ist es genauso. Du bist down. Du hast das Gefühl, alles ist zu viel. Dann kommt ein guter Freund vorbei, stellt dir einige kluge Fragen und bringt dich damit auf andere Gedanken. Plötzlich spürst du wieder Hoffnung. Die Welt sieht heller aus. Du lachst. Eigentlich hat sich nichts geändert – außer deinem Denken.

Du wirst morgen sein, was du heute denkst.
Buddha

Deine Gedanken können dich innerhalb von Sekunden aus dem Paradies in die Hölle und wieder zurück beamen. Sie können dein Selbstbewusstsein in luftige Höhen heben oder durch die Kellerdecke brechen lassen. Sie beeinflussen stark, wie du dich fühlst und was du ausstrahlst. Sie bestimmen maßgeblich, mit wem du Beziehungen eingehst und in welcher Qualität. Sie zeigen dir in den dunkelsten Momenten das Licht oder lassen dich in einem Raum voll offener Türen immer wieder gegen das einzige Stück Wand rennen. Deine Gedanken sind die Hauptursache dafür, ob du erfolgreich bist oder nicht. Und ob du deinen Erfolg wahrnehmen kannst, wenn er längst da ist. Sie entscheiden darüber, ob du dich schön oder hässlich fühlst. Sie können dich auf immer und ewig blockieren oder ungeahntes Potential in dir freisetzen.

Natürlich gibt es auch Phänomene in deinem Leben, die von außen kommen, die nicht auf deinem eigenen schöpferischen Mist gewachsen sind und die du auch nur bedingt beeinflussen kannst. Spannend ist, wie du darauf reagierst; wie du interpretierst, was die Welt dir da serviert. Und auch diese Entscheidung fällt in deinem Denken.

Deine Gedanken initiieren deine Handlungen. Die dummen und die smarten. Und deine Handlungen wiederum sind es, die die Umstände deines Lebens formen. Doch das verdrängen wir wie gesagt gerne und oft. Und dann sitzen wir vor einem Ergebnis und beklagen uns, dass wir es anders hatten haben wollen. Das ist so, als wenn du Zitronenbäumchen pflanzt und dich bei der Ernte beschwerst, dass die Orangen so sauer schmecken.

Du sehnst dich nach einer neuen Ernte? Dann säe auf einer kontinuierlichen Basis neue Gedanken. Sie sind dein mit Abstand stärkster und schnellster Hebel für Veränderung.

Noch eine bedeutsame Feinheit: Deine Gedanken erschaffen nicht *die* absolute Realität, sondern die von dir wahrgenommene Wirklichkeit.

Nehmen wir als Beispiel dieses Buch. Es ist für sich genommen ein neutrales Objekt. Papier, hergestellt aus Bäumen, bedruckt mit schwarzer Farbe. Die Buchstaben an sich haben keine Bedeutung. Viele kleine Tröpfchen schwarzer Druckerfarbe aneinandergereiht. Jemand, der nicht lesen kann, sieht darin nur sinnlose Zeichen. In seinem Denken ist das Buch vielleicht nützlich zum Feueranzünden. Ein anderer, der lesen kann, wird das, was er darin liest, womöglich für die Erfüllung halten. Oder für kompletten Nonsens. Es ist *dein* Geist, der die Worte zusammenfügt und daraus Gedanken formt. Du bist der Magier. Nicht ich. Dein Denken wird darüber entscheiden, was dieses Buch für dich sein wird. Langweilig, nutzlos? Berührend? Transformierend? Lebensverändernd?

Du reagierst nicht auf das Leben, wie es ist, sondern auf die Bedeutung, die du den Dingen gibst.

Viele Menschen werden dieselben Worte lesen, doch jeder wird sie in seinem Geist anders empfinden, interpretieren, andere Schlüsse daraus ziehen und andere Ergebnisse ernten.

SINN

Ist das nicht eine atemberaubende Macht, über die wir verfügen? Und sie betrifft jede einzelne Situation, jeden Menschen, der dir begegnet, einfach alles wird in deinem Denken interpretiert. Die Frage ist nur, wie bewusst du diese Gabe nutzt. Ich kenne mäßig talentierte Menschen mit einem extrem konstruktiven Selbstdialog, der es ihnen erlaubt, ihre Ressourcen optimal zu nutzen und ein großartiges Leben zu führen. Und ich kenne hochbegabte Menschen, die es nicht schaffen, ihre Talente umzusetzen. Ihre Gedanken bremsen sie permanent aus.

Es kann wie gesagt gut sein, dass du all diese Dinge so oder ähnlich bereits gelesen oder gehört hast. Der Grund, warum ich hier so intensiv darauf eingehe, ist der: Die Wahrscheinlichkeit ist sehr groß, dass du die Tatsache, dass deine Gedanken zu deiner Realität werden, noch nicht durchgehend beherzigst. Wie auch? Sie ist in ihrer Konsequenz so radikal, dass sie unsere Wahrnehmung der Wirklichkeit komplett auf den Kopf stellt. Es braucht Zeit, bis das Bewusstsein dafür in jede Alltagssituation durchsickert.

DENKE

Bitte lass den folgenden Satz in Ruhe auf dich wirken:

Es gibt keinen neutralen Gedanken.

Wer denkt, erschafft. Ob du willst oder nicht, du bist ein schöpferischer Teil dieses Lebens. Deine bewussten und unbewussten destruktiven Gedanken erzeugen langfristig negative Ergebnisse. Deine bewussten und unbewussten konstruktiven Gedanken erzeugen positive Ergebnisse. Du bist mächtiger, als dir jetzt klar ist.

Wie beginnen Revolutionen?
Mit einem einzigen neuen Gedanken.
Bereit für eine sanfte Revolution in deinem Leben?

NEU

FREI

VERRÜCKT

GENIE IM EXIL

Die menschliche Intelligenz hat sich an das schwache Kerzenlicht gewöhnt und erträgt es nicht mehr, in das Licht der Sonne zu blicken.

Khalil Gibran

Wenn das stimmt mit der Macht der Gedanken, warum sind wir dann nicht alle glücklich?

Der Verbrauch von Antidepressiva hat sich seit 2000 mehr als verdoppelt. Die WHO geht davon aus, dass die Depression im Jahr 2030 weltweit die häufigste Krankheit sein wird. Im Jahr 2005 zählte man pro 1000 Menschen zehn Krankheitstage wegen Burnout, 2012 waren es schon neunzig!
Wie kann es sein, dass so ein intelligentes Wesen wie der Mensch sich individuell und kollektiv so viel Schaden zufügt?
Ich habe noch kein Kind gesehen, das zweimal hintereinander auf eine heiße Herdplatte fasst, doch ich kenne Erwachsene, die haben sich nicht nur daran gewöhnt, darauf zu sitzen, sie rechtfertigen dies auch noch.

Dabei ist Glücklichsein eigentlich so einfach:
Kultiviere, was dich stärkt. Lass weg, was dich schwächt.
Mehr braucht es nicht.

Warum fällt es uns dann trotzdem oft schwer, uns an dem auszurichten, was uns guttut? Warum hören wir auf, nach dem besten

Lebensentwurf zu streben, und geben uns stattdessen mit ungesunden Kompromissen zufrieden? Warum folgen wir häufig nicht der Freude, sondern dem Zwang?

Sind wir blöd?

Nein. Wir haben es nur von klein auf so gelernt. Wir sind Opfer einer riesigen, gesellschaftlich sanktionierten Gehirnwäsche.

Geboren wurden wir alle als liebenswürdige Genies – ausgestattet mit einem schier unerschöpflichen Potential an Kreativität und dem elementaren Bedürfnis zu wachsen und uns auszudehnen. Wir waren Freigeister. Wir wollten die Welt entdecken. Wir kannten keine Grenzen. Die Welt war ein großes Mysterium, bereit, von uns entschlüsselt zu werden. Alles schien möglich.[12] Intuitiv wussten wir, dass wir richtig sind; dass das Universum auf unserer Seite ist. Wir haben ungestüm alles ausprobiert. Wenn etwas wehtat, ließen wir es, wenn etwas angenehm war, machten wir es wieder. Wir sind der Freude gefolgt. Wir verfügten über klare Instinkte, was uns guttut. Wir wollten lernen, hatten das Bedürfnis zu wachsen.

So hätte die Entfaltung unseres Potentials in rasantem Tempo weitergehen können … wenn die Natur nicht noch ein zweites Grundbedürfnis in uns eingepflanzt hätte: das Bedürfnis nach Sicherheit und Verbundenheit.

Wir wollen dazugehören.

Also haben wir uns angepasst.

---

12 Du kannst diese Entdeckerfreude und Offenheit erleben, wenn du ganz kleinen Kindern beim Spielen zuschaust.

Intelligent und feinfühlig wie wir sind, nahmen wir die obere Grenze an Freude wahr, an die sich unsere Umgebung gewöhnt hat. Wir spürten, wenn wir unseren Halbgöttern – Mutter und Vater – mit unserer Begeisterung auf die Nerven gingen. Wir wollten geliebt werden. Also schraubten wir unseren Level an Lebendigkeit herunter. Wir glaubten ihnen. Also übernahmen wir ihre Vorstellungen. Wir lernten von ihnen, was man darf und was nicht, was möglich ist und was nur ein lächerlicher Kindertraum. Aus einem Freidenker wurde ein Mitdenker.

Am Anfang haben wir unsere Anpassung nur gespielt, doch dann haben wir vergessen, dass wir spielen. Wir haben begonnen zu glauben, dass es schon immer so war. Wir haben die künstliche Grenze an Möglichem akzeptiert.

Den »Feinschliff« verpasste uns dann die Schule.[13] Spontane Bewegungen wurden uns abtrainiert, stattdessen wurde uns beigebracht, stundenlang in unnatürlichen Positionen zu sitzen und uns Informationen reinzuziehen, die andere als wesentlich für uns erachteten.[14] Wir lernten, nicht mehr unserer natürlichen Begeisterung,

---

13 Ich bitte alle Pädagogen, meine Kritik an der Schule nicht als Angriff auf ihren Berufsstand zu verstehen. Ich habe etliche Lehrer als Freunde, und ich empfinde tiefen Respekt dafür, wie sie innerhalb des Systems für Veränderung kämpfen. Ich weiß, dass es mittlerweile viele neue Ansätze gibt, und ich wünsche mir sehr, dass ich dieses Kapitel in einigen Jahren komplett streichen kann.

14 Warst du je auf einer dieser stinklangweiligen Veranstaltungen, auf der Hunderte von Menschen mehr als eine Stunde auf unbequemen Stühlen sitzen und einfach nur darauf warten, dass es wieder vorbei ist? Hast du dich je gefragt, ob das normal ist? Wäre es nicht viel natürlicher aufzustehen, dich zu bewegen, spannende Fragen zu stellen, das Thema mitzugestalten oder zu gehen? Kein Kind (vor seiner

sondern externen Vorgaben zu folgen. Wir lebten nicht mehr von innen nach außen, sondern von außen nach innen.
Uns wurde der Instinkt für das, was wir wirklich-wirklich wollen, Tag für Tag etwas mehr abtrainiert. Unsere Fragen waren nur noch in bestimmten Richtungen willkommen. Unser Lernprozess verlief nicht mehr spontan und exponentiell, sondern kontrolliert und linear. Wir wurden auf die Norm geeicht. Ein anderes Wort dafür ist Herdenkompatibilität.

Die meisten von uns haben am Ende ihrer Schulzeit nicht nur ihre Träume vergessen, sondern ihre Genialität verloren. Der Hirnforscher Gerald Hüther sagt dazu: »Bevor wir in die Schule kommen, sind 99 Prozent der Kinder Genies. Danach sind es nur noch 3 Prozent.«

Heute bewegen sich unsere Gedanken meist in fest vorgeschriebenen Bahnen. Wir nennen dies auch Glaubenssätze. Da wir nur sehen können, was wir glauben, schauen wir auf eine Welt, die uns bestätigt, dass wir Recht haben. Wir beginnen unsere inneren Gefängnismauern zu verteidigen, wenn sie von anderen infrage gestellt werden. Wir fühlen Missgunst, wenn andere eine Vision verwirklichen, die wir vor langer Zeit verraten haben. Und das Traurigste: Wir geben unsere Begrenzung an unsere liebsten Menschen, unsere Kinder, weiter.

Einschulung) würde die übliche Rede eines deutschen Politikers über sich ergehen lassen!

> **Das Gefühl, Recht zu haben, basiert nicht auf Wahrheit, sondern auf einer erstarrten Perspektive auf das Leben.**

Ich möchte dich dafür sensibilisieren, dass auch du sehr wahrscheinlich einen langjährigen geistigen Konditionierungsprozess hinter dir hast; dass auch du in vorgefertigten Boxen denkst. Das Dilemma ist: Diese Boxen fühlen sich so verdammt real an.
Du kannst ihre Wände vielleicht nicht sehen, aber du spürst sie. Zum Beispiel, wenn jemand einen Traum lebt, der außerhalb deiner Komfortzone liegt. Gut möglich, dass du dann unruhig wirst, traurig oder neidisch. Vielleicht ertappst du dich dabei, wie du versuchst, das, was du da siehst, dem anderen madig zu machen.
Wenn du clever bist, lässt du dich inspirieren und gestattest dem Funken der Begeisterung, auf deine Nervenzellen überzuspringen. Du befreist deine Gedanken.
Denn hier kommt die gute Nachricht:
Dein Genie ist nicht gestorben. Es ist lediglich in den Untergrund gegangen. Du kannst es jederzeit wieder wecken.
Willst du wissen, wie?

Das Zauberwort heißt Neuroplastizität.

NEUROPLASTIZITÄT

Wer sich nicht bewegt,
spürt seine Fesseln nicht.

Annemarie Selinko

Nachdem das letzte Kapitel vielleicht doch etwas deprimierend war, legen wir nun ein paar gute Nachrichten nach.

Dein Gehirn – ja, deines! – ist das komplexeste und intelligenteste System, das wir in unserem Universum kennen.

Auf physiologischer Ebene starten wir mit 100 Milliarden Nervenzellen in dieses Leben. Stell sie dir vor, vibrierend, bereit, sich miteinander über Axone zu verbinden. Du musst wissen, dass für die Effizienz unseres Gehirns nicht das Gewicht, sondern der Grad der Vernetzung verantwortlich ist. Ein Säugling verfügt über dreimal so viele Kontaktstellen (Synapsen) an den einzelnen Zellen wie ein Erwachsener. Synapsen sind die Grundlage für die atemberaubende Modulations- und Anpassungsfähigkeit unseres Gehirns – auch genannt Neuroplastizität.

Wenn ein Kleinkind zu neuen Gedanken, Handlungen und Spielen inspiriert wird, löst dies in seinem Gehirn elektrische Impulse aus. Die Nervenzellen vernetzen sich dichter. Das kreative Potential ist schier unendlich, denn es gibt kein Tabu. Ganz vereinfacht: Der Strom der Impulse darf in jede Richtung fließen.

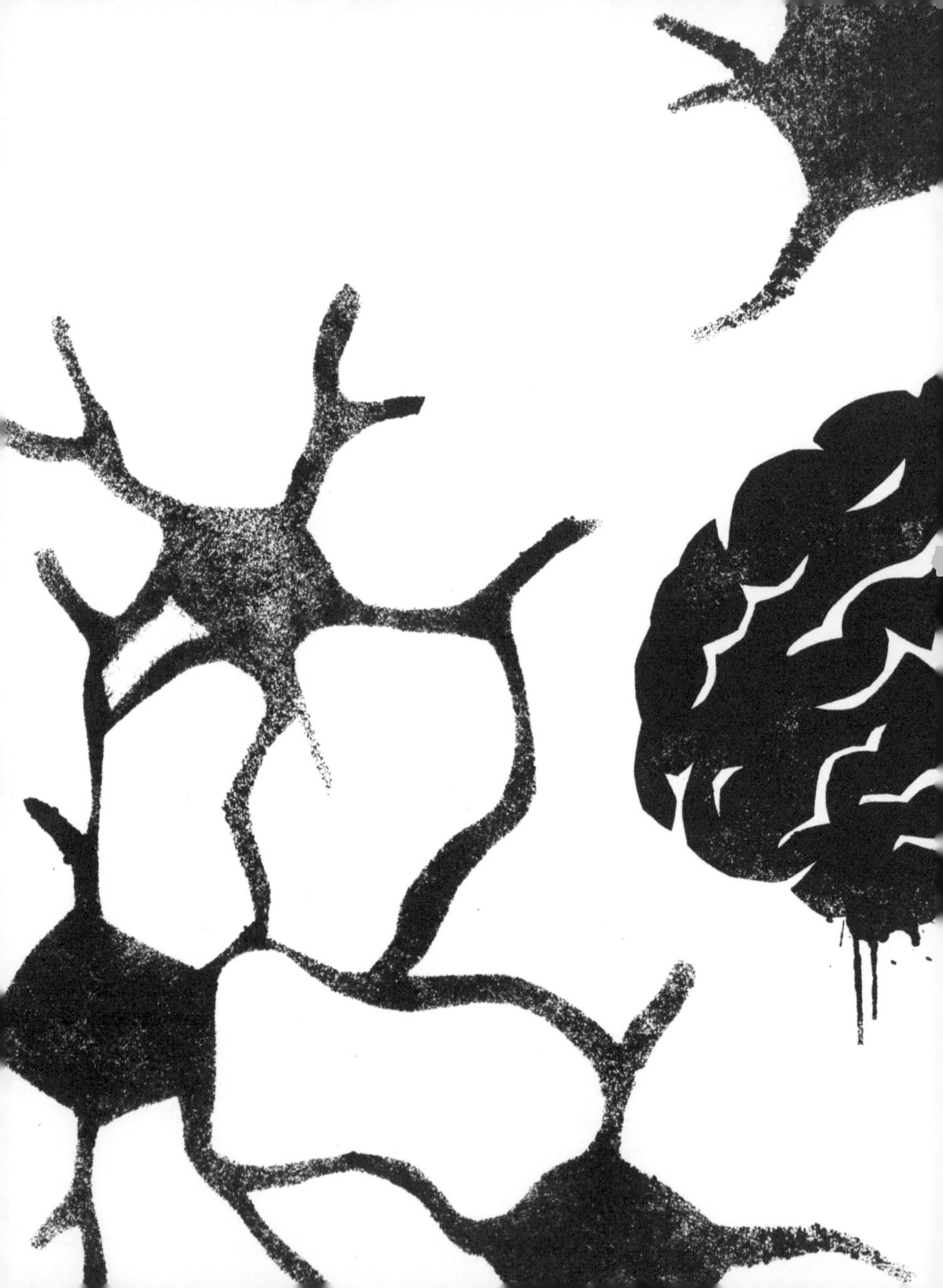

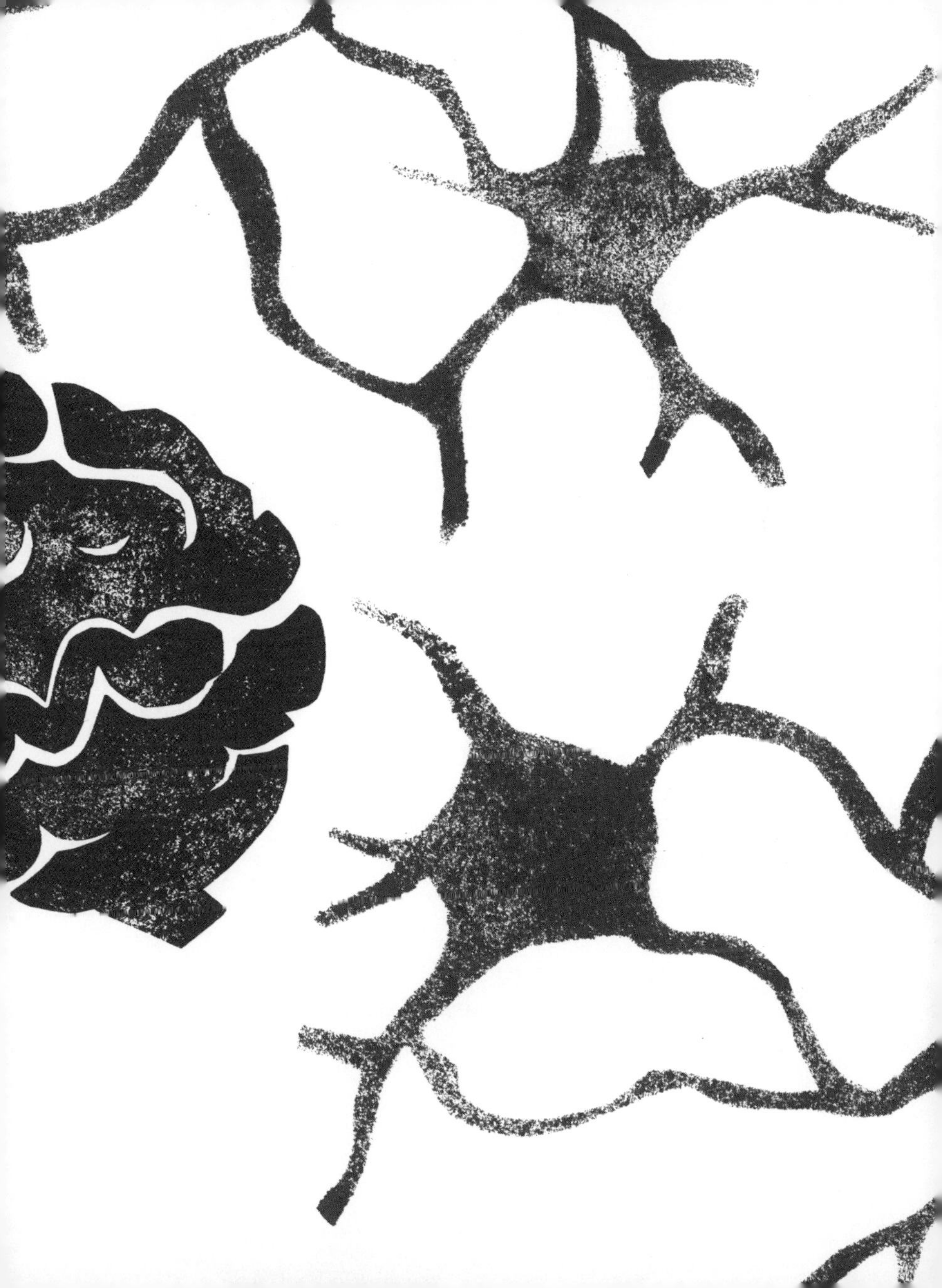

100 Milliarden Nervenzellen![15] Dies ist eine kaum vorstellbare Zahl. Hier noch mal mit Nullen:

100 000 000 000.

Jede dieser Nervenzellen ist wiederum mit etwa 1000 anderen Nervenzellen vernetzt. Das ist entscheidend. Denn deine geistige Kreativität und Leistungsfähigkeit ist nicht primär von der Anzahl deiner Nervenzellen abhängig, sondern vom Grad ihrer Vernetzung.

Stell dir ein Wohnviertel mit 1000 Einwohnern vor. Wenn sie sich nicht miteinander verbinden, kann jeder von ihnen nur auf seine begrenzten Informationen, Erfahrungen und Werkzeuge zugreifen. Beschließen sie jedoch, miteinander zu kommunizieren und zu kooperieren, um sich das Leben zu erleichtern, dann steigt ihr Potential exponentiell an. Gemeinsam verfügen sie über einen wesentlich größeren Wissenspool, mehr Manpower, mehr Kontakte etc. Genauso funktioniert dein Gehirn.

Früher herrschte unter Hirnforschern die Meinung vor, dass der Vernetzungsprozess unseres Gehirns spätestens mit dem Ende der Schule abgeschlossen ist. Mit anderen Worten: Man ging davon aus, dass wir ab da Schritt für Schritt wieder dümmer werden. Tja, was

15 Es sei denn, du trinkst sehr viel Alkohol oder bekommst beim Boxen regelmäßig eins auf die Nase.

soll ich sagen? Da ist leider etwas dran. Wenn du mit zwanzig Jahren aufhörst, regelmäßig deine geistige Komfortzone zu überschreiten[16], verblödest du schleichend.

Dein Gehirn folgt nämlich zwei einfachen Prinzipien: Wachstum und Energiesparen.

Wachstumsreize in Form neuer Fragen und Herausforderungen stimulieren die Vernetzung. Wird dein Gehirn jedoch nicht mehr bis zur Leistungsgrenze gefordert, fängt es an, die Verdrahtung abzubauen: Warum 1000 Nervenzellen bemühen, wenn auch 500 reichen?

Es arbeitet nach den Grundsätzen der schnellen Personalpolitik: *hire or fire* – was nicht gebraucht wird, wird wieder zurückgebildet, sonst kostet es nur Strom (im wahrsten Sinne des Wortes).[17]

Schleichend schränken sich dein Vokabular, deine Denk- und deine Handlungsfreiheit ein. Doch keine Angst. Du selbst merkst es nicht. Nur den einigermaßen wachen Gästen bei deinen Grillfesten fällt auf, dass du jedes Jahr dieselben Witze erzählst …

---

16 Weil du zum Beispiel denkst, dass der Schreibtisch in deinem Büro, eine Frau an deiner Seite, zwei Kinder und ein Haus mit Zaun drum herum alles sind, was das Leben dir bieten kann.

17 Deshalb bin ich auch kein Freund diverser psychospiritueller Szenen, in denen mit drei Sätzen gebetsmühlenartig die Welt erklärt wird. Das mag beruhigend wirken, doch das Gehirn wird damit sträflich unterfordert und schaltet einen Gang runter.

Falls dich diese Vorstellung dennoch beunruhigt – hier kommt die Rettung: Neuroplastizität.

Entgegen bisheriger Annahmen weiß man mittlerweile, dass die Verschaltungen unserer Nervenzellen bis ins hohe Alter wieder stimuliert werden können. Ja, es wurde sogar die Möglichkeit einer Erneuerung von Nervenzellen (Neurogenese) nachgewiesen. Das heißt, egal, wie alt du bist, du kannst auch wieder klüger, kreativer, flexibler werden. Alles, was es dazu braucht, ist deine Bereitschaft, immer wieder an den Rand deiner Komfortzone zu treten, lustvoll zu erschauern und dann noch einen Schritt weiterzugehen.

Indem du

- einen neuen, für dich ungewöhnlichen Gedanken denkst,
- ein anspruchsvolles Buch liest,
- dir Ziele steckst, die bisher außerhalb deiner Möglichkeiten lagen,
- einen anderen Weg zur Arbeit wählst,
- dich mit Menschen außerhalb deines normalen Dunstkreises unterhältst,
- dieses Buch mit derselben Neugier liest, mit der sich Kolumbus aufgemacht hat, Amerika zu entdecken.

Denn das ist es, was dir Neuroplastizität schenkt: neues Land!

Zuerst nur in deinem Geist, doch von dort wird es sich in dein Leben hinein manifestieren.

Neuroplastizität ist eine verdammt gute Nachricht.
Du darfst Entdeckerspaß bis zum Ende genießen.
Du bist niemals am Ende deiner Möglichkeiten.
Du bist immer schlauer, als du denkst.
Du hast es selbst in der Hand, deinen Genius zu erwecken.

DEINE GEDANKEN WERDEN DEINE WIRKLICHKEIT

ZEIT

FÜR EINE

P A U S E

FÜR FRISCHE

L U F T

DEIN LIEBLINGSLIED

ODER

SEX?

DER MÄCHTIGE DAUMEN

»Realistisch« zu denken, bedeutet nicht, wahr zu denken, sondern am Bekannten festzuhalten und heute die Vergangenheit zu wiederholen.

Ich lade dich zu einem kurzen Experiment ein. Bitte mitmachen!

1. Schau dich dort, wo du gerade liest, bitte einmal für etwa eine Minute um und versuche, so viele Details wie möglich wahrzunehmen.
2. Lege nun vorsichtig deine Daumen für etwa 20 Sekunden auf deine Augen und schau dich dabei erneut um.
3. Fertig? Was konntest du bei Schritt 2 noch sehen? Nicht viel, stimmt's?

Ist das nicht erstaunlich? Dein kleiner Daumen verfügt über die Macht, eine ganze Welt verschwinden zu lassen. Sie ist immer noch da, doch mit dem Daumen vor dem Auge existiert sie für dich nicht mehr.

In Wahrheit ist es aber nicht viel anders, selbst wenn du die Hände wieder herunternimmst. Auch dann nimmst du nur einen winzigen Bruchteil der Wirklichkeit wahr. Denn auch in unserem Geist wirken zwei mächtige Daumen.

Der erste besteht in unserer *physiologischen Begrenzung*. Wir nehmen die Welt über unsere Sinne auf: hören, riechen, schmecken, sehen und tasten, doch wir können über diese Kanäle nur ausgewählte Frequenzausschnitte empfangen. Wir sehen zum Beispiel kein ultraviolettes Licht, obwohl wir davon umgeben sind.

Tiere haben uns da einiges voraus. Ein Turmfalke kann von weit oben den ultraviolettfarbenen Urinspritzer einer Spitzmaus wahrnehmen. Einige Pflanzen führen Bienen über für uns unsichtbare UV-Reflexionen direkt zu sich. Bis heute wissen wir nicht genau, woran sich Vögel bei ihrem Zug in den Süden orientieren. Es wird unter anderem vermutet, dass sie über einen Sinn für das Magnetfeld der Erde verfügen.

Wir Menschen können zwischen zehn und zwanzig getrennte Bilder pro Sekunde wahrnehmen – manche Insekten dagegen bis zu 300 Bilder. Schlangen können Wärmeunterschiede von bis zu 0,002 Grad Celsius ausmachen. Viele Fische orientieren sich an elektrischen Feldern.

Würde man einen Fingerhut voll Rosenöl mit einer Wassermenge, die fast sechzig mal so groß ist wie der Bodensee, verdünnen, könnte ein Aal es immer noch riechen. Über sogenannten Infraschall (unterhalb des menschlichen Hörvermögens) können sich Elefanten über zehn Kilometer hinweg verständigen. Hundepfeifen geben Hunden Signale im Ultraschallbereich. Auch die können wir nicht wahrnehmen.

Bei dem verheerenden Tsunami 2004/2005 in Südostasien starben Hunderttausende Menschen, doch vergleichsweise wenige Tiere. Bis heute ist nicht geklärt, woher Tiere wissen, wann ein Erdbeben losbricht oder wann Frauchen nach Hause kommt.

Ich könnte ewig so fortfahren, doch worauf ich hinauswill, ist einfach: Du bekommst von der dich umgebenden Wirklichkeit so gut wie gar nichts mit. Von den ca. 11 Millionen Bits (Informationseinheiten), die jetzt gerade auf dich einströmen, blendest du bis auf 200 Bits alle aus.

Das hat insofern sein Gutes, als dass du sonst an Reizüberflutung zugrunde gehen würdest. Doch mal ganz ehrlich, ist es sinnvoll, wegen 200 von 11 Millionen wahrgenommener Fakten einen Streit anzufangen? Wie absurd erscheint unser permanentes Rechthabenwollen angesichts dieser Umstände?

Und ist dir nun klar, dass du niemals wissen kannst,
was alles möglich ist?

LOCKERE DEN DAUMEN

Vorstellungskraft ist wichtiger als Wissen.
Albert Einstein

Selbst von dem, was du wahrnehmen könntest, blendest du der Einfachheit halber fast alles aus. Dafür ist der andere Daumen in deinem Bewusstsein verantwortlich: deine *internen Glaubensfilter.* Sie lassen nur durch, was du für möglich und wichtig hältst.

Falls überraschenderweise doch etwas zu dir durchdringt, was nicht mit deinem Realitätskonzept vereinbar ist, wirst du es normalerweise schnell wieder vergessen oder so kleinreden, bis es wieder in deine Glaubenskiste passt.
Außer du hast Glück, und der neue Eindruck ist so stark, dass er dein Glaubenssystem nachhaltig erschüttert. Sicher hast du so einen Moment schon erlebt.
Ich selbst hatte einige davon.

Beispiel 1: Ich bin in Ostdeutschland groß geworden. Ich wuchs in der festen Überzeugung auf, dass ich in meinem gesamten Leben nie mehr als fünf Länder sehen würde. Unser Englischunterricht war exzellent, doch ich war faul. Ich »wusste« ja, dass ich diese Sprache nie brauchen würde. Daran habe ich zwanzig Jahre meines Lebens felsenfest geglaubt.
Am Abend des 9. November 1989 saß ich in einem Berliner Wohnheim und büffelte Anatomie, als ein Kommilitone die Tür aufriss

und schrie: »Die Grenzen sind offen.« Zuerst war ich einfach nur genervt von dem blöden Scherz. Später in der Nacht, als ich auf dem Ku'damm stand, inmitten der feiernden Menge, begriff ich es immer noch nicht. Ich war wie in Trance. Ich sah es – aber mein Verstand wollte es nicht als Wirklichkeit akzeptieren. Am nächsten Morgen wurde ich mit dem Gedanken wach: »Fuck! Jetzt muss ich mein Englisch nachholen!«
Jetzt, viele Jahre später, lebe ich im Westen Deutschlands und tobe mich in einem großartigen Job aus, der so viel kreative Freiheit bietet, wie ich es lange nicht für möglich gehalten hätte. Wann immer ich in mir eine weitere innere Mauer des Glaubens entdecke, erinnere ich mich an die Mauer zwischen Ost und West – die fallen musste, damit ich begriff, dass ich nie weiß, was alles möglich ist.

Beispiel 2: Als meine Tochter mit ihrem ersten ernstzunehmenden Beziehungspartner nach Hause kam. Denn das war nicht, wie ich erwartet hatte, ein Mann, sondern eine Frau. Mein Verstand war über Monate irritiert. Ich habe überhaupt nichts gegen gleichgeschlechtliche Beziehungen, doch in meinem Kopf existierten bis dahin nur Bilder, wie ich meinen möglichen Schwiegersohn gründlich checke und dann eine coole Freundschaft mit ihm führe. Ich bin meiner Tochter sehr dankbar für diese Bewusstseinserweiterung.

Beispiel 3: Ich lebe seit zwanzig Jahren mit einer wunderbaren, sehr lebendigen und wilden Frau zusammen. Wir sind in vielerlei Hinsicht sehr verschieden, doch wir haben uns beide immer für sehr positive Menschen gehalten – bis wir durch unser Zusammensein unter der netten Oberfläche jede Menge negative Glaubenssätze zum Thema Partnerschaft erkennen durften. Um uns wirklich zu begegnen, mussten wir beide viele alte Überzeugungen sterben lassen. Was ist ein Mann? Was ist eine Frau? Worum geht es in Beziehungen? Da wir beide sehr lebendig sind und uns weiterentwickeln, fordert unser Zusammensein uns immer wieder neu heraus loszulassen was wir über den anderen zu wissen glauben. Zuerst habe ich sehr dagegen gekämpft, denn ich wollte Recht behalten. Mittlerweile begreife ich, dass dies *das* Geheimrezept für die Frische einer langjährigen Beziehung ist: Seid bereit, eure geistigen Vorstellungen voneinander immer wieder zu erschüttern. So seid ihr permanent Neuland füreinander.

Wo und wie hast du selbst schon solche befreienden Erschütterungen erlebt? Hier ist Raum, um einige aufzuschreiben. Das macht dir bewusst, wie wenig du sicher weißt.

. . . .

. . . .

. . . .

. . . .

. . . .

. . . .

. . . .

Woher stammen nun aber diese zum Teil so sinnlosen Glaubensfilter?

Wenn wir geboren werden, gleicht unser Bewusstsein einer unbeschriebenen Festplatte, Tabula rasa. Du hast weder eine Ahnung, wer du bist, noch was richtig und falsch oder möglich und unmöglich ist. Das schenkt dir geistige Narrenfreiheit. Doch dann geht es los. Jeder, dem du ab da begegnest, beginnt, deine Festplatte mit seinen Glaubensbekenntnissen vollzuschreiben. Besonders stark ist der Einfluss deiner Eltern, weil dein Bewusstsein, wenn du klein bist, noch komplett wehrlos ist. Du vertraust ihnen bedingungslos. Du hast keine Möglichkeit, ihre Aussagen zu überprüfen. Dein Geist saugt sie auf wie ein trockener Schwamm. Als Konsequenz daraus verlierst du mit der Zeit dein offenes Staunen. Du siehst nicht mehr all die Wunder, du siehst durch die Glaubensbrille deiner Vorfahren. Dieses Fundament wird so früh gelegt, dass du derartige Gedanken nicht mehr bewusst denkst. Sie sinken in dein Unterbewusstsein. Bildhaft gesprochen: Du wirst zu ihnen. All dein Denken und Fühlen basieren auf ihnen. Und das Absurde daran: Obwohl sie dich massiv einengen, beginnst du sie zu verteidigen. Denn auf ihnen baut dein Gefühl von Sicherheit auf.

Deine tiefsten Überzeugungen reifen in deiner frühen Kindheit. Später kommen weitere Schichten hinzu – in der Schule (»Du bist hässlich!«), in deiner Clique (»Die mit dem großen Maul bekommen immer alles.«), in deinen sozialen Kreisen (»Wir Arbeiter sind doch immer die Dummen!«) und natürlich durch die Medien.

Glaubenssätze verbreiten sich wie Viren in den sozialen Netzwerken, in denen du digital und analog verkehrst.[18] Wir tendieren dazu, uns mit Menschen zu umgeben, die dasselbe glauben wie wir. Dadurch werden die Mauern unseres geistigen Gefängnisses immer stärker. Denn wenn es alle denken, dann muss es ja stimmen. Oder? Zuerst ist es nur ein Gedanke, den du hörst. Wenn du ihn aber oft genug mit Überzeugung wiederholst, wirst du »Beweise« für seine Richtigkeit finden. So entwickelt er sich zu einer Gewissheit … bis wir bereit sind, uns dafür zu streiten, Beziehungen zu zerstören und im Extremfall zu töten beziehungsweise uns töten zu lassen.[19]

Zu den typischen Glaubenssätzen, die viele Menschen für wahr halten, gehören Sätze wie »Ich bin so, wie ich bin, nicht richtig« »Das Leben ist ein Kampf«, »Das Leben ist ungerecht«, »Ich bin allein, und ich muss es ohne Hilfe schaffen«, »Man kann nur einen Menschen richtig lieben«, »Es ist nicht genug für alle da auf diesem Planeten«, »Männer sind unzuverlässig«, »Frauen sind irrational«, »Viel Geld macht unglücklich«.

---

18 Es ist also durchaus ratsam, auf die Gesellschaft zu achten, in der du dich bewegst. Ein offensichtlich negatives Beispiel ist die Radikalisierung Jugendlicher durch rechtsradikale oder radikalislamische Kreise. Doch letztendlich birgt jede Abschottung in einer Kleinfamilie, einer Partei oder einem Land die Gefahr der geistigen Eintrocknung.

19 Wenn dir das zu extrem erscheint, schau dir an, was mit dem »Volk der Dichter und Denker« im Dritten Reich geschehen ist.

Deine Glaubenssätze bestimmen die Regeln,
die darüber entscheiden,
was du von der Welt wahrnimmst,
wie du die Welt interpretierst
und wie du darauf antwortest.

Sie definieren, wer du zu sein meinst[20], was du für richtig und falsch, für möglich und unmöglich hältst. Du erkennst ihr geheimes Wirken an Gedankengängen wie:

»Das macht man so und nicht so.« (Wer sagt das?)
»Das kann ich nicht.« (Woher weißt du das?)
»Das ist unmöglich.« (Bist du dir da so sicher?)
»Das ist nicht richtig.« (Wer bestimmt, was richtig
und was falsch ist?)

In *Ein Kurs in Wundern* steht dazu eine meiner Lieblingsfragen:

Willst du Recht haben oder glücklich sein?

20 Viele Menschen sind zum Beispiel hundertprozentig davon überzeugt, dieses kleine, verletzbare, langsam vor sich hin alternde Fleischkloß zu sein. Kein Wunder, dass wir unseren Falten und unserem physischen Tod mit Panik begegnen. Doch wer hat uns beigebracht, dass es so ist? Es waren unsere Eltern, die immer wieder auf das kleine Fleischklöpschen gezeigt und unseren Namen gesagt haben. Also mussten wir glauben, dass wir das sind. Doch vielleicht haben sie ja etwas übersehen …?

An deinen Glaubenssätzen festzuhalten erzeugt langfristig immer Leid. Denn das wahre Leben passt nicht in eine kleine Glaubensbox. Es pocht ungestüm an deine Tür. In Form von Wünschen, die dir dein Glaube verbietet. In Form von Visionen, die dein Glaube für unmöglich hält. In Form andersdenkender Menschen, die sich einfach das Recht herausnehmen, 200 andere Bits zu sehen als du.

Ist es möglich, ganz ohne Glaubenssätze auszukommen? Wahrscheinlich nicht. Ich habe jedenfalls noch keinen Menschen getroffen, der nicht an etwas glaubt. Selbst wenn du glaubst, dass Glaubenssätze nicht real sind, glaubst du ja schon wieder an etwas, stimmt's? Wer allen Glauben loslässt, wird wahrscheinlich sehr still und hält für immer die Klappe.
Solange du dich noch nicht zum schweigsamen Heiligen berufen fühlst, schlage ich vor, du überprüfst sorgfältig, welche deiner Glaubenssätze dir und anderen Menschen dienen und welche nicht. Die relevante Frage ist: Unterstützen sie dich, wirklich glücklich zu sein?

Du kannst den Prozess der Glaubensbildung nämlich umkehren und sogar zu deinem Vorteil nutzen. Erweitert sich dein Glaube, erweitern sich deine Möglichkeiten, erweitern sich deine Resultate. Ich werde oft gefragt: Wie geht man dabei vor?

Wie kann man neue Glaubenssätze »züchten«?

Zuallererst musst du die alten entkräften, und das beginnt schon, wenn du sie erkennst und hinterfragst.

Glaubenssätze erkennen

Also, schau genau hin. Mach dir gleichermaßen deine negativen und deine positiven Überzeugungen bewusst. Und zwar so:

- Achte genauer auf deinen permanenten Selbstdialog, und höre dir aufmerksamer zu, wenn du mit anderen Menschen sprichst. Was verrät dir das darüber, wie du die Welt und dich siehst? Welche Phrasen verwendest du oft?[21]
- Wovon bist du so felsenfest überzeugt, dass du es schon lange nicht mehr infrage gestellt hast? Von welcher Sache denkst du »Das ist halt so«? Bist du dir ab jetzt wenigstens klar darüber, dass auch dies nur ein Glaubenssatz ist?
- Du kommst deinen Glaubenssätzen auch auf die Spur, indem du dein äußeres Leben als eine direkte Widerspiegelung deiner inneren Überzeugungen betrachtest. Du kannst dich fragen: »Wenn in meinen Beziehungen immer wieder

21 Ein kleines Beispiel: Achte einmal darauf, wie viele Menschen davon reden, was sie alles tun *müssen*. »Ich *muss* noch einkaufen gehen. Ich *muss* noch zum Sport. Ich *muss* jetzt zur Arbeit.« Ist das die Wahrheit? Nein. Nichts davon musst du. Mein Urgroßvater pflegte zu sagen: »Ich muss gar nichts, außer scheißen und sterben.« Du tust es, weil du es so gewählt hast. Doch was löst das Wort »muss« in dir aus? Stress, Druck, Unlust … Es ist nur ein Wort, doch es kreiert ein ganzes Lebensszenario, in dem du dich von deinen Pflichten herumgeschubst fühlst. Probiere aus, was geschieht, wenn du eine Woche lang das Wort »muss« durch »will« oder »darf« ersetzt. »Will« wird dir bewusst machen, dass du das gewählt hast. »Darf« kann dich daran erinnern, dass jede deiner sogenannten Pflichten auch ein Privileg ist. Denn nicht jeder hat gerade genug Geld, um einkaufen zu gehen. Nicht jeder hat gerade einen Job, dem er nachgehen darf.

dasselbe geschieht, wie könnten die dazu passenden Glaubenssätze lauten? Wenn ich mit Geld immer wieder dieselbe Erfahrung mache, welche Überzeugung könnte sich dahinter verbergen?«

- Eine weitere wirksame Methode ist, deinen Eltern zu lauschen. Wie denken sie über die Welt? Welche Meinung hat deine Mutter zum Beispiel über Männer, dein Vater über Frauen? Sei dir sicher, dass du eine Menge davon »eingefangen« hast.

Am Ende dieses Kapitels findest du eine Liste mit unvollständigen Sätzen. Lies sie schnell durch, und ergänze sie, ohne darüber nachzudenken. Auch so kommst du unbewussten Überzeugungen auf die Spur.

Allerdings braucht es für all das die Fähigkeit zu nüchterner Selbstkritik. Wir wollen alle gut und clever dastehen. Besonders in psychospirituellen Kreisen wird das Ideal des Gutmenschen so betont, dass niemand mehr wagt, den Shit unter der netten Oberfläche ans Licht zu holen. Wir geben zweimal im Jahr ein besonderes Seminar.[22] Streng genommen ist es kein Seminar, es ist eine einzige Inszenierung, die die Teilnehmer stündlich überrascht. Ein Zweck

22 The One Experience. Siehe www.one-experience.de

davon ist, jene Anteile ans Licht zu holen, die wir verdrängt haben, weil sie nicht zu unserem Image passen. Viele Menschen sind erst betroffen und fühlen sich dann sehr befreit, wenn sie erkennen, wie viele destruktive Glaubenssätze über sich selbst und die Welt unerkannt in ihnen wirken.
Kommen wir zu der spannenden Frage:

Wie löst man negative Glaubenssätze auf?

Überhaupt nicht. Wenn du es gut mit dir meinst, versuchst du es erst gar nicht. Glaub mir, ich habe alles ausprobiert, was Auflösung verspricht. NLP, Klopfen, schamanische Techniken … Du fühlst dich für einen Moment befreit, doch ein paar Tage später stellst du frustriert fest, dass du deine Glaubenssätze immer noch an der Backe hast.

Das lässt sich ganz einfach erklären. Hinter jedem Glaubenssatz steht ein neuronales Muster in deinem Gehirn. Je öfter du einen Gedanken denkst, desto leichter fließt der Strom zwischen bestimmten Nervenzellen. Es ist Quatsch zu erwarten, dass du über Jahrzehnte entstandene Verbindungen über Nacht auflösen kannst.[23]

23 Aufgepasst! Das ist natürlich auch nur ein Glaubenssatz. Also ich bin offen. Wenn du eine Technik findest, die dies wirklich wissenschaftlich zu beweisen vermag, berichte mir bitte davon.

Was du tun kannst:
Störe das alte Muster, und bau ein neues auf.

1. Wann immer du dich beim Denken der alten Überzeugung oder dem entsprechenden Handeln ertappst, sage innerlich entschlossen »Stopp!« zu dir. »Stopp! Ich denke gerade einen überholten Glaubenssatz!«, »Stopp! Ich handle gerade nach einem überholten Glaubenssatz!«
2. Dann überleg dir, was du anstelle dessen glauben möchtest.
3. Denke die neue Überzeugung bewusst und entschlossen.
4. Frage dich dann, wie du jetzt sofort durch neues Handeln deinen neuen Glaubenssatz demonstrieren kannst.

Beispiel: Ich habe Klienten, denen es schwerfällt, für ihre Arbeit Geld zu nehmen. Dahinter steckt oft der uralte Glaubenssatz: »Ich bin nichts wert.« Ein harter Brocken. Zuerst spreche ich mit ihnen kurz über die Herkunft dieses Satzes. Es ist gut, dies zu verstehen. Doch wir halten uns nicht allzu lang mit der Vergangenheit auf. Als Nächstes formulieren wir einen neuen Satz in Form einer Affirmation. In etwa so: »Ich bin ein wertvolles Wesen. Meine Arbeit bewirkt viel Gutes im Leben meiner Kunden. Ich freue mich, dafür durch viel Geld beschenkt zu werden.« Dann bitte ich die Person, dies zu Hause zu üben, indem sie sich von einem Freund oder Familienangehörigen Geldscheine überreichen lässt, dabei tief durchatmet und die Affirmation laut ausspricht. Der nächste Schritt besteht darin, den Moment des Bezahlens durch den Kunden sehr bewusst zu erfahren, dabei der alten Überzeugung ein kräftiges »STOPP!« zuzurufen, die neue Affirmation deutlich zu denken und eventuell sogar laut zu sagen: »Danke für Ihre Bezahlung. Ich freue mich darüber sehr!«

Fühlt sich dies zu Beginn merkwürdig an? Wahrscheinlich. Du betrittst ja Neuland. Wiederholst du es, bildet sich nach und nach ein neues Muster, und deine Gefühle folgen. Und irgendwann wird es selbstverständlich.

Alles klar?

TIPP

Noch ein Rat, den ich gar nicht oft genug wiederholen kann: Beginne, jeden Menschen nicht nur als einen Körper, sondern als ein Trägerfeld für bestimmte Überzeugungen zu sehen. Manche dieser Felder wirken wie ein Sumpf, der neue Impulse einfach schluckt, andere wie ein hochlebendiges, unterstützendes Energiefeld, in dem alles für möglich gehalten wird. Ich sage nicht, du musst dich von den Sümpfen trennen. Doch achte darauf, mit wem du deine frischen, noch zarten Visionen teilst. In welchen Feldern wird das, was du bewusst glauben möchtest, gestärkt?

Ich habe einmal ein sehr berührendes Interview mit dem Autor Uwe Kapfer geführt, einem ehemaligen Stabsoffizier der Bundeswehr, der ein paar Jahre zuvor die Diagnose Nierenkrebs bekommen hatte. Er erzählte mir, wie wichtig es für ihn gewesen sei, die Information über die Krankheit nur mit sehr wenigen Menschen zu teilen. Er zog sich von sorgenbetonten Feldern zurück und »fütterte« seinen Geist mit neuem, heilungsbetontem Input. Als Ergebnis fand er für sich einen friedensbetonten Dialog mit seinem Krebs.[24] Heute ist er geheilt.

Ich bringe dieses Thema jetzt bereits so ausführlich auf den Tisch, damit du beim Weiterlesen bewusster wahrnehmen kannst, wenn alte Überzeugungen in dir reagieren.
»Das kann nicht so einfach sein!«, »Bei mir funktioniert das nicht.« Spätestens ab jetzt weißt du, dass nur, weil du etwas glaubst, es noch lange nicht wahr ist. Das stellt dich vor eine wunderschöne und mächtige Wahl:

Willst du Recht behalten (an deinem Glauben festhalten) oder noch glücklicher sein?
Beides ist völlig in Ordnung.
Dein von dir erfahrenes Universum richtet sich nach deinen Wünschen.

24 Uwe Kapfer: *Krebs go home: Friedensverhandlungen mit Körper, Geist und Seele*, München 2014.

Umsetzungsimpuls

Finde fünf starke negative Überzeugungen, und wandle sie in positive Affirmationen um.

Ich habe bis jetzt geglaubt, dass

. . . .

. . . .

Meine neue, positive Affirmation lautet:

. . . .

. . . .

Ich habe bis jetzt geglaubt, dass

. . . .

. . . .

Meine neue, positive Affirmation lautet:

. . . .

. . . .

Ich habe bis jetzt geglaubt, dass

. . . .

. . . .

Meine neue, positive Affirmation lautet:

....

....

Ich habe bis jetzt geglaubt, dass

....

....

Meine neue, positive Affirmation lautet:

....

....

Ich habe bis jetzt geglaubt, dass

....

....

Meine neue, positive Affirmation lautet:

....

....

Sätze zum Erforschen von Überzeugungen

Lies dir die folgenden Satzanfänge laut vor, und ergänze sie schnell, ohne darüber nachzudenken.

Das Leben ist ....

Mein Vater ist ....

Meine Mutter ist ....

Männer sind immer ....

Frauen sind immer ....

Geld ist für mich ....

Ich bin ....

Erfolg bedeutet ....

Ich kann nicht ....

Reichtum ist ....

Glückliche Beziehungen sind ....

Mein Körper ist ....

Disziplin bedeutet . . . .

Die Wahrheit über mich . . . .

Ich werde nie. . . . .

Ich sollte. . . . .

Und hier noch etwas zum Schmunzeln. Einige »felsenfeste« Überzeugungen aus der Geschichte der Menschheit:

Was veranlasst Sie zu der Annahme, dass ein Schiff gegen den Wind und gegen die Strömung segeln könnte, wenn man nur ein Feuer unter Deck anzünde? Ich habe keine Zeit, mir so einen Unsinn anzuhören. NAPOLEON BONAPARTE ÜBER DIE ERFINDUNG DES DAMPFSCHIFFS

Die Mauer wird in 50 und auch in 100 Jahren noch bestehen bleiben. ERICH HONECKER AM 19. JANUAR 1989

Es wird noch viele Jahre dauern – und dies nicht zu meinen Lebzeiten – bevor eine Frau britischer Premierminister wird. MARGARET THATCHER, SPÄTERE BRITISCHE PREMIERMINISTERIN, 1974

Ich glaube an das Pferd, das Automobil ist eine vorübergehende Erscheinung. KAISER WILHELM II, KÖNIG VON PREUSSEN, KAISER VON DEUTSCHLAND, 1859 BIS 1941

Wir mögen den Sound nicht und außerdem ist Gitarrenmusik sowieso am Aussterben. PLATTENFIRMA 1962 ZU DEN BEATLES

No, Sir. Die Amerikaner brauchen vielleicht das Telefon, wir aber nicht. Wir haben sehr viele Eilboten. SIR WILLIAM PREECE, CHEFINGENIEUR DER BRITISCHEN POST, 1896 ZU GRAHAM BELL, ALS DIESER IHM DIE PRAKTISCHE VERWENDBARKEIT DES TELEFONS DEMONSTRIERT HATTE.

Der Fernseher wird sich auf dem Markt nicht durchsetzen. Die Menschen werden sehr bald müde sein, jeden Abend auf eine Sperrholzkiste zu starren. DARRYL F. ZANUCK, CHEF DER FILMGESELLSCHAFT 20TH CENTURY-FOX, 1946

DEIN INNERES U-BOOT – DIE VERBORGENE KRAFT

Ist dir schon aufgefallen, dass du in deinem Leben manchmal seltsame Sachen machst? Obwohl du es besser weißt, tust du ab und zu Dinge, die dir garantiert nicht guttun. Stimmt's?

Ähnlich verhält es sich mit den guten Vorsätzen. Während du sie aufstellst, bist du wild entschlossen, doch dann – plötzlich – sind sie einfach weg. Du brichst hochbegeistert in eine neue Richtung auf und findest dich wie durch Zauberkraft einige Wochen später auf der alten Spur wieder.

Was ist hier los? Warum hast du schon so häufig ganz schlaue Sachen erkannt, aber lange nicht alle davon umgesetzt? Sind da böse Mächte im Spiel? Oder ist dies eine dieser sagenhaften Blockaden, an denen in der Psychoszene so leidenschaftlich gern gearbeitet wird?[25]

Weder noch. Die Antwort ist viel einfacher. Du hast das Speedboot in Bewegung gesetzt, aber das U-Boot vergessen.
Hä?
Keine Sorge. Ich erklär es dir. (Achtung an alle Experten! Jetzt kommt wieder eines dieser stark vereinfachten Bilder. Ich erhebe

25 Ich darf mich darüber lustig machen. Ich hab das selbst viele Jahre versucht. War das anstrengend!

keinen Anspruch auf wissenschaftliche Exaktheit. Ich möchte etwas veranschaulichen, so dass meine Leserinnen und Leser in ihrem Alltag damit arbeiten können.)
Stell dir dein Bewusstsein dreigeteilt vor. Du hast ein Tagesbewusstsein, ein Unterbewusstsein und ein Überbewusstsein.
Jetzt stell es dir bildhaft vor. Dein Tagesbewusstsein ist ein leichtes, schnelles Motorboot, das auf der Oberfläche des Meeres herumflitzt. Dein Unterbewusstsein ist ein mächtiges U-Boot mit mehreren starken Motoren. Es schwimmt auf dem Grund des Ozeans. Beide sind aber durch ein starkes Seil miteinander verbunden. Hoch über der Wasseroberfläche schwebt ein Segelflieger. Erhaben, still, mit Weitblick. Das ist dein Überbewusstsein. Es hat eine Funkverbindung zum Tagesbewusstsein.[26]
Schauen wir uns das Ganze näher an.

Das Tagesbewusstsein

… ist der Bereich deiner Intelligenz, den du bewusst erfassen kannst. Alle Gedanken, Wahrnehmungen und Gefühle, die du bewusst wahrnimmst, befinden sich gerade in deinem Tagesbewusstsein. Hier denkst du über Sachen nach, stellst dir Fragen, formulierst Ziele und Wünsche. Hier findet auch dein permanenter Selbstdialog statt. Dein Tagesbewusstsein gleicht wie gesagt einem

26 Das Bild stammt von meinem Freund und Geschäftspartner Jakob Bantleon, den ich hier gern namentlich erwähne, weil ich ihn sehr mag und schätze.

leichten Speedboot. Du kannst deine Gedanken extrem schnell in eine neue Richtung lenken. Da das Speedboot so leicht ist, ist es jedoch auch sehr anfällig für Wellen und Stürme. Wenn Zweifel oder unerwartete Herausforderungen auftauchen, wird dadurch der Kurs deines bewussten Denkens fast unmittelbar beeinflusst. Herrschen jedoch Windstille und eitel Sonnenschein und du bist von etwas begeistert, prescht dein Speedboot vor, und du wähnst dich bald am Ziel. Sicher kennst du solche Momente. Du hast eine wichtige Erkenntnis, alles scheint klar zu sein, ab jetzt wird alles anders, meinst du.

Ach, wäre das schön! Wie schnell könntest du Gewohnheiten verändern und Ziele erreichen, wenn du ausschließlich dein Speedboot wärst. Leider aber steckt nur ein verschwindend geringer Anteil deiner Power im Motor deines Speedboots; dein Tagesbewusstsein kontrolliert nur maximal 2 bis 4 Prozent von dem, was du wahrnimmst, fühlst und tust.

Was bedeutet das? Ich erkläre es dir an einem einfachen Beispiel:

5 6 78 9 5 35 60 9 2 1 57 89

Auf der letzten Seite war eine Zahlenreihe zu sehen. Bitte schreibe sie hier auf, OHNE noch einmal nachzulesen. Nicht schummeln!

. . . .

Und? Klappt es? Nein? Du hast dir nicht alle Zahlen gemerkt?

Gut, dann schreibe wenigstens die ersten sechs Zahlen auf.

Geht auch nicht? Hm, wie sieht's mit den ersten drei Zahlen aus?

Na gut, dann weißt du vielleicht wenigstens, wie viele Zahlen es waren?

Falls du gerade geistig ins Schwitzen gerätst, nimm es gelassen, du liegst in der Norm. Im Durchschnitt verlieren wir alle 6 bis 10 Sekunden unseren bewussten Fokus. Das heißt, alle 6 bis 10 Sekunden löscht dein bewusstes Kurzzeitgedächtnis, was zuvor in deinem Tagesbewusstsein aufgetaucht ist.

Jetzt verstehst du auch, warum es dir manchmal so verdammt schwerfällt, neue Gewohnheiten zu etablieren. Sie verschwinden einfach viel zu schnell wieder aus dem Fokus deiner Aufmerksamkeit. Und selbst wenn das Speedboot mal einen guten Lauf hat, wird es in vielen Fällen wie an einer unsichtbaren Schnur wieder zurück ins alte Gewässer gezogen. Magie? Nein, halt! Wir haben nur das U-Boot vergessen.

Dein Unterbewusstsein

Die treibenden Motoren deines Lebens arbeiten die meiste Zeit über unterbewusst, das heißt, du nimmst sie nicht wahr. Hier in der Tiefe werden 96 bis 98 Prozent deiner Wahrnehmung, deiner Handlungen und Gefühle kontrolliert. Während dein Verstand in jeder Sekunde nur 200 Informationseinheiten bewusst wahrnehmen kann, gehen Neurowissenschaftler davon aus, dass dein Unterbewusstsein in der Lage ist, in der gleichen Zeit Millionen von Informationen und internen Prozessen zu verarbeiten.

Während du diese Zeilen liest, geschieht so viel um dich herum. Es gibt Geräusche, Insekten, Luftströmungen, minimale Temperaturschwankungen. Du bekommst fast nichts davon mit, weil sich dein Tagesbewusstsein gerade hochkonzentriert (hoffentlich) diesen Zeilen widmet. Doch dein Unterbewusstsein registriert alles. Würde in den kommenden Sekunden ein wilder Gorilla über dich herfallen, würde es dich blitzschnell aus deinem Lese-Fokus reißen und deine Aufmerksamkeit auf die Flucht richten. Und lange bevor du einen klaren Gedanken fassen könntest, hätte dein Unterbewusstsein dafür gesorgt, dass in deinem Körper Adrenalin ausgeschüttet wird. Der Sympathikus würde aktiviert. Das Blut würde vom Verdauungssystem abgezogen und in die Muskeln gepumpt. Du würdest aufspringen und obwohl du nie sportlich zu sein glaubtest, die 100 Meter in 9 Sekunden rennen.[27] Wahrscheinlich

27 Leider hat niemand deinen Rekord gestoppt.

würde dein Tagesbewusstsein erst jetzt, in Sicherheit, einen Gedanken produzieren: »Fuck, wo kam denn der Gorilla her?« Und erst eine Stunde später, wenn du dich beruhigt hast: »Mist, ich hab mein Buch liegen gelassen!«

Während du diesen letzten Abschnitt gelesen hast, sind etwa 200 Millionen Zellen in deinem Körper gestorben. 200 Millionen wurden neu erschaffen und bereits eingearbeitet. Du bist nicht ins Schwitzen gekommen und hast nicht einmal einen Gedanken daran verschwendet. All das wird von deinem Unterbewusstsein automatisch gesteuert. Ist das nicht unglaublich?! Während dein bewusster Verstand nur für einige Sekunden den Fokus auf einem Objekt halten kann, arbeitet dein Unterbewusstsein 24 Stunden am Tag ohne Pause hochkonzentriert für dein Wohlergehen.

Nun ist wohl klar: Wenn dein Speedboot gegen dein U-Boot antritt, wird es immer verlieren.[28] Falls du dauerhaft die Richtung deines Lebens ändern möchtest, musst du dein Unterbewusstsein davon überzeugen. Wir glauben gern, nur weil wir ein Thema mental verstanden haben, hätten wir es bereits integriert. Doch solange dein U-Boot nicht von der neuen Richtung überzeugt ist, wird sich das Speedboot auf fast lächerliche Weise abzappeln und

28 Ein einfaches Experiment für die Badewanne: Tauch den Kopf unter Wasser und entschließe dich mit deinem Tagesbewusstsein, dass du 5 Minuten lang die Luft anhalten wirst. Sobald dein Unterbewusstsein entscheidet, dass es reicht, hast du keine Chance mehr.

doch nicht vom Fleck kommen. Deshalb greifen die meisten Ratgebersprüche auch nicht. Sie erzeugen einen kurzen Aha-Effekt in deinem Tagesbewusstsein. Du fühlst dich für einen Moment ganz schlau. Doch 10 Sekunden später? Puff. Die Blase platzt. Dein U-Boot tuckert unberührt weiter in die alte Richtung.

Das erklärt auch, warum Millionen von Menschen in der Silvesternacht tolle Vorsätze fassen, doch nur einen Bruchteil davon umsetzen. Im nächsten Jahr schreiben wir verschämt dieselben Ziele auf die Liste und machen uns insgeheim Vorwürfe wegen unserer Inkonsequenz. Das brauchst du ab jetzt nicht mehr!

Merke dir: Das Speedboot denkt. Das U-Boot lenkt.

Und noch etwas anderes ist jetzt klar: Es gibt keine Blockaden! Alles, was du an deinem Leben nicht magst – deinen Speckring, deine Nikotinsucht, deine Neurosen –, sind kunstvolle Arrangements deines Unterbewusstseins, um dein System im Gleichgewicht zu halten. Der Speck ist vielleicht ein emotionaler Schutzpanzer. Die Zigarette beruhigt deine Nerven. Deine Neurose ist die im Augenblick bestmögliche Antwort deiner Psyche, um mit bestimmten Situationen umzugehen.
Dein Single-Dasein? Dein dauerhaft überzogenes Bankkonto? Du bewertest es vielleicht als Fehler. Dein Unterbewusstsein hingegen betrachtet alles, was längere Zeit stabil geblieben ist, als verlässliches System. Es steht deinen Veränderungsversuchen skeptisch gegenüber, denn sie bedeuten eine Gefahr für das bestehende Gleichgewicht.

Wenn du auf Diät gehst, ohne dein Unterbewusstsein zu überzeugen und ihm gute Alternativen anzubieten, geschieht Folgendes: Es lässt dem Speedboot für ein, zwei Wochen die Illusion. Du hungerst dir ein paar Kilo runter. Dann, bei der nächsten Gelegenheit, organisiert dein Unterbewusstsein ein paar Fressattacken, und schon ist alles beim Alten.

Dein bewusster Verstand ist wichtig, um zu vernünftigen Urteilen zu gelangen und bewusst eine neue Richtung vorzugeben. Doch dann braucht er die volle Unterstützung deines Unterbewusstseins.

Willst du eine supergute Nachricht hören? Es gibt Methoden, dein so schlaues und starkes U-Boot für die neue Richtung zu begeistern! Kein esoterischer Hokuspokus, sondern wissenschaftlich geprüfte, praxisgetestete Methoden. Einfach und praktikabel. Ich werde sie dir im dritten Teil des Buches, der MANIFESTATION, vorstellen. Dort erkläre ich dir auch, wie du die Weisheit deines Überbewusstseins anzapfen kannst.

Für heute lade ich dich ein, dein Unterbewusstsein einmal gehörig zu feiern. Nicht dein Kopf, dein Unterbewusstsein hat dich bis hierher gebracht. Es ist ein Wunderwerk der Schöpfung.

PS: Wenn du magst, musst du ab jetzt nie wieder an Blockaden arbeiten … weil es sie nie gegeben hat.

MIND-BEHAVIOR-GAP

Das vorangegangene Kapitel erklärt auch, wie es zur sogenannten Mind-Behavior-Gap kommt, der Kluft zwischen dem, wie du sein willst, und dem, wie du tatsächlich bist, der Kluft zwischen Einsicht und Umsetzung.

Was von dem, was du weißt, lebst du auch?

Ich begegne immer wieder regelrechten Workshop-Junkies. Sie hasten von einem Seminar zum nächsten, stopfen sich mit Einsichten und Inspirationen voll und fühlen sich im Kreis von Gleichgesinnten natürlich schlau und wohl. Nur leider verpassen sie es, die durchaus wertvollen Einsichten in ihren Alltag zu integrieren.[29] Das ist nämlich mühsamer, als einfach das nächste Seminar zu buchen.

Wie übersteht man diese eigentlich peinliche Diskrepanz? Indem man sie sich schönredet. Es gibt viele psychologische Experimente, die belegen, dass die meisten Menschen sich in ihrer Vorstellung

---

29 Das Beste, was mir diesbezüglich mal passiert ist, muss ich hier einfach erzählen. Unser Auto steckte einmal vor einem Seminarzentrum im Schnee fest. Offenbar war gerade ein Workshop zu Ende, denn viele Leute strömten heraus. Zwei Männer, auf dem Weg zu ihrem Auto, sahen unsere Misere. Sie fühlten sich offenbar ungehört von uns. Ihr Dialog: »Sind das welche aus unserer Gruppe?« »Nein.« »Dann brauchen wir auch nicht zu helfen.« Als wir unser Auto allein befreit hatten, konnte ich es mir nicht verkneifen, noch einmal reinzugehen und zu schauen, was dies für ein Seminar gewesen war. Es war ein Herzöffnungs-Workshop. No comment.

besser, schlauer und einsichtiger wahrnehmen, als sie es tatsächlich sind. Mit anderen Worten: Das menschliche Ego steht gern gut da. Dafür benutzt es diverse Tricks:

- Wir formulieren keine konkreten Ziele und Werte, weshalb wir auch nicht wahrnehmen können, wenn wir sie nicht einhalten.
- Wir blenden unstimmiges Verhalten einfach aus oder reden es klein (»War nur mal 'ne Ausnahme!«).
- Wir projizieren unsere ungeliebten Schattenanteile auf unsere Nächsten (»Mein Mann hindert mich daran, das Leben meiner Träume zu verwirklichen.«).
- Wir erfinden Gründe, warum es jetzt noch nicht geht (die Sterne, Blockaden aus der Kindheit, die Komplexität der Situation, die Zeit ist noch nicht reif).

Mit ein bisschen Selbstironie könnte man ja eigentlich über sich lachen – hätte die Sache nicht einen Haken: Wenn die Kluft zwischen deinen Einsichten und der Umsetzung zu groß wird, entsteht eine innere Spaltung, im Grunde genommen eine Art Schizophrenie. Und auch wenn du sie nicht bewusst wahrnimmst, löst sie doch Stress aus. Das Speedboot wähnt sich schon in Hawaii, das U-Boot liegt aber noch am Nordpol vor Anker. Du fühlst dich immer unwohler. Du wendest immer mehr Tricks an, um die Wahrheit zu verbergen. Du kannst schlechter schlafen. Du meidest wache Menschen, die die Diskrepanz erkennen würden. Dein Selbstwert sinkt in den Keller. Es wird immer schwieriger, stehen zu bleiben und in den Spiegel zu schauen.

Aber das musst du letztendlich tun. Es mag sich zuerst unangenehm anfühlen, doch dann wirkt es enorm befreiend.

Das wichtigste Wirkungsprinzip der Anonymen Alkoholiker[30] ist die regelmäßige Beichte. Und das ist auch mein Tipp an dich, wenn du die Mind-Behavior-Gap in deinem Leben satthast: Beichte. Dir selbst oder am besten in Anwesenheit eines guten Freundes. Leg die Karten auf den Tisch. Du kannst nur effektiv auf eine Reise gehen, wenn du zuvor nüchtern den Startpunkt lokalisiert hast. Es ist immer von Vorteil, dir selbst die Wahrheit einzugestehen. Indem du anerkennst, was ist, befreist du dich vom Zwang, einen Schein aufrechterhalten zu müssen.

Indem du anerkennst, was ist, erlaubst du deinem Bewusstsein, die Gegenwart vollständig zu erfassen und dann die Lösung einzuleiten.

Veränderung geschieht nicht, wenn du anders sein möchtest, als du bist, Veränderung geschieht, wenn du dir erlaubst, der zu sein, der du bist. Die zu sein, die du bist.

Das nächste Kapitel lädt dich dazu ein, es auszuprobieren.
Mach dich frei. Lass die Hose runter.[31]

30 Nach wie vor eines der effektivsten Programme zum Trockenwerden.
31 Das meine ich metaphorisch. Bitte nicht wirklich auf dem Marktplatz deiner Heimatstadt machen und dann behaupten, ich hätte dir dies geraten.

DIE HOSE RUNTERLASSEN – ZEICHNE DAS RAD DEINES LEBENS

Weißt du, wo du dich auf deiner Reise befindest?

Kennst du das? Du hast das Gefühl, in deinem Leben läuft nicht alles rund, aber du weißt nicht genau, woran es liegt. Es ist eher eine diffuse Unzufriedenheit. Eine Unruhe. Ein Frust. Irgendetwas soll sich verändern. Du willst einfach nur raus.

In so einer Situation ist es unmöglich, die kraftvollen Erfolgsprinzipien aus dem Teil MANIFESTATION anzuwenden. Denn du kennst weder den genauen Ausgangspunkt noch das Ziel deiner Reise.

Bevor du weiter wie wild im Kreis herumrennst, bleib stehen. Atme tief durch. Leg eine Landkarte deines Lebens an, und zeichne exakt ein, wo du dich gerade befindest.

Das geht ganz einfach. Ich nutze dazu bei meinen Klienten ein altes, archetypisches Symbol, das Rad des Lebens. Es stammt von nordamerikanischen Indianerstämmen, ist aber auch in einem modernen Leben sehr nützlich. Durch dieses Rad bekommst du relativ schnell einen Überblick über deine derzeitige Lebenssituation. Hier hast du ein Beispiel, wie es aussieht.

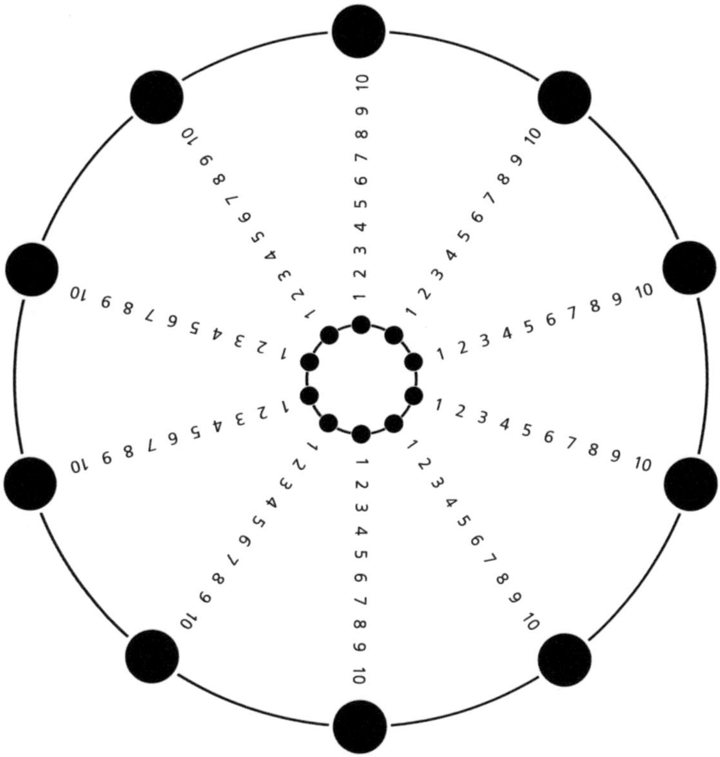
1 2 3 4 5 6 7 8 9 10
1 2 3 4 5 6 7 8 9 10
1 2 3 4 5 6 7 8 9 10
1 2 3 4 5 6 7 8 9 10
1 2 3 4 5 6 7 8 9 10
1 2 3 4 5 6 7 8 9 10
1 2 3 4 5 6 7 8 9 10
1 2 3 4 5 6 7 8 9 10
1 2 3 4 5 6 7 8 9 10
1 2 3 4 5 6 7 8 9 10

Zeichnung A

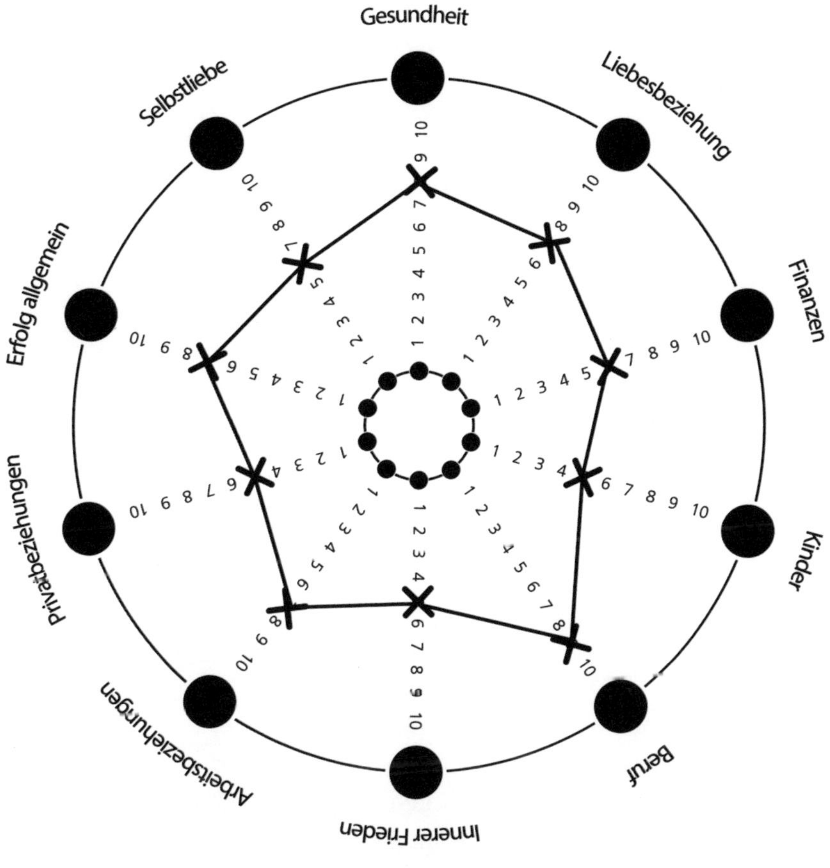
Gesundheit
Liebesbeziehung
Finanzen
Kinder
Beruf
Innerer Frieden
Arbeitsbeziehungen
Privatbeziehungen
Erfolg allgemein
Selbstliebe

Zeichnung B

Du wirst circa eine Stunde für die Arbeit damit brauchen. Doch die lohnt sich. Du kannst dir selbst ein Rad zeichnen oder dir eine Vorlage aus dem Leserbereich downloaden.[32]

Und so geht es:

- Überleg dir, in welche Hauptbereiche du dein Leben unterteilen möchtest. Zum Beispiel Gesundheit/Fitness, Beziehungen, Finanzen, Beruf, Selbsterkenntnis ... Ich empfehle dir, minimal sechs, maximal zehn festzulegen.
- Zeichne genauso viele Speichen in dein Lebensrad. Benenne die Speichen nach den Bereichen. (Siehe Zeichnung A).
- Zeichne nun eine Skala von 0 – 10 ein.
- Jetzt nimm dir jeden Bereich einzeln vor. Beschreibe zuerst in drei bis zehn Sätzen, wie du diesen Bereich gerade erlebst.
- Dann benote ihn. 0 steht für »gar nicht existent«. 1 für »absolut unbefriedigend«, usw. bis 10 für »besser geht's nicht«. Mach ein Kreuz auf der jeweiligen Skala.
- Das machst du nun mit jedem Bereich.
- Am Schluss verbindest du die Kreuze, indem du einen mehr oder weniger wohlgeformten Kreis im Inneren des Lebensrads ziehst. (Siehe Zeichnung B).

32 In der Vorlage des Leserbereichs auf der Webseite sind die Speichen und die Skala bereits eingetragen.

Jetzt lass dein Rad des Lebens auf dich wirken. Wie fühlt sich das an?
Die Größe des gesamten Radius sagt dir etwas über deine generelle Lebensqualität aus.
An den Beulen kannst du erkennen, wie rund beziehungsweise unrund dein Leben läuft.

Stell dir vor, dies wäre tatsächlich das Vorderrad deines Fahrrads. Wie ließe es sich damit fahren?

Was sind deine größten Schwachstellen?
In welchem Bereich siehst du den größten Handlungsbedarf?

Die Wahrheit kann schmerzen. Doch sie bringt auch den Frieden, endlich nichts mehr leugnen zu müssen. Und vor allem ermöglicht sie Veränderung. Denn die Dinge verändern sich ganz natürlich aus sich heraus, wenn wir sie anerkennen, wie sie sind.

Indem du vollständig anerkennst, was ist, schaffst du festen Boden unter deinen Füßen.
Du erlaubst deinem schöpferischen Bewusstsein, die Situation voll zu erfassen.
Jetzt kann die Reise ins Neuland beginnen.

Na, noch nicht ganz.

Lass uns zuerst deinen Geist weiten und herausfinden, was du wirklich-wirklich willst.

PS: Heb dein aktuelles Rad des Lebens bitte auf. Du wirst es im kommenden Teil des Buches noch brauchen. Außerdem wird es ein tolles Gefühl sein, wenn du es in ein paar Jahren mit deinem frischen Lebensrad vergleichst und siehst, was sich alles verändert hat.

DEINE

GEDANKEN

WERDEN

DEINE

WIRKLICHKEIT

SINN

2

WORUM GEHT ES IN DEINEM SPIEL DES LEBENS?

Gott hat Euren Seelen Flügel verliehen, auf dass sie sich damit in den Himmel der Freiheit und Liebe erheben. Warum schneidet Ihr sie ab und kriecht wie Insekten auf der Erdoberfläche?

Khalil Gibran

In diesem Teil des Buches lade ich dich ein, noch klarer herauszufinden,
was du wirklich-wirklich willst,
wofür du lebst,
wofür du brennst.
Denn dort ist der Hort deines inneren Feuers.

Erfolg, Reichtum, Anerkennung – all das sind gute Sachen. Doch wenn du sie auf einem für dich sinnlosen Pfad[33] erreichst, werden sie dich nicht erfüllen. Du wirst viel haben und dich dennoch leer fühlen. Ohne Sinn hat gar nichts Sinn.
Es ist daher ratsam, diesen Teil des Buches *vor* der MANIFESTATION zu lesen. Die dort beschriebenen Prinzipien bringen dir dann Erfüllung, wenn du sie für etwas anwendest, für das dein Herz brennt.

33 Die Welt ist voll von Menschen, zum Beispiel im Showbusiness oder in der Geschäftswelt, die auf eine gewisse Weise sehr erfolgreich und dennoch abgrundtief unglücklich sind. Ich möchte hier keine Namen nennen, doch kauf dir eine *Gala* und schau in die Gesichter mancher »Stars«, die scheinbar alles erreicht haben. Dann weißt du, was ich mit *sinnleer* meine.

Falls du denkst, du wüsstest bereits, was du willst, bitte ich dich, die folgenden Kapitel dennoch zu lesen. Ich bin kein Schwarzmaler, eher ein Optimist. Doch ich durfte selbst oft genug erfahren, wie verführbar der menschliche Geist ist. Nicht jeder Pfad ist deiner. Nicht jedes Ziel dient dir.

Die in der MANIFESTATION vorgestellten Prinzipien werden deine schöpferische Wirkungspotenz erhöhen. Daran besteht kein Zweifel. Diese Kraft kann mehr Leid oder mehr Glück in dein Leben und das deiner Mitmenschen bringen. Deshalb wähle weise.

Mein aufrichtiger Wunsch ist es, dich mit diesem Buch in deiner wahren Erfüllung zu unterstützen.

Ich möchte und kann dir nicht sagen, was für dich persönlich wirklich wesentlich ist. Doch ich bin mir absolut sicher, dass du es tief in dir drin weißt. Vielleicht tust du manchmal so, als wüsstest du es nicht, weil du Angst vor den Konsequenzen hast. Vielleicht ist dein Alltag auch zu laut geworden, um deine innere Stimme zu hören. Doch sie ist da. Meistens braucht es lediglich die Bereitschaft, stehen zu bleiben, die richtige Frage nach innen zu stellen und zu lauschen.

Ich halte die Frage »Was willst du wirklich-wirklich?« für *die* Jackpotfrage eines menschlichen Lebens. Von Geburt an wirken die Meinungen und Wünsche anderer auf uns ein. Unsere leistungsorientierte Gesellschaft puscht und lockt uns den Weg entlang. Ihr harter, schneller Rhythmus suggeriert, dass wir Versager sind, wenn wir nicht das besitzen, was »die an der Spitze« haben. Dieser Druck ist auch als Selbstoptimierungswahn auf die Psychoszene übergeschwappt. Hinzu kommt eine milliardenschwere Werbeindustrie, die vorgibt, nur dein Bestes zu wollen, aber in Wahrheit darauf ausgerichtet ist, dich in Bezug auf deine vermeintlichen Bedürfnisse schamlos zu manipulieren.

Deshalb lade ich dich ein, all die Stimmen der Welt, die dir irgendetwas einflüstern wollen, in den Hintergrund treten zu lassen. Ich lade dich ein, dich selbst richtig wichtig zu nehmen. Keiner der Menschen, die dir heute sagen, was du tun oder lassen sollst, wird dir in den letzten 20 Minuten deines Lebens stolz auf die Schulter klopfen. Da wirst nur du sein und die Frage:

Habe ich *mein* Leben voll gelebt?

Ich werde dir einige Fragen vorstellen, die mich selbst wachgerüttelt haben und die auch bei meinen Klienten eine starke Wirkung zeigen. Und ich erkläre dir einige einfache Übungen, die Raum in deinem Leben schaffen. Raum für dich und die wertvollen Erkenntnisse, die dich und uns alle jeden Tag besuchen. Wir übersehen sie nur oft.

TIPP

Für unsere weitere gemeinsame Reise empfehle ich dir, dir ein leeres Buch zu besorgen. Eines, das dir und deinem Anliegen würdig ist. Wenn du auf die Suche danach gehst, wirst du es erkennen. Hab es bei dir, wenn du weiterliest. Wann immer eine wesentliche Erkenntnis in dir aufploppt, halte sie darin fest. Notiere deine Fragen, deine verrückten Ideen, deine deftigsten Wünsche. Nicht alles muss sofort Sinn ergeben. Lass dein Unterbewusstsein gären. Im Laufe der Zeit wird sich im scheinbaren Chaos deiner Notizen ein Muster zeigen. Und plötzlich wird es dir wie Schuppen von den Augen fallen, und du weißt ohne jeden Zweifel, was du wirklich-wirklich willst.

Ab da ergibt alles Sinn.

DER STILLE SEE

Wenn du die Berührung mit der inneren Stille verlierst,
verlierst du den Kontakt mit dir selbst.
Wenn du den Kontakt mit dir selbst verlierst,
verlierst du dich in der Welt. Das innerste Selbstgefühl,
das Gefühl dessen, der du bist, ist untrennbar mit Stille verbunden.
Das ist das »Ich bin«, das tiefer ist als Namen und Formen.

Eckhart Tolle

Ist es nicht erstaunlich, wie viele Menschen heutzutage auf die einfache Frage: »Was willst du wirklich?« nicht mehr klar antworten können?
Wissen wir es wirklich nicht? Doch.
Wir wissen es immer.

Wir sind das Ergebnis von viereinhalb Milliarden Jahren Evolution. Wir sind ein Wunderwerk der Schöpfung. In uns vereinen sich eine unglaubliche Körperweisheit, Intuition, Seelentiefe und ein smarter Geist. Diese gebündelte Intelligenz hat uns bis hierher geführt. Wir dürfen lediglich lernen, ihr noch aufmerksamer zu lauschen.
Es gibt einen Ort in uns, an dem wir die Antwort auf jede unserer Fragen finden. Nur sind wir manchmal mental zu aufgeputscht, verwirrt durch die vielen Einflüsse, und wissen dann nicht, wie wir dorthin gelangen können.

Stell dir dein wahres Wesen wie einen klaren Bergsee vor. Auf dem Grund ruht deine tiefste Wahrheit. Ist der See still, kannst du deine Frage stellen, ins Wasser schauen und findest am Boden die Antwort.

Ganz einfach.

Doch was, wenn der See aufgewühlt ist?

Durch unseren unaufhörlichen inneren Monolog?

Durch die Anforderungen unseres Alltags, die nonstop in Form von Aufgaben, E-Mails, Anrufen etc. auf uns einprasseln?

Durch den Dauerbeschuss der Medien?

Dann ist das Wasser trübe. Du stellst deine Fragen, aber alles, was du bekommst, sind oberflächliche und sich widersprechende Antworten. Weil du nicht bis auf den Grund schauen kannst.

Wenn dir das Wissen darüber, was dir guttut und was du wirklich-wirklich willst, abhandengekommen ist, lass den See wieder still werden. Dann ist alles sichtbar!

Wir führen regelmäßig das Retreat »Kraft der Stille« durch. Dabei schweigen die Teilnehmer sechs Tage lang, meditieren und nehmen einfache Mahlzeiten zu sich. Ich bin immer wieder ehrfürchtig erstaunt, wie nach einigen Tagen die Erkenntnisse nur so hochploppen. Ohne Therapeuten. Ohne Ratschlag von außen. Ohne schlaues Buch. Plötzlich weiß jeder, was wesentlich und was unwesentlich für ihn ist. Aber um das zu erkennen, brauchst du nicht unbedingt eine Auszeit. Integriere in deinem Alltag Räume der Stille. Damit meine ich nicht zwangsläufig eine äußere, akustische Stille, obwohl dies sehr förderlich ist.

Finde deine Form von Ritual, die den See deines Geistes still werden lässt.
Halt öfter mal die Klappe. Meditiere. Führe medienfreie Stunden ein.

TIPP

Mein großer Favorit sind die ersten 15 bis 20 Minuten des Tages.[34] Sie sind deshalb besonders wertvoll, weil dein Bewusstsein da noch nicht in den Aktionsmodus eingerastet ist. Außerdem bist du gerade erst aus der Traumwelt aufgetaucht, die Kommunikation zwischen deinem Unterbewusstsein und deinem Tagesbewusstsein ist also noch offen. Du bist näher an dem dran, was dich in der Tiefe bewegt.

Wenn du dich liebst, dann wühle deinen See noch nicht auf, indem du redest, Zeitung liest oder das Radio anmachst. Gönn dir diesen Moment des Innehaltens. Bereite dir, wenn du möchtest, dein Lieblingsgetränk. Such dir einen bequemen Platz. Schließe deine Augen oder schau aus dem Fenster auf ein Stück Natur, wenn vorhanden. Oder in eine Kerze. Tu einfach nichts. Versuche nicht einmal, den Geist still werden zu lassen. Lausche dir einfach. Was bewegt dich? Welche Gefühle kannst du wahrnehmen? Vielleicht hast du eine Frage, über die du kontemplieren möchtest?

Zu Beginn kann dieses Ritual eine Herausforderung sein, weil du entweder wieder einschläfst (deshalb ist es gut, aufrecht zu

34 Die, die mich kennen, werden jetzt schmunzeln, denn das propagiere ich überall. Ich bin überzeugt, die Welt wäre ein wesentlich friedvollerer Ort, wenn jeder von uns täglich 15 Minuten innehalten würde.

sitzen) oder weil du deine innere Unruhe deutlicher spürst. Nimm es einfach wahr und halte die 15 Minuten durch. Wenn du das jeden Tag tust, gewöhnt sich dein System daran und wird stiller. Leg, wenn du möchtest, dein Tagebuch daneben, um am Ende deine Erkenntnisse zu notieren. Manchmal wirst du einfach nur so sitzen, ohne dass etwas Nennenswertes geschieht, doch immer öfter wird deine Seele diesen Freiraum nutzen, um dir wichtige Botschaften mitzuteilen.

Wenn es dir schwerfällt, so zu Ruhe zur kommen, kann die geführte Meditation »Der stille Bergsee« sehr helfen. Du kannst sie im Leserbereich der Webseite herunterladen.

Ich kann dir das Aufsuchen der Stille nicht genug ans Herz legen. Auch wenn es in einer aktionsbetonten Zeit wie der unsrigen nicht besonders cool klingen mag, es ist das Coolste, was ich in meinem Leben je erfahren durfte. Denn in diesem inneren Raum sind wir frei. Jede Minute hier wirkt wie ein Jungbrunnen. Stille lehrt und führt dich. Du wirst viel unabhängiger von äußeren Einflüssen und Stress. Ich bin überzeugt, dass der Zugang zur inneren Stille in den kommenden Jahren für jeden Menschen überlebensnotwendig werden wird.

Stille ist kostbar.
Sie ist deine Heimat.
Jeder echte Impuls steigt aus der Stille in deinem Inneren auf.

DER LUXUS, NICHT ALLES WISSEN ZU MÜSSEN

"Kannst du es genießen, nichts zu wissen?

Wenn du herausfinden möchtest, was du wirklich-wirklich willst, beginne mit einem unverschämten Luxus:

Gestatte dir, nicht alles wissen zu müssen.

Jeder Mensch hat einen tiefen Zugang zur Weisheit des Lebens. Doch der ist häufig überdeckt mit Pseudowissen.
Von klein auf werden wir dazu erzogen, Bescheid zu wissen. Wir lernen die Uhrzeit. Wir lernen »rechts« und »links«. Wir lernen, zu allem, was ist, mehr oder weniger schlaue Kommentare abzugeben. Wenn wir sechzehn Jahre sind, sollen wir wissen, was aus uns werden soll. Wo es langgeht. Was richtig ist.
Wissen ist »in«. Wissen gibt uns das Gefühl, die Oberhand zu haben, das Leben zu kontrollieren. Deshalb tun wir selbst dann, wenn wir keinen blassen Schimmer haben, immer noch so, als wüssten wir Bescheid.
Das ist nicht nur peinlich, es erzeugt auch Stress. Wir fürchten uns vor Momenten des Nichtwissens. Lieber füllen wir sie mit leerem Blabla, dem nächsten halbgaren Konzept oder einem blöden Witz, anstatt uns den Luxus zu gönnen, innezuhalten, tief durchzuatmen, über beide Wangen zu grinsen und laut zu sagen:
»Ich weiß es gerade nicht.«

»Ich weiß gerade nicht, was der Sinn meines Lebens ist.«
»Ich weiß nicht, ob der Gott, wegen dem wir uns streiten, tatsächlich existiert.«
»Ich bin heute Morgen neben einer Frau aufgewacht, die ich einmal geliebt habe. Doch wenn ich ehrlich bin, weiß ich gerade nicht, wer wir füreinander sind.«
»Ich weiß nicht, wo ich mich auf meiner Reise durch das Leben befinde.«
»Ich weiß nicht, ob ich kündigen oder noch mal alles geben soll.«

Insgeheim ist uns klar, dass wir eigentlich so gut wie gar nichts wissen. Nichtwissen ist unser natürlicher Geisteszustand. Doch anstatt diese wohltuende, leere Weite auch innerlich zu genießen, leugnen wir sie durch einen konstanten, sinnlosen, inneren Monolog, auch genannt *Mindfuck*. Was glaubst du, warum die meisten von uns am Abend so müde sind? Ist es wirklich nur die Arbeit? Oder schlaucht uns der Dauerlärm im Kopf?

Nichtwissen ist nicht schlimm
Nichtwissen ist wie glitzernder Neuschnee, den noch niemand betreten hat.
Nichtwissen ist ein schöpferisches Vakuum. Es zieht das wahrhaft Neue magisch an.

Aus der stillen Leere des Nichtwissens werden neue Erkenntnisse und Impulse geboren. Sie kommen nicht aus deinem kleinen Ich-Verstand, sondern aus der Quelle des Lebens in dir.

Wenn du erfahren willst, was du wirklich-wirklich willst, genieße dein Nichtwissen.

Begrüße den zarten Schauer der Unsicherheit, wenn du plötzlich nicht mehr weiterweißt.

Schweig lieber, wenn du nichts Essentielles zu sagen hast.

Schau hin und wieder mit entspanntem Blick in den offenen Himmel.

Bohr verträumt in der Nase.

Konzentriere dich auf die Lücken, anstatt auf die Objekte. (Zum Beispiel zwischen den Wolken oder den Blättern eines Baumes.)

Meditiere.

Und vor allem: Sprich es immer wieder langsam und mit Genuss aus: »Hopsa! Ich weiß es gerade nicht.«

Wenn du dich wach in dein Nichtwissen entspannst, wirst du eine erstaunliche Entdeckung machen:

Du weißt immer alles,
was jetzt gerade wirklich wichtig für dich ist.

MIND-YOGA

Säe ein Samenkorn in die Erde, und sie wird dir eine Blume hervorbringen. Träume deinen Traum zum Himmel, und er wird dir deine Geliebte bringen.

Khalil Gibran

Ist der Gedanke nicht aufregend? Egal, was du bis hierher bewältigt und erlebt hast, da geht noch viel mehr! Es warten noch so viele innere und äußere Welten auf dich.

Um die Türen zu ihnen aufzustoßen, ist es hilfreich, deinen Geist regelmäßig zu dehnen. Denn du kannst nur dann etwas erfahren, wenn es dein Geist auch für möglich hält.
Wie lange?
Immer wieder.
Bis zum Lebensende.

Das Prinzip ist einfach. Du kannst es dir bildhaft so vorstellen: Jedes Mal, wenn du dir erlaubst, in eine unbekannte Richtung zu denken – das heißt, dir etwas völlig Neues vorzustellen –, fließt der Strom im Geflecht deiner Nervenzellen in eine neue Richtung. Geschieht dies nur einmal, verpufft die Wirkung. Wiederholst du die neuen Gedanken aber immer und immer wieder, vernetzen sich deine Nervenzellen dauerhaft neu. Das Bild verankert sich in deiner inneren Welt, und deine schöpferische Intelligenz fängt an, nach Wegen zu suchen, dieses Bild auch im Außen wahr zu machen.

Lust auf ein Experiment?
Erfinde jetzt gleich ein Wort, das es noch nicht gibt. Schreibe es hier auf:

. . . .

Kannst du das leichte Britzeln unter deiner Kopfhaut fühlen, das entsteht, weil du gerade den Strom in deinem Hirn gezwungen hast, um ein paar neue Ecken zu fließen? So einfach ist das![35]

Mind-Yoga-Übung 1 – Aktiviere deine Spiegelneuronen und füttere deinen Geist mit guten Vorbildern

Spiegelneuronen sind spezielle Nervenzellen in deinem Großhirn, die beim Betrachten eines Vorgangs das gleiche Aktivitätsmuster zeigen, das messbar wäre, wenn du ihn selbst ausführen würdest. Das bedeutet praktisch: Wenn du aus falsch verstandener Liebe jemandem dabei zuschaust, wie er immer wieder Bockmist verzapft, ist es fast so, als wenn du es selbst tätest. Doch wenn du deinen Verstand mit guten Vorbildern fütterst, stimuliert er deren Denk- und Verhaltensweisen auch in dir.

35 Bist du auf Facebook unterwegs? Dann poste dein neues Wort unkommentiert auf deiner Seite. Es ist höchst spannend und oft witzig, wie unterschiedlich Menschen auf etwas reagieren, das sie nicht einordnen können.

Welche Biografien – von lebenden oder bereits gestorbenen Personen – inspirieren dich?[36] Warum? Welches Detail dieser Lebensgeschichte bewegt dich? Lege dir in deinem Buch eine Liste mit deinen zehn stärksten Vorbildern zu. Hol dir diese Menschen ins Haus. Finde Bilder von ihnen. Lies von ihnen und über sie. Finde heraus, welche Aspekte dich im Zusammenhang mit ihnen besonders berühren. Ist es etwas, was diese Menschen haben, was sie tun oder wie sie sind? Das ist deine heiße Spur! Genauso kannst du mit deinen Lieblingsfilmen verfahren. Welche Filme begeistern dich? Liste sie auf. Schau sie dir an. Analysiere, was genau es ist, das dich inspiriert.

Mind-Yoga-Übung 2 – Sei mutig und denke weiter

Noch hat dein Verstand diese Vorbilder vielleicht auf einen scheinbar unerreichbaren Thron gesetzt und erzählt dir, dass du sie zwar bewundern, aber nicht selbst erfahren kannst, was sie erfahren (haben). Es geht natürlich nicht darum, das Leben eines anderen Menschen zu kopieren. Das wäre traurig, und es ist

36 Ich halte es für eine traurige Verschwendung von Geist, wenn sich Millionen von Menschen vor den Fernseher hocken, um sich daran zu ergötzen, dass andere noch ärmer dran sind als sie selbst, zum Beispiel die Insassen des Dschungelcamps. Ich verstehe diese menschliche Neigung. Ich finde sie auch in mir wieder. Doch was macht es mit uns/mit dir? Erhebt es dich wirklich? Bringt es dich voran? Oder wäre die Zeit sinnvoller damit verbracht, über jemanden zu lesen, der dir ein Stück voraus ist? Dessen Leben dich inspiriert und herausfordert zu wachsen?

auch unmöglich, weil wir alle einzigartig sind. Doch etwas in dir geht mit einem Aspekt deines Vorbildes in Resonanz. Das heißt, etwas in dir möchte sich entfalten! Wage es, dir vorzustellen, wie du Dinge tust, die du bisher nur anderen zugetraut hast.[37] Lockere einfach deinen Geist. Beginne, dir neue Versionen deines Lebens auszudenken – wie du etwas anderes hast, wie du anders agierst und wie du anders bist. Achte genau auf die Details, die eine tiefe Freude in dir auslösen. Schreib sie auf.

Ist es verrückt, dich dir selbst neu vorzustellen? Nein. Verrückt ist es, wenn du dir immer und immer wieder einredest, dass du halt bist, wie du bist. Verrückt ist, wenn du immer wieder dasselbe denkst und tust und dich dann wunderst, warum sich in deinem Leben nichts ändert. Mutig zu sein und neue Bilder einer freieren Version von dir zu empfangen, ist nicht verrückt, es ist verrückend. Sieh es als offizielle Lizenz zum Tagträumen. Keine Angst, wir werden uns noch ausführlich mit dem Realisieren beschäftigen. Doch …

… nur wer vom Fliegen träumt, wird auch ein Flugzeug bauen.

37 Keine Angst, du musst es ja nicht sofort umsetzen. Dazu kommen wir später …

ERFINDE DICH NEU

Dein Kerker bist Du selbst, die Welt, die hält dich nicht,
Du selber bist die Welt, die Dich in Dir mit Dir so stark gefangen hält.
Angelus Silesius

Bevor du jetzt sagst, das geht nicht: Erinnere dich daran, was wir über die Macht von Glaubenssätzen gesagt haben.

Woher weißt du eigentlich so genau,
wer du bist,
wie du bist und
was du kannst?

Ich zum Beispiel kann nicht hundertprozentig sagen, wer ich bin, denn seitdem ich mich meiner Potentialentfaltung widme, entdecke ich immer wieder neue Qualitäten und neue Facetten an mir.

So seltsam die Frage, wer du bist, erst einmal klingen mag, sie ist entscheidend für deinen Erfolg und für dein Glück. Denn im Mittelpunkt all deiner Glaubenssätze steht dein *Selbstkonzept*.

Ist dir schon einmal aufgefallen, wie flexibel kleine Kinder in ihren Emotionen und Handlungen sind? Sie haben noch kein festes Bild von sich selbst. Sie spielen die gesamte mögliche Bandbreite aus. Später ändert sich das. Je älter wir werden, desto mehr stimmen wir uns auf eine Tonlage ein. Wir identifizieren uns mit einem mehr oder weniger starren Selbstbild. Das beten wir uns dann täglich vor: »So bin ich eben! Ich kann nun mal nicht anders.«

Doch alles, was du heute bist, spiegelt nicht wider, wer du wirklich bist, sondern was du über dich glaubst.

Auch hier prägen uns die frühesten Eindrücke am stärksten. Wenn du das Glück hattest, von Eltern großgezogen zu werden, die dir kontinuierlich das Gefühl gaben, ein wertvolles, liebenswertes, fähiges Wesen zu sein, hat sich diese Botschaft spätestens im Alter von drei Jahren fest in dir verankert. Du musst es nicht mehr bewusst denken, doch deine gesamte Existenz wird auf diesem gesunden Selbstbild aufbauen. Du traust dir viel zu. Du gehst gern in Beziehungen. Du ziehst Liebe und Erfolg an, denn du hältst dich für ein wertvolles und kompetentes Wesen.
Doch was, wenn Eltern sich nicht so wach und bewusst verhalten haben? Dann haben sie wahrscheinlich mit Kritik und Liebesentzug versucht, dich zu kontrollieren. Statistische Untersuchungen belegen, dass ein Kind der westlichen Gesellschaft mehrere hundert Mal pro Tag die verbale oder nonverbale Botschaft vermittelt bekommt: »So wie du bist, bist du nicht okay.« Da ein Kind seinen Eltern blind vertraut, zieht es daraus fatale Schlussfolgerungen über sich: »Ich bin nicht gut genug« oder »Ich bin falsch«, »Ich habe keine Liebe verdient«.

Kannst du dir ausmalen, was für eine Auswirkung so ein Selbstbild auf das weitere Leben hat? Selbst wenn wir später Masken von ge-

spielter Überlegenheit oder tapferem Optimismus darüberlegen, wirken diese Selbsturteile aus dem Verborgenen: Du glaubst, deine Beziehungspartner, Geld oder Gott seien mehr wert als du. Du glaubst, um Reichtum kämpfen, Liebe verdienen zu müssen. Wenn das Glück bei dir anklopft, kannst du es nicht in Ruhe genießen, und in dem Moment, in dem du das obere Level der dir »zustehenden« Freude erreichst, springen Selbstsabotagemuster an.
Wenn du entscheidend mehr Erfolg und Glück in deinem Leben manifestieren möchtest, musst du so verrückt sein, dein Selbstbild infrage zu stellen. Es ist dein stärkstes inneres Programm, das direkt beeinflusst, was du erreichen kannst.

Es ist nicht die Welt, die dich begrenzt.
Es ist deine Meinung über dich selbst.
Die Person mit den stärksten Vorurteilen dir gegenüber … bist du!
Das Urteil, das du tief in dir drin über dich getroffen hast, bildet das Fundament all deiner Erfahrungen.

Vielleicht denkst du jetzt: »Aber ich erlebe doch jeden Tag, was ich kann und was ich nicht kann!«
Es ist genau andersherum. Du erlebst deine Möglichkeiten und Grenzen, weil du nicht anderes von dir erwartest. Kein Mensch wird als Versager geboren!

Der Entwicklungscoach Brian Tracy berichtet über den erstaunlichen Fall einer Frau, die bei einem Unfall eine Amnesie erlitt. Sie konnte sich im Anschluss nicht mehr daran erinnern, wer sie war.

Bis dahin hatte sie ein eher frustrierendes Leben voller Komplexe gelebt. Da sie nun als medizinischer Sonderfall sehr viel positive Aufmerksamkeit durch Ärzte und Wissenschaftler erfuhr und sogar eingeladen wurde, auf Kongressen zu sprechen, entwickelte sie ein neues Selbstbewusstsein. Sie war plötzlich zu viel mehr fähig als vor dem Unfall.

Ich habe einen Freund, der im Sportunterricht immer schlechte Noten kassierte. Im Weitsprung schaffte er gerade mal zwei Meter. Eines Tages wanderte er verträumt durch den Yellow Stone Park, als sich plötzlich eine Klapperschlange vor ihm aufbäumte. Er erzählte mir später: »Veit, ich wusste danach nicht mehr, wie, doch ich machte mit 15 Kilo Gepäck auf dem Rücken einen Sechs-Meter-Satz direkt über die Schlange hinweg. Da ich es selbst nicht glauben konnte, maß ich die Distanz später sogar aus.«[38]
In solchen Extremsituationen haben wir keine Zeit, auf unser beschränkendes Selbstkonzept zurückzugreifen, sondern aktivieren unser volles Potential.

Wenn du erfolgreicher und glücklicher leben möchtest, gestatte dir ein weiteres, größeres, schöneres Selbstbild.

Verändert sich dein Verständnis von dir, verändert sich deine gesamte Wirklichkeit.

38 Bitte versuche jetzt nicht, eine Amnesie herbeizuführen oder einer Klapperschlange zu begegnen. Es gibt schonendere Wege …!

Ich möchte nicht behaupten, dass du alles werden kannst. Es gibt mittlerweile viele Untersuchungen, die zeigen, dass zum Beispiel unsere Gene stark auf unsere Persönlichkeit einwirken. Auch unser Gehirn kommt nicht völlig »neutral« auf die Welt. Es gibt eindeutige Prädispositionen, die zum Beispiel durch den sogenannten DISC-Persönlichkeitstest[39] gemessen werden können. Ob aus einer introvertierten Person eine extrovertierte werden kann, möchte ich deshalb bezweifeln. Doch es geht auch nicht darum, dir irgendetwas auszudenken, nur weil du es an anderen cool findest. Das könnte zu Leid führen, denn jeder Mensch ist einzigartig. Außerdem willst du ja auch keine Kopie eines anderen sein, sondern ein Original. Es geht eher darum, nach innen zu lauschen und zu spüren, welche noch nicht gelebten Aspekte in dir schlummern.

Ich zum Beispiel war lange Zeit sehr wütend und ernst. Ich dachte schon, ich wäre halt so, doch dann wurde ich zweimal sehr überrascht. Das erste Mal schleppte mich ein Freund auf einen Channel-Abend. Ich hielt gar nichts davon und blieb kritisch im Hintergrund. Doch es kam, wie es kommen musste. Das Medium hatte eine Botschaft für mich. Es prophezeite mir, dass ich einmal auf großen Bühnen stehen und Menschen durch Lachen heilen würde. Auch heute noch stehe ich dem Phänomen des Channelings skeptisch gegenüber. Doch etwas an diesen Sätzen brachte damals eine schlummernde Saite in mir zum Klingen. Was wäre, wenn ich auch

39 Siehe Anhang.

lustig sein kann? Fakt ist, dass heute in meinen Seminaren viel gelacht wird, auch wenn es um ernste Themen geht.
Die zweite Überraschung erlebte ich bei meinem Lehrer Eli. Bei unserer ersten Begegnung sah er mir ruhig in die Augen und sprach in tiefer, stiller Gewissheit die Worte: »Veit, du bist nicht dieser Zorn. Du bist Liebe.« Vielleicht klingt das seltsam in deinen Ohren, doch für mich war dies einer der gewaltigsten Befreiungsmomente meines Lebens. Denn ich wusste in diesem Augenblick ohne jeden Zweifel, dass er Recht hatte.

Du musst nicht auf so eine Begegnung warten, um dein wahres Potential zu entfalten. Entscheide dich einfach, keine begrenzenden Gedanken mehr über dich zu akzeptieren. In dir gibt es schlummernde Schätze, und du ahnst wahrscheinlich schon, worin diese bestehen. Du spürst die Momente, wenn du sie nicht lebst. Dann wirst du traurig oder wütend oder neidisch auf jemanden, der sie bereits ausdrückt.

Es ist niemandem damit gedient, wenn du dich weigerst zu leuchten. Du bist ein wunderschönes Kind dieses Universums – geboren, das Wunder des Lebens durch deine atemberaubende Komplexität zu feiern.
Lass dein Licht strahlen, indem du dir gestattest, ab jetzt freier, großzügiger und liebevoller über dich zu denken.
Und hör auf, dich an deiner Vergangenheit zu orientieren. Ja, du hast Fehler gemacht. Ja, du hast dich manchmal kleinlich und ängst-

lich verhalten. Na und? Deine Vergangenheit sagt nichts über deine mögliche Zukunft aus, es sei denn, du gibst ihr Recht. Frage dich nicht: »Wer war ich bis heute?«
Frage dich:

Wer möchte ich heute sein?
Was möchte heute durch mich geboren werden?
Welche Kraft möchte durch mich in die Welt?
Wie viel Liebe habe ich zu geben?
Was würde ich heute noch tun,
wenn ich keine Angst vor Fehlern hätte?

Wenn ich mir alles aussuchen könnte,
wenn alles möglich wäre, wie wäre ich dann?

Hey, wusstest du es schon? Das ist dein Leben!
Niemand steht in deinen Fußstapfen.
Niemand hat das Recht, dich zu begrenzen.
Wer soll groß und liebevoll von dir denken, wenn du es nicht tust?
Löse heute die unsichtbare Bremse in deinem Geist und steh für deine wahre Größe ein.
Überrasche dich selbst.
Spiele mit den neuen Qualitäten.
Denke sie immer wieder.
Und dann lass behutsam Handlungen folgen.

Spielaufgabe

- Notiere heute alle Zweifel, die du über dich selber hegst. Schau dir dein Leben an, und sieh, wie diese negativen Gedanken dein Leben beeinflusst haben.
  Etwa so:
  Eine negative Überzeugung, die ich bis jetzt über mich hatte:

  ....

  (Beispiel: Ich bin hässlich.)

Diese Überzeugung hat zu folgenden Resultaten in meinem Leben geführt:

....

....

(Beispiel: Ich habe mir immer wieder gezielt Männer ausgesucht, die mich schlecht behandelt haben und mir so das Gefühl gaben, wirklich hässlich zu sein.)

Dann werde dir bewusst, dass keine dieser Überzeugungen die Wahrheit verkörpert, sondern nichts weiter als einen Glaubenssatz, den du dir irgendwann hast aufschwatzen lassen. Werde dir bewusst, dass du jeden Glaubenssatz, den du übernommen hast, gegen einen neuen austauschen kannst.

- Finde für jede negative, begrenzende Überzeugung einen neuen, ermächtigenden Gedanken.

Was ich jetzt über mich glauben möchte:

....

- Erlaube dir heute, die freieste und schönste Version deiner selbst schriftlich zu formulieren.

Entwirf ein freies, kraftvolles Bild von dir. Du brauchst dafür nicht zu spinnen. Erlaube einfach der Größe und Schönheit, die du manchmal in dir ahnst, zu Wort zu kommen. Schaffe einen schönen äußeren Rahmen, nimm dir ausreichend Zeit und zeichne mit Worten dein wunderschönstes Selbstporträt. Registriere aufmerksam alle Selbstzweifel, die auftauchen, doch glaube ihnen nicht. Lade dein wahres, freies Ich ein, sich zu zeigen. Komm von dem Punkt, dass alles möglich ist. Welche Qualitäten möchtest du gerne entfalten? Welche Eigenschaften möchtest du leben? Schließe in deine Beschreibung mit ein, wie du aussiehst, wie du dich fühlst, wie du auf andere Menschen zugehst und wie andere Menschen auf dich zugehen.

Vielleicht flüstert dein Verstand gerade: »Aber Veit, das ist ein doofes Spiel. Ich kann mich nicht besser denken, als ich bin!« Aber ja doch! Wer sich schlecht, ängstlich, begrenzt und klein denken kann, der kann sich auch groß denken.

Deine Gedanken werden zu Gefühlen.
Deine Gedanken werden zu Handlungen.
Deine Gedanken werden deine Wirklichkeit.

Alles beginnt damit, dass du dir erlaubst, frei und groß über dich zu denken!

Lass dir weder von deiner Vergangenheit noch von deinen Freunden oder dieser alten, skeptischen Stimme in dir weismachen, dass du es nicht kannst.
Du kannst es, wenn du es dir gestattest.

JA. DU KANNST![40]

40 Ich weiß, dass es stimmt, weil ich es selbst erfahren habe. Wenn ich Fotos von mir von vor zwanzig Jahren sehe, kommt mir der zornige junge Mann darauf fast wie ein Fremder vor. Vieles von dem, was ich damals als mein neues Selbstbild formuliert habe, ist eingetreten. Nicht, indem ich mir irgendetwas eingeredet habe, sondern indem ich mir erlaubt habe, zu der in mir geahnten Größe und Tiefe zu stehen. Was ich kann, kannst du auch. Da steckt noch so viel mehr in dir, stimmt's? Du bist nicht am Ende, sondern immer am Anfang.

Unsere tiefste Angst ist nicht,
dass wir der Sache nicht gewachsen sind.
Unsere tiefste Angst ist, dass wir unermesslich mächtig sind.
Es ist unser Licht, das wir fürchten, nicht unsere Dunkelheit.

Wir fragen uns: Wer bin ich denn, dass ich leuchtend,
hinreißend, begnadet und phantastisch sein darf?
Wer bist Du denn, dass Du das nicht sein darfst?

Du bist ein Kind Gottes.
Wenn Du Dich klein machst, dient das nicht der Welt.
Es hat nichts mit Erleuchtung zu tun, wenn Du Dich einkringelst,
damit andere um dich herum sich nicht verunsichert zu fühlen brauchen.

Du wurdest geboren, um die Ehre Gottes zu verwirklichen, die in uns ist.
Sie ist nicht nur in einigen von uns – sie ist in jedem Menschen.
Wenn wir unser Licht erstrahlen lassen,
geben wir unbewusst den anderen Menschen die Erlaubnis,
dasselbe zu tun.
Wenn wir uns von unserer Angst befreit haben,
wird unsere Gegenwart ohne unser Zutun andere befreien.

Marianne Williamson

FREUDE, SCHÖNER GÖTTERFUNKEN

Wir sind hier, um die Lebensfreude in uns pulsieren zu spüren, und zwar in diesem Augenblick.

Joyce Carol Oates

Es ist gar nicht so schwer herauszufinden, was du wirklich-wirklich willst. Die Natur hat nämlich einen untrüglichen Geigerzähler in dich eingebaut. Jedes Mal, wenn du etwas tust und erlebst, was wirklich dir entspricht, wirst du Freude empfinden. Unschuldige, reine Freude. Manchmal ganz ungestüm und dann wieder sehr leise.

Solltest du behaupten, in deinem Leben gäbe es keine Freude, glaube ich dir das nicht. Vielleicht schaust du nur nach den großen Knalleffekten. Doch es sind oft unspektakuläre, einfache Momente. Die wärmenden Strahlen der Frühlingssonne auf deiner Haut. Das Lächeln eines kleinen Kindes. Ein herumtollender Hund. Ein Kuss.

Sicher ist dir schon aufgefallen, dass unser Verstand alles verkomplizieren kann. Wenn wir zu viel über etwas nachdenken, wird es meistens nicht klarer, sondern verwirrender. Wir können uns Ideen regelrecht einreden, obwohl sie nicht viel mit uns zu tun haben. Oder wir zweifeln gute Impulse immer wieder kaputt. Was für ein erschöpfendes Grübel-Pingpong innerhalb unserer Großhirnrinde! Der Evolution sei Dank gibt es in unserem Kopf jedoch auch noch wesentlich ältere Gehirnteile, die sich davon nicht beirren lassen.

Zum Beispiel unser limbisches System. Obwohl wir es häufig nicht bewusst wahrnehmen, steuert es uns weitaus stärker, als unsere rationalen Überlegungen dies tun.[41]

Um herauszufinden, was du wirklich-wirklich willst, solltest du daher weniger über dich nachdenken und dich stattdessen genauer beobachten.

Es gibt Momente in deinem Leben – ich nenne sie Optimum –, da stimmt einfach alles. Die Dinge fügen sich wie von selbst. Du fühlst dich richtig und eins mit dem Geschehen. Das sind die Momente, in denen deine limbische Bedürfnisstruktur vollkommen befriedigt wird. Mach es dir zur Angewohnheit, dir während oder nach so einer Optimum-Phase die folgenden Fragen zu stellen:

Was genau hat mich gerade so glücklich gemacht?
Waren es die Umstände? Was genau an den Umständen?
War es das, was ich getan habe? Was genau habe ich getan?
War es das, was ich erreicht habe? Welches Problem, welche Herausforderung habe ich gelöst? Welchen Erfolg habe ich errungen?
Welche Werte/Qualitäten habe ich in der Situation gelebt?
Was verrät mir die Situation darüber, was ich wirklich-wirklich will?

41 In dem Buch *Heirate dich selbst* erkläre ich ausführlich, warum und wie das limbische System deine Bedürfnisse beeinflusst. Wenn du dich auf dieser Ebene besser kennenlernen möchtest, empfehle ich es dir zur Lektüre. Die beiden Bücher ergänzen sich hervorragend.

Du brauchst für die Beantwortung dieser Fragen nicht länger als 5 Minuten, aber du wirst daraus einen enormen Schatz an Informationen ziehen. Du nimmst eine Fährte auf. Zu Beginn ist es nur eine zarte Spur, doch bald stehst du vor einem klaren Bild. Wer weiß, was er für sein Optimum braucht, muss nicht auf den Zufall hoffen, sondern kann es jetzt und hier initiieren.

Übrigens ist es nicht nötig, für diese Erforschung auf das nächste Optimum zu warten. Du kannst dich einfach an das letzte erinnern. Vielleicht fallen dir sogar mehrere ein. Dann suche nach Gemeinsamkeiten und notiere jede wichtige Erkenntnis in deinem Buch.

TIPP

Schreibe am Abend eines jeden Tages in dein Buch, was dir heute Freude bereitet hat. Hast du heute einen Optimum-Moment erfahren? Wann hat heute die Stimmgabel der Freude angeschlagen?

Dieses tägliche Ritual hat mehrere Vorteile. Dir wird sehr wahrscheinlich bewusst, dass es mehr Frede in deinem Leben gibt, als du dachtest. Du fängst an, das, was dir Freude bereitet, zu kultivieren. Du kannst die einzelnen Freudemomente wie Teile eines Puzzles zusammensetzen, und nach einigen Wochen erkennst du ein System. Dir wird immer deutlicher, was die wahren Quellen deiner Freude sind.

Ich werde manchmal gefragt, woran wir erkennen können, ob wir uns auf dem richtigen Weg befinden. Ich würde aus meiner Erfahrung heraus niemals meinem Verstand vertrauen. Wir können uns über Jahre hinweg einreden, dass alles o. k. ist, doch in Wahrheit leiden wir und fühlen, dass etwas nicht stimmt. Freude ist ein untrüglicher Gradmesser für die Wahrhaftigkeit deines Weges. Wenn du dich verirrt hast, geht die Freude verloren. Findest du wieder auf deinen Pfad, kommt sie zurück.

Mach es dir einfach.
Folge der Freude.
Freude ist das Geheimnis.

NEID UND BEWUNDERUNG

Wer sich nach Licht sehnt, ist nicht lichtlos,
denn die Sehnsucht ist schon Licht.
Bettina von Arnim

Ich möchte dir gern noch zwei weitere Signalgeber für deine wahren Wünsche vorstellen: Bewunderung und Neid.

Neid ist eine natürliche und vitale Kraft. Er signalisiert dir, dass eine andere gerade etwas *ist*, *hat* oder *tut*, was auf deiner unbewussten Wunschliste steht. Wenn du dir verbietest, dies auch zu wollen, oder nicht glaubst, dass du es auch haben kannst, wirst du neidisch. Ich erlebe in Deutschland eine versteckte Neidkultur. Da wir uns im Namen der Vernunft so manchen »unvernünftigen« Impuls verbieten, fühlen wir natürlich Neid auf die, die sich einfach nehmen, was sie wollen. Doch wir sind auch zu stolz, das zuzugeben. Also tarnen wir das peinliche Gefühl mit dem Mäntelchen der »objektiven Kritik« – am dicken Auto des Nachbarn oder dem Laissez-faire der Südländer.

Dir deinen Neid einzugestehen, bedeutet nicht, dir jeden Wunsch erfüllen zu müssen. Ich empfinde manchmal auch Neid, wenn ich in Magazinen von Personen des öffentlichen Lebens lese, obwohl ich deren Lebensstil gar nicht erstrebenswert finde. Doch wo der Neid sich regt, gibt es immer etwas zu erkennen. Manchmal bezieht er sich nämlich auch nur auf einen kleinen Aspekt der Welt eines anderen: sein Kontakt zu …, mit dem du dich auch gern mal unterhalten würdest. Sein öffentlicher Wirkungshebel. Sein Anwesen in der Karibik … In mir wird hin und wieder für einen kurzen Moment der kleine Junge neidisch, wenn jemand ohne Skrupel ein riesiges, spritfressendes Auto fährt und ich weiß, dass dies meine eigenen Werte nicht zulassen würden.

Es geht nicht immer darum, alles zu bekommen, worauf du neidisch bist, sondern den Neid bewusst zu nutzen, um dich besser kennenzulernen.

Worauf bist du neidisch?
Kannst du dir gestatten, das Gefühl des Neids voll zu fühlen?
Bist du neidisch, weil du dir dieses nicht erlaubst, oder weil du nicht glaubst, dass du jenes auch erreichen kannst?
Wenn du die Wahl hättest, würdest du auch gern so sein oder leben wie jemand anders?
Wenn darin etwas für dich Erstrebenswertes liegt, wie kannst du die vitale Kraft des Neids in ein gutes, für dich stimmiges Ziel verwandeln?
Würdest du gern genauso leben wie dieser Mensch, oder gibt es für dich einen passenderen Weg? Oder kommst du nach reiflicher Überlegung zu dem Schluss, dass du dies gar nicht wirklich brauchst oder willst?
Gibt es etwas, was du von dieser Person lernen kannst?

Heiße deinen Neid willkommen. Lerne von ihm. Danke dem anderen für diese Lektion und wünsche ihm ganz bewusst Frieden. Stell dir vor, du würdest in einer Gesellschaft leben, in der es völlig normal wäre, offen zuzugeben: »He, ich bin gerade neidisch auf das, was du erreicht hast.« Wir würden uns wesentlich schneller entwickeln, leichter voneinander lernen und wären im Umgang miteinander viel entspannter.

Ein weiteres Gefühl, das wir manchmal (aus Neid) unterdrücken, ist Bewunderung. Es ist natürlich, andere Menschen für etwas zu bewundern. Natürlich sollten wir Bewunderung nicht missbrauchen, um den anderen auf einen Sockel zu stellen und in Ehrfurcht davor zu erstarren. Vor allem, weil deine Bewunderung in Wahrheit mehr über dich selbst aussagt, als über den anderen.
Was auch immer du im Außen bewunderst – Liebe, Kraft, Mut, Tiefe, Humor –, du kannst es nur bewundern, weil etwas in dir dazu in Resonanz geht. Ich bewundere all meine Lehrer und Vorbilder. Nur bin ich früher in dieser ach so bequemen Position hängen geblieben. Ich starrte sie an, anstatt in mir nach dem zu suchen, was ich auf sie projizierte. Das geht auf Dauer nicht gut. Irgendwann demontierst du das von dir aufgestellte Götzenbild. Wenn wir unreif mit Bewunderung umgehen, fühlen wir uns irgendwann von unseren Idolen enttäuscht oder verraten, anstatt anzuerkennen, dass wir sie selbst auf diesen Thron gehoben haben. Wir tun dies, solange wir uns davor fürchten, die Größe in uns zu finden.

Sobald du bereit bist, selbstverantwortlich dein Potential zu entfalten, wird Bewunderung zu einem wertvollen Signal deiner Evolution. Dann werden wir alle Boten füreinander sein.
Das, womit du bei einem anderen Menschen in Resonanz gehst, muss im Ansatz auch in dir vorhanden sein.

Finde es in dir. Bejahe es. Lebe es auf deine Weise.

Welche Menschen bewunderst du?
Für welche Qualitäten oder Taten bewunderst du sie?
Gestattest du dir, diese Aspekte als Potential in dir zu erkennen?
Wie könntest du dieses Potential stärker leben?

TIPP

Achte bewusster auf diese beiden Signalgeber. Notiere in deinem Buch, auf was du neidisch bist und wen du bewunderst. Untersuche genauer, was dies mit dir zu tun hat.

Neid und Bewunderung sind gut. Sie locken dich in die nächstgrößere Version deiner selbst. Hoch lebe die Evolution!

KLARHEIT IST SEXY

Klare Menschen sind sexy im Sinne von attraktiv. Sie ziehen effektiv an, was zu ihnen gehört.
Notorisch unklare Menschen nerven – sich selbst und ihre Umgebung. Sie landen immer wieder in Umständen, die sie (eigentlich) nie wollten. Tatsächlich glaube ich, dass wir uns in so einem Fall nur dumm stellen. Wir tun, als wüssten wir nicht, was wir wollen. Wir tun dies so überzeugend, dass es uns nicht nur unsere Umgebung glaubt, sondern wir uns selbst auch. Eine meisterhafte Täuschung!

Warum solltest du unklarer tun, als du bist?

Wenn du dich nach mehr Klarheit sehnst, muss du dir zuerst bewusst machen, dass Unklarheit kein natürlicher, sondern ein antrainierter Zustand ist. Jedes Kind weiß genau, was ihm guttut und was nicht. Es folgt einem untrüglichen Instinkt. Mit dieser Klarheit meine ich deine und meine Fähigkeit, jetzt und hier zu erkennen, was dich stärkt, es zu benennen und dem auch in deinen Taten zu folgen.

Wenn du heute oft Zustände von Unklarheit erfährst, hast du dir dies angewöhnt. Eine schlechte Angewohnheit, wenn du mich fragst. Allerdings hat sie auch Vorteile, denn der Zustand der Klarheit bringt einige Unannehmlichkeiten mit sich:

- Du kannst dir selbst weniger vormachen.
- Deine faulen Kompromisse werden offensichtlicher.

- Du nimmst deine Dummheit und die deiner Mitmenschen deutlicher wahr. Das schmerzt.
- Klarheit ist nicht herdenkompatibel. Ein klarer Mensch bezieht eindeutige Positionen. Er ist sichtbar. Wahrscheinlich wird er dadurch auch häufiger gemocht, doch zwangsläufig auch mehr abgelehnt.
- Klarheit bewegt. Denn sie zwingt dich zu konkreten Konsequenzen.

Unklarheit hat also durchaus auch ihren Reiz. Sie ist bequemer und sicherer. Der Nachteil: Sie nervt ab einem gewissen Punkt. Dich und deine Umgebung. Außerdem bekommst du durch Unklarkeit nie, was du selbst wirklich willst.
Denn das klarste Element im System übernimmt die Führung.
Wenn du es nicht bist, ist es dein forderndes Kind, deine gebieterische Schwiegermutter oder dein innerer Saboteur.

Für den Fall, dass du die Nase davon voll und mehr Lust auf Klarheit hast, gebe ich dir einen Tipp:

Hör auf, dich dumm zu stellen.

Übernimm Verantwortung, selbst wenn du noch nicht alle Zusammenhänge erkennen kannst. Sage zu dir:
»Ja, ich habe meine Unklarheit selbst erschaffen, zum Beispiel durch permanente Ablenkung mit unwesentlichem Firlefanz oder notorischem Mindfuck oder einfach nur durch das hypnotische Mantra:

Ich weiß nicht, was ich will! Ab heute kultiviere ich Klarheit als meinen natürlichen Geisteszustand.«
Klarheit bedeutet nicht zu wissen, was in zehn Jahren sein wird. Das weiß niemand. Klarheit bezieht sich vor allem auf den nächsten Schritt.

Mit der folgenden Übung kannst du deinen geistigen Klarheitsmuskel trainieren.

Vervollständige in (scheinbar) unklaren Momenten die folgenden Sätze:

- Wenn ich jetzt klar wüsste, was ich wirklich-wirklich will, dann … (lass die Antwort aufsteigen).
- Wenn ich jetzt klar wüsste, was mir guttut, dann … (lass die Antwort aufsteigen).
- Wenn ich jetzt klar wüsste, was der nächste richtige Schritt für mich ist, dann … (lass die Antwort aufsteigen).

Du musst es ja nicht jedes Mal tatsächlich tun. Aber so hört wenigstens dieses kuriose Theater der Ahnungslosigkeit auf.

Manchmal werden Einsichten oder Wünsche in dir aufsteigen, von denen du nicht weißt, wie du diese umsetzen kannst. Nicht verzagen. Dafür erwartet dich im Abschnitt MANIFESTATION eine kristallklare Anleitung.

TIPP

Du findest die geführte Meditation »Kristall der Klarheit« als Download im Leserbereich unter www.werde-verrueckt.de. Mit ihr kannst du den Zustand von Klarheit trainieren.

DICH VON DEINEM SINN FINDEN LASSEN

Bitte lies dieses Kapitel wach.

Ich möchte dir hier ein Thema präsentieren, an dem sich der rationale Verstand festbeißen könnte. Deshalb lies es möglichst entspannt, damit es dich auf einer tieferen Ebene deines Seins berühren kann. Dort ergibt es *Sinn*.
Und genau darum geht es. Um den Sinn. Genauer gesagt, um den tiefsten Sinn deines Lebens. Wenn du nur ein Fleischklöpschen wärest, geboren, um ein paar Atemzüge zu nehmen, deine DNS weiterzugeben und dann wieder abzutreten, bräuchte es dieses Kapitel nicht. Dann könnten wir einfach sagen: »Hey, mach das Beste draus. Nutz die hier beschriebenen Manifestationsprinzipien, um dich möglichst sicher und bequem durchzubringen.« Doch da ist mehr in uns. Wir sind keine Zielerfüllungsmaschinen. In uns wohnt eine Seele, und die dürstet nach tieferer Bedeutung.

Wofür bist du heute Morgen wirklich aufgestanden? Wofür brennst du?

Ich weiß, dass ich mit *Seele* ein großes Wort in die Runde werfe, das Anlass zu endlosen philosophischen Diskussionen geben könnte: »Gibt es die Seele? Was ist eine Seele? Wo sitzt sie? etc.« Du ahnst es sicher: Auf diese Ebene will ich mit dir nicht. Egal, ob du Atheist oder in irgendeiner Form gläubig bist – ich wette, du hast schon Momente erfahren, in denen es in dir ganz weit wurde. In denen du spürtest, dass du mehr bist als ein denkendes Fleischklöpschen, geboren um am Ende wieder zu sterben. Oder Momente, in denen dein weltliches Leben mit Reichtümern und Action gefüllt war, und dennoch hast du dich, wenn du ehrlich warst, manchmal bitterleer gefühlt. DAS, was dich da berührte, DAS, was von innen mit leiser, drängender Sehnsucht an dir zog und dich fragte: »Worum geht es hier wirklich?«, DAS, was sich in dir nach tiefster Erfüllung sehnt, DAS nenne ich Seele.

Die organisierten Religionen haben leider einiges dafür getan, dass sich viele vernunftorientierte Menschen bewusst von allem abgewendet haben, das nicht unter dem Mikroskop nachweisbar ist. Auch wenn ich persönlich an einen unsterblichen Funken GEIST in jedem von uns glaube, brauchen wir hier nicht auf Übernatürliches zurückgreifen. Auch achtsam lebende Atheisten werden mir sicher Recht geben: Da gibt es eine Instanz in dir, die sich nach einer tieferen Bedeutung in deinem Lebens sehnt. Stimmt's? Können wir uns darauf einigen, dass ich diese Kraft in dir *Seele* nenne? Sie wünscht sich, sich in dem, was du auf der weltlichen Ebene tust, wiederzuerkennen. Du siehst es in den Augen eines Menschen. In ihnen leuchtet ein stilles Feuer, wenn er auf seinem Weg einen tieferen Sinn für sich gefunden hat.

Was hat das mit deinen Wünschen zu tun? Nun, Ziele, die nicht deinem tieferen Lebenssinn dienen, werden dich nie nachhaltig glücklich machen. Sie binden deine Zeit, puschen dich den Weg entlang, und wenn du sie erreichst, fühlst du dich leer. Dann steigst du wieder ins Rennen, in der Hoffnung, die nächste Runde reißt es raus. Bis du ausgebrannt bist.

Ich bin kein Spielverderber. Ich steh auf Erfolg. Doch bevor du die Kräfte der Manifestation wachrufst, tu dir den Gefallen und frag dich, um was es in diesem Spiel wirklich gehen soll. Ich habe sehr reiche Menschen getroffen, mit denen ich nie tauschen würde, und ich kenne Menschen, die materiell sehr bescheiden leben, aber einen tiefen Frieden ausstrahlen. Ihr Leben ist von Sinn durchdrungen.

T. S. Eliot schrieb einmal:

»Wir lassen nie vom Suchen ab, und doch, am Ende allen unseren Suchens, sind wir am Ausgangspunkt zurück und werden diesen Ort zum ersten Mal erfassen.«

Kommen wir zu einer Gretchenfrage: Haben Ziele dann überhaupt einen Sinn? Sollten wir nicht lieber alle einfach sitzen bleiben und meditieren, um die Erfüllung lediglich in uns zu finden?

Meine pragmatische Antwort lautet: Wenn dich dies auf einer tiefen Ebene wahrhaft erfüllt, dann ist das dein Ziel. Ich habe selbst einige Jahre im Nur-im-Hier-und-Jetzt-Modus verbracht. Sie waren wichtig. Ich habe sie wie ein schöpferisches Resetten erlebt. Doch verpass nicht den Moment, in dem dein bloßes Zuschauen sich nicht mehr frisch, sondern leicht abgestanden anfühlt. Wenn dich der tiefere Sinn deines Lebens wieder hinaustreibt. Zurück ins Spiel.

In alten spirituellen Traditionen wie den Veden werden verschiedene Wege der Selbsterkenntnis beschrieben. Zum Beispiel der Weg der meditativen Innenschau, der Weg der Hingabe und der Weg des achtsamen Wirkens. Dieses Buch lädt dazu ein, alle drei Qualitäten in deinem Leben zu integrieren.

- Werde regelmäßig still und stärke das Zeugenbewusstsein in dir.
- Finde etwas, das dir heilig ist (deinen Sinn), und verschenke dich mit allem, was du tust, daran.
- Stelle Ziele auf, manifestiere achtsam, und nutze deine Werke, um dich immer tiefer selbst zu erkennen.

Renne deinen Zielen nicht wie blöd hinterher, denn spätestens am Ende dieser Reise wirst du alle Spielzeuge wieder loslassen müssen. Genieße das Spiel und verwende es gleichzeitig als Katalysator für deine Selbsterkenntnis.

Wenn du dir gar keine Ziele setzt und deine Routine nie verlässt, läufst du Gefahr, am Rand des Spielfeldes einzuschlafen. Formulierst du hingegen mutig große Ziele mit einer für dich tieferen Bedeutung und setzt dich dann dafür ein, findest du dich plötzlich in der Mitte des Spielfeldes wieder. Hier wird es heiß. Die Hitze hält dich wach. Je mehr du riskierst, desto mehr kannst du gewinnen. Und damit meine ich gerade nicht Geld, sondern Selbsterkenntnis. Denn wenn du intensiver spielst, steigt deine Lernquote. Du wirst mit deinen Blindspots am großen Rest des Universums anecken. Das Spiel wird gnadenlos all deine Illusionen über dich und das Leben erschüttern und sie dir letztlich gnadenvoll aus der Hand nehmen. Du wirst immer wieder neue Aspekte deines Selbst entdecken. In fünf Jahren wirst du über deine Ziele von heute schmunzeln. Doch genau sie werden dich dahin gebracht haben. Du wirst zurückschauen und wissen:

Es ging nie um das Ziel, sondern darum, wer du auf dem Weg dahin werden musstest.

Das alles wird so sein, wenn du das Spiel *achtsam* spielst. Dazu kommen wir noch, wenn es um die MANIFESTATION geht. Wenn du immer wieder innehältst und aufmerksam hinterfragst, was passiert. Denn alles in diesem Leben kann Medizin und Gift sein. Ein beschauliches Leben in einem Ashram kann dich zur Erleuchtung führen oder eine traurige Ablenkung sein, durch die du dich vor der Welt drückst. Ein von Zielen bewegtes Leben kann ebenfalls eine Ablenkung von den existentiellen Fragen des Lebens sein oder dich zur Erleuchtung führen.

Nicht das Spiel bestimmt den Ausgang.
Es ist der tiefere Sinn, den du ihm gibst.

Alles klar?

Kennst du den tieferen Sinn deines Lebens?
Weißt du, wofür du brennst?
Weißt du, wofür du heute Morgen wirklich aufgestanden bist?
Wofür sich jeder Atemzug, jede Lektion, jedes Fallen und Aufstehen auf deinem Weg wahrhaft lohnen?

Wenn ja, dann feiere dein Wissen. Es ist heilig.
Es gibt noch viel zu viele Brüder und Schwestern da draußen, die den Traum des Fleischklöpschens träumen. Erinnere sie mit dem Leuchten deiner Augen daran, dass es mehr gibt, als sicher durchzukommen.

Falls du genauer herausfinden willst, was der Sinn deines Lebens ist, findest du hier zwei einfache Übungen, um ihn aufzuspüren.

Vorher noch ein Tipp: Gestatte dir, dass es ganz einfach ist, ihn zu finden. Wahrheit ist einfach. Seele ist einfach. Ihre Antworten sind einfach. Und sie freut sich bereits jetzt, sie mit dir zu teilen.

1. Impuls: Die Wurzel deiner Ziele

Nimm dir 10 Minuten Zeit, und schreibe alle Wünsche, die dich gerade bewegen, auf ein Blatt Papier. Materielle Wünsche, Beziehungswünsche, spirituelle Wünsche, Jobwünsche ... alle.

Dann nimm dir jeden einzelnen Wunsch vor und frage dich:

Mal angenommen dieser Wunsch wäre bereits in Erfüllung gegangen, was würde mir das bringen?
Beispielantwort: Wenn ich eine Million Euro hätte, könnte ich mir alles kaufen, was ich will.

Dann fragst du weiter: *Wenn ich mir alles kaufen könnte, was ich will, was würde mir das bringen?*

In der Art fragst du so lange weiter, bis sich die Antworten wiederholen. Dies ist ein Zeichen, dass du die wahre Wurzel deines Wunsches erreicht hast, das, was du dir eigentlich dadurch erhoffst.
Dann nimm dir dein nächstes Ziel vor und erforsche seine Wurzel. Die Wahrscheinlichkeit ist hoch, dass du bei derselben Antwort herauskommst.
Das ist dein Sinn.

Am Schluss stellst du dir eine letzte Frage. Mal angenommen du hast als Wurzel deiner Wünsche Freiheit gefunden, dann schließe deine Augen und frage dich leise und aufmerksam: »Wo ist die Freiheit jetzt?«

Du wirst erstaunt sein. Oft wirst du feststellen, dass das, was du dir durch dein Ziel erhoffst, jetzt bereits in dir ist. Denn das, was du dir durch all dein Streben erhoffst, bist Du.

Wie kann das sein? Es ist der Verstand, der uns einredet, dass wir dies und das brauchen. Er treibt uns hinaus aufs Spielfeld der Welt. Diese Übung trennt die Spreu vom Weizen. Denn manche deiner Wünsche werden danach ihre Anziehungskraft verloren haben. Gut so. Zeit und Energie gespart. Andere werden weiter präsent bleiben. Geh ihnen nach. Doch jetzt kannst du von Zeit zu Zeit innehalten und überprüfen, ob dich dieses Ziel tatsächlich seiner wahren Wurzel näher bringt. So gewinnst du die Macht im Spiel mit den Möhren zurück. Du folgst ihnen entspannter, weil du weißt, um was es eigentlich geht.

PS: Diese Frageübung kann man auch sehr gut zu zweit durchführen.

2. Impuls: Dein Unterbewusstsein fragen

Nimm ein leeres Blatt Papier und einen Stift. Schreibe schnell den folgenden Satzanfang auf: »Der Sinn meines Lebens besteht darin …« und vervollständige ihn, ohne groß darüber nachzudenken. Am besten stellst du dir vor, dass deine Schreibhand antwortet. Dann wiederhole den Satz immer wieder und finde jeweils neue Vervollständigungen. Bis es »Klick!« macht. Bis dich eine der Aussagen wirklich tief berührt und dein Herz sagt: »Ja, das ist es!«

Kann es so einfach sein, seinen Sinn zu finden?

Warum nicht?

DIE LETZTEN 20 MINUTEN

Am Ende stellt sich die Frage: Was hast du aus deinem Leben gemacht? Was du dann wünschst, getan zu haben, das tue jetzt!

Erasmus von Rotterdam

Ich bin kein Freund davon, andere Menschen als Gurus anzubeten. Einigen von solchen vermeintlichen Gurus bin ich sehr nahegekommen, und bis jetzt musste noch jeder von ihnen aufs Klo und hatte sehr menschliche Macken. Ich vermute, es ist zum großen Teil Denkfaulheit, die uns dazu bringt, den vorgekauten Antworten anderer zu lauschen, anstatt die Wahrheit in uns zu entdecken. Trotzdem muss ich gestehen: Auch ich habe einen Guru. Ich befrage ihn immer, wenn ich an einer entscheidenden Weggabelung stehe oder die Orientierung verloren habe. Sein unbestechlicher Rat hat mir noch jedes Mal weitergeholfen.

Mein Guru ist der Tod.

Wenn ich vor einer schwierigen Entscheidung stehe und mir nicht ganz sicher bin, stelle ich mir die letzten 20 Minuten meines Lebens vor. Ich liege auf meinem Sterbebett und schau von dort auf die Situation, die ich gerade erlebe. Dann frage ich mich: »Was ist angesichts meines baldigen Todes tatsächlich bedeutsam? Wie sollte ich mich in diesem Moment in meiner Vergangenheit entschieden haben, um jetzt, am Ende, zufrieden zurückschauen zu können?« Die Antwort, die ich dann bekomme, ist immer eindeutig.[42] Wenn ich mir meiner Sterblichkeit bewusst bin, spüre ich sofort, was jetzt gerade echt ist und was Schein.

Unser Tod ist der unbestechlichste Ratgeber für ein gutes Leben.[43]

Wenn du aus den Augen verloren hast, was zählt, oder wenn du dich fürchtest, deiner Wahrheit zu folgen, dann stell dich vor einen Spiegel, am besten nackt.[44] Mach dir klar: Das Universum wird einmal blinzeln, und dann wird das, was du gerade siehst, den Würmern als Nahrung dienen.

Willst du am Ende sicher durchgekommen oder voll geöffnet worden sein?

42 Es ist Frühling, sieben Uhr morgens. Ich schreibe diese Zeilen. Als ich mir gerade die 20-Minuten-Frage stellte, kam schnell und deutlich die Antwort: »Vergiss nicht, während du das Buch schreibst, das Zwitschern der Vögel zu genießen.« So einfach.

43 Der Gedanke an eine Wiedergeburt mag uns hin und wieder trösten, doch verlassen würde ich mich darauf nicht. Außerdem – wer will schon wie ein Dussel immer wieder bei null anfangen, weil er die wichtigsten Lektionen verpasst hat?

44 Bitte nicht im Büro machen …

DIE ESSENZ DEINES LEBENS

Sei du selbst! Alle anderen sind bereits vergeben.

Oscar Wilde

Tritt mit mir eine Reise in die Zukunft an. Zu dem Augenblick, wenn du gestorben bist.

Nun stell dir vor, dass sich gerade alle deine Liebsten auf deiner Beerdigung treffen, um die Begegnung mit dir noch einmal zu feiern. Egal, wie dein Leben bis heute verlaufen ist, komm von dem Punkt, dass du zum Zeitpunkt deines Todes auf ein erfülltes und aufrechtes Leben zurückschaust. Dass du als ein Mensch gestorben bist, der sein volles Potential zu Lebzeiten verwirklicht hat.
Sieh sie vor dir, all deine Begleiter, die dich gut gekannt haben und schätzten. Sie sitzen zusammen und erinnern sich an dich. Die Runde fühlt sich nicht schwer an, denn du hast ihnen zu Lebzeiten beigebracht, den Moment zu genießen. Jeder von ihnen ist dankbar, weil er Zeit mit dir verbringen durfte.
Einer von ihnen, vielleicht ein Kind von dir oder dein bester Freund, auf jeden Fall eine Person, die dich sehr gut gekannt hat, steht auf und spricht über dich. Sie fasst die Essenz deines Lebens in klaren Worten zusammen. Du hörst diese Rede aus dem Himmel[45], und du bist glücklich, denn du fühlst dich vollständig er-

45 Egal ob du an ein Jenseits glaubst oder nicht – tu einfach mal so.

kannt. Dieser Mensch beschreibt dich und dein Sein aus den folgenden drei Perspektiven:

Dein Credo

Zuerst erklärt er den anderen dein Credo. Credo heißt »ich glaube«. Es ist dein konzentriertes Glaubensbekenntnis. Stell dir vor, dieses Universum ist eine einzige, ewig klingende majestätische Sinfonie. Wir Menschen sind der Chor. Jeder von uns kommt, um einen einzigartigen Akkord beizutragen. Dein Credo ist die eine Botschaft, für die dein ganzes Leben steht; die aus all deinen Worten und deinem Wirken herauszuhören war. Sie lässt sich in einem Satz zusammenfassen. Wenn die Menschen, die dich gekannt haben, dein Credo hören, lächeln sie, denn sie bringen es sofort mit dir in Verbindung.

Dein Beitrag

Dann spricht dieser Mensch über deinen wichtigsten Beitrag. Wenn du nach einem erfüllten Leben stirbst, wirst du etwas hinterlassen haben. Du wirst die Welt etwas schöner und besser gemacht haben. Vielleicht ist diese Veränderung scheinbar unscheinbar, vielleicht scheinbar groß. Das zählt nicht. Wichtig ist: Es wird eine Veränderung sein, von der du weißt, dass genau sie dein Auftrag war. Was ist anders/besser in der Welt, nachdem du da gewesen bist?

Deine Qualitäten

Zuletzt gibt der Redner eine Frage in die Runde. Welche drei bis fünf positiven Eigenschaften fallen den Gästen ein, wenn sie an dich denken? Wegen welcher Qualitäten wirst du ihnen für immer in Erinnerung bleiben?

Impuls: Deine Grabrede

Nimm dir Stift und Papier und schreibe heute oder in den kommenden Tagen diese Rede über die Essenz deines Lebens auf. Glaub mir, sie wird dein Leben *jetzt und hier* verändern. Richte dich weniger daran aus, wer du bis jetzt gewesen bist, sondern komm von dem Punkt, wer du gewesen sein möchtest, wenn du stirbst.

Häng dir diese Rede über deinen Schreibtisch oder dein Klo. Berufe deinen Tod zu deinem engsten Lehrer für Lebendigkeit.

PS: Es ist nicht wichtig, wie viel Zeit du noch zu haben glaubst. Ich habe Menschen ihr Leben über Nacht ändern sehen. Der beste Augenblick, um neu zu beginnen, ist JETZT.

DAS WERTVOLLSTE

Als ich einem meiner wegweisendsten Lehrer, Eli Jaxon-Bear, zum ersten Mal begegnet bin, surfte ich gerade auf der ersten Welle weltlichen Erfolgs. Ich war bekannt. Die Arbeit brummte. Die Kohle floss. In meinem jugendlichen Leichtsinn dachte ich: »Jetzt hab ich es gecheckt.« Ich ging zu Elis Vortrag über das Enneagramm, weil ich mich weiterbilden wollte. Im Laufe des Abends stellte ich irgendeine vermeintlich schlaue Frage, doch Eli sah mir nur ruhig und tief in die Augen und antwortete mit einer Gegenfrage:

»Wenn du dich im Leben für eine einzige Sache zu entscheiden hättest, für die du alles andere hergeben müsstest, was wäre das?«

Für mich war es Gnade, dass die Frage nicht in meinem Intellekt hängen blieb, sondern wie ein warmes Messer durch Butter direkt in mein Herz glitt. Der Vorhang war weit offen, und ich wusste, ohne jeden Zweifel, dass das Heiligste in meinem Leben die Liebe ist. Nicht zu einer Person. Sondern pur. Ich möchte als ein Mensch sterben, der pure Liebe geworden ist.

" Was ist das Wertvollste in deinem Leben?

Im Leben eines lebendigen Menschen gibt es mehrere Geburten, nicht nur die physische.
Nach diesem Abend war nichts mehr, wie es war. Seitdem kann ich mich nicht mehr dauerhaft bescheißen. Bei allem, was ich tue, bei

jedem Projekt, das ich initiiere, steht die ruhige Frage im Hintergrund: »Dient dies der Liebe?«

Ist mein Leben dadurch einfacher geworden? Nein und ja.
Nein, denn zu wissen, wofür du wirklich brennst, führt manchmal zu unangenehmen Konflikten. Es schickt dich in zum Teil sehr verzwickte moralische Dilemmata.
Ja, denn zu wissen, wofür du wirklich brennst, ist dein Polarstern, an dem du dich immer orientieren kannst.

Also sag du es mir:

Wenn du dich im Leben für eine einzige Sache zu entscheiden hättest, für die du alles andere hergeben müsstest, was wäre das?

Und – ist dein Leben bereits dieser Sache gewidmet?

DEIN LEUCHTFEUER

Jeder Mensch trägt einen Kontinent unentdeckten Wesens in sich. Wohl dem, der sich zum Kolumbus der eigenen Seele machen kann.

Salvador de Madariaga y Rojo

Als Kolumbus aufbrach, um einen neuen Seeweg nach Indien zu finden, hatte er auf die meisten praktischen Fragen noch keine Antwort. Doch er hatte eine Vision.

Eine Vision inspiriert. Sie lockt uns aus der miefigen Höhle des Vertrauten hinaus ins unbekannte Abenteuer. Sie schenkt Hoffnung und aktiviert ungeahnte Kräfte. Sie stellt das, was du heute tust, in einen größeren Kontext, denn sie zeigt, *wofür* du es tust. Sie hilft dir, heute einen Stein für die noch unsichtbare Kathedrale deiner wahren Möglichkeiten zu setzen.

In unsere Seminare und Beratungen kommen Menschen mit den unterschiedlichsten Problemen – Beziehung, Arbeit, Geld, Berufung etc. Eine meiner ersten Fragen lautet oft: »Hast du für diesen Bereich deines Lebens eine Vision, die dich erhebt?« Ich würde schätzen, circa 95 Prozent antworten mit Nein. Das ist auch verständlich. Wir sind so beschäftigt damit, unsere alltäglichen Herausforderungen zu meistern, dass wir keine Energie mehr für einen Blick in die Zukunft haben. Doch der ist essentiell wichtig. Ohne Vision sind wir permanent damit beschäftigt zu re-agieren. Wir bestimmen das Spiel nicht. Es bestimmt uns.

Ohne Vision überlässt du den Lauf der Dinge dem Zufall und das bedeutet, vor allem deiner unterbewussten Konditionierung. Wenn du Glück hast, bist du innerlich so stark auf positive Koordinaten geeicht, dass du automatisch auf der Sonnenseite landest. Dann brauchst du auch keine Vision. Doch das ist sehr häufig nicht der Fall.
Wenn du generell oder in einem bestimmten Bereich zu neuen Ufern aufbrechen möchtest, finde eine Vision, die deinen Geist erregt und dein Herz erwärmt.

Eine Vision ist das ideelle Mark eines jeden starken Unternehmens. In *Liebe Radikal* gehe ich darauf ein, wie positiv sich eine gemeinsame Vision auf eine Beziehung auswirken kann. Aber auch für dich allein, für deine Selbst-AG, ist es sinnvoll, eine Vision zu formulieren. Wohin willst du dich entwickeln? Welcher Horizont leuchtet so faszinierend, dass du dafür bereit bist, das alte Ufer zu verlassen?

Eine gute Vision beschenkt dich auf vielen Ebenen:

- Sie setzt ungeahnte Kräfte in dir frei, denn sie steht in starker Resonanz mit der nächsten Stufe deiner Evolution – die nur darauf wartet, von dir gelebt zu werden.
- Sie erinnert dich an deine wahre Größe. Sie erzählt dir etwas über deine Bestimmung, über eine freiere Version deines Selbst.
- Sie motiviert dich, kurzfristig Opfer zu bringen, um langfristig Erfolg zu haben.

- Sie hilft dir, schneller und effektiver zu unterscheiden, mit was und wem du deine kostbare Zeit verbringen möchtest.
- Sie zieht Verbündete an, die von ähnlichen Visionen bewegt werden.
- Sie löst immer wieder neu Begeisterung in dir aus – mal wild und mal leise. Das bedeutet, dein Gehirn schüttet jedes Mal Dopamin aus, die Droge der Vorfreude. Dopamin steigert nachweislich deine Kreativität, indem es die Vernetzungsaktivitäten deiner Neuronen fördert.

Deine Vision ist gewissermaßen das Leuchtfeuer für den nächsten Abschnitt deiner Reise. Sie muss und wird wahrscheinlich nicht genauso eintreten, wie du sie jetzt vor dir siehst, doch das ist nicht wichtig. Bedeutsam ist, dass sie dich berührt. Dass etwas in dir sagt:

»Wow, wenn das wirklich möglich ist, bin ich bereit, heute meinen Arsch dafür zu bewegen!«

Visionen können uns zu unglaublichen Leistungen anspornen und uns befähigen, Berge zu versetzen. Ohne dieses Leuchtfeuer verlierst du dich in der Erledigung hundert alltäglicher Verpflichtungen. Du schaffst viel und doch nichts Wesentliches.
Außerdem bist du ohne eine Vision durch äußere Ereignisse, deine Mitmenschen, die Medien, Werbung oder Politiker leichter manipulierbar. Du gleichst einem orientierungslosen Schiff auf dem offenen Meer.

Wir machen gern andere Menschen verantwortlich, wenn unser Leben auf Irrwege gerät. Du musst dir darüber im Klaren sein, dass es allein in deiner Verantwortung liegt, eine Vision für dein Leben zu empfangen und ihr zu folgen. Verpasst du dies, kann es sein, dass du die Leiter deines Lebens Stufe für Stufe emporkletterst, um oben angekommen erschrocken festzustellen, dass sie an ein fremdes Gebäude gelehnt war.

Wenn du die Geschichte der Menschheit studierst, findest du immer wieder großartige Führer, die in der Lage waren, Tausende von Menschen zu inspirieren. Es war nicht ihre Person, sondern die magische Anziehungskraft ihrer Vision. Menschen wie Gandhi, Martin Luther King oder Jesus verfolgten Visionen, in denen sich viele Menschen wiederfanden.

Worum geht es in einer Vision?

Zu empfangen, zu erspüren, wer du sein und wie du leben kannst, wenn du dich nicht mehr zurückhältst, sondern deine ganze Kraft entfaltest.

Was ist eine gute Vision?

Ganz einfach: eine, die dich berührt.

Eine Vision kann spektakulär sein, muss es aber nicht. Sie besteht nicht zwangsläufig aus Bildern. Manche Menschen können bestimmte Situationen aus der Zukunft leichter fühlen, andere hören sie, wiederum andere spüren ihren Körper, wie er sich in den neuen Situationen bewegen wird. Meistens ist es ein Mix aus allem. Eine gute Vision ist etwas sehr Intimes. Sie beschreibt deine Ahnungen von der größten Version deines Lebens – wie es sein könnte, wenn du von der Bremse gehst.

Impuls: Eine gute Vision finden

Wenn du mit den letzten Kapiteln gearbeitet hast, ist dein Geist gut gedehnt und erwärmt. Solltest du schon lange keine Vision mehr für dein Leben empfangen und aufgeschrieben haben, ist dies nun ein guter Zeitpunkt!

Um eine starke Vision zu empfangen, braucht es Respekt, Offenheit und eine Prise Verspieltheit. Respekt kann bedeuten, dir wirklich ein Wochenende dafür Zeit zu nehmen und an einen besonderen Ort zu fahren. In die Berge. Ans Meer. Dorthin, wo dein Körper durchatmen und dein Geist weit werden kann. Ist eine gute Vision das wert? Klar!

Geh davon aus, dass das, was du empfängst, deine nächsten fünf bis zwanzig Jahre nachhaltig beeinflussen wird.

Wenn du dein Alltags-Ich schnell loslassen kannst, reicht vielleicht bereits ein freier Abend bei Kerzenschein und deiner Lieblingsmusik. Vielleicht tanzt du eine Runde ausgelassen, bis du dich wach und elektrisiert fühlst.

Dann öffne dich den folgenden Fragen:

Wenn in meinem Leben noch viel, viel mehr möglich wäre, als ich bisher erreicht habe, wenn ich mir erlaube, wirklich groß und frei zu denken, wie sollte mein Leben dann in fünf Jahren aussehen?[46]
Was würde mich wirklich glücklich machen?
Welches Leben würde mich mit leuchtenden Augen in den Spiegel schauen lassen?

Manche erwachsene Menschen glauben, eine Vision zu finden sei schwer. Sie blockieren ihre Kreativität, indem sie sich mit falschen Vorstellungen unter Druck setzen. Zum Beispiel indem sie auf eine besonders spektakuläre Vision, am besten überbracht von einem Erzengel, warten. Andere wollen eine konkrete und kristallklare Anleitung für den Rest ihres Lebens empfangen. Doch das ist kein visionäres Denken, sondern ein verstecktes Klammern an Sicherheit. Wenn du so denkst, verpasst du den ganzen Spaß! Entspann dich. Komm ins geistige Spielen. Du bist hier nicht in der Schule und musst keine Hausarbeit abliefern. Vielleicht kommt sie in einem Stück. Vielleicht kleckert sie herein. Eine Vision zu empfangen bedeutet, wie ein staunendes Kind in seinen Tagträumen zu wandeln.

46 Du kannst auch einen kürzeren Zeitrahmen wählen. Als Minimum empfehle ich ein Jahr, damit sich deine Vision wirklich organisch entfalten kann.

Wichtig! An dieser Stelle deiner Reise brauchst du noch keine Informationen über den Weg dorthin zu haben. Du musst jetzt noch nicht wissen, *wie* du all das, was du formulierst, erreichst. Du kannst es auch noch gar nicht wissen, denn sonst wären es wieder nur alte Wege in alten Landen. Betritt den inneren Raum von »Alles ist möglich! Der Weg wird sich ergeben«. Lass deine Seele fliegen. Denke verrückend.

Was du jetzt brauchst, ist das Lebensrad, das du im Kapitel *Die Hose runterlassen – zeichne das Rad deines Lebens* ausgefüllt hast. Schau es dir noch einmal an. Das ist dein Startpunkt. Und dann zeichne abermals ein Lebensrad oder drucke dir eins aus. Ordne die Speichen denselben Lebensbereichen zu, doch dieses Mal frage dich: Was müsste in dem jeweiligen Bereich geschehen, damit ich ihm eine volle Zehn geben kann?

Beschreibe deine Vision in allen Bereichen so frei und farbenfroh wie möglich. Lass dir Zeit dabei. Das muss nicht alles an einem Tag passieren. Mache es dir dabei gemütlich. Erzeuge eine spielerische, verträumte, kühne Atmosphäre. Denke groß! Leg dir eine inspirierende Musik auf. Schau vorher einen ermutigenden Film. Was auch immer dir hilft, ins Weite und Offene zu denken, nutze es!

Noch ein wichtiger Rat: Pfeife darauf, was andere dazu sagen würden. Wir würden alle noch schmutzverschmiert und stammelnd ums Feuer sitzen, wenn sich die Visionäre in der Geschichte der Menschheit nach der Meinung der Mehrheit gerichtet hätten. Eine gute Vision wird sich selbst für dich zuerst wahrscheinlich merkwürdig und schambehaftet anfühlen, denn sie entspricht ja eben nicht deinen bisher vorgelebten Realitäten. Na und!

Wenn du heute deine Vision formulierst, tue dies mit dem inneren Frohlocken, in einigen Monaten oder Jahren auf diesen Tag zurückschauen und sagen zu können: »Damals fing alles an!«

Gestatte dir zu träumen!

Formuliere eine farbenprächtige Wunschvision deines Lebens und schreib sie in der Zeitform der Gegenwart nieder.
»Im Dezember 2020 bin ich in einer lebendigen Liebesbeziehung mit einem wundervollen Mann. Wir erleben…«
Verwende Worte, die dich wirklich berühren. Male dir deine Vision so ausführlich aus, wie du möchtest. Schmücke sie mit Details aus, die dir wichtig sind. Und achte darauf, dass sie alle drei Ebenen deines Seins beschreibt:
Haben – Was hast, besitzt du in deiner Vision? Wer ist mit dir zusammen?

Tun – Was tust du? Wie handelst du?
Sein – Welche Qualitäten erlebst du? Wie bist du?

Geh richtig in die Vollen. Der wichtigste Parameter ist, dass dein Herz warm wird, wenn du an deine Vision denkst.

Sei mutig. Es geht um dein Leben!

Wie mit Zweifeln umgehen

Was, wenn sich beim Schreiben ein zynischer Kritiker in dir meldet?
»Du Narr! Das schaffst du eh nie. Schau dir doch an, wie wenig du bis jetzt auf die Reihe bekommen hast.«
»Das ist doch völlig unrealistisch.«
»Dafür wirst du nie genug Geld haben.«

Ich erinnere mich noch gut daran, wie ich vor etwa zwanzig Jahren mit meinem ersten selbst angefertigten Flyer auf den Stufen des Eingangs zu einem Messegebäude stand. Es regnete. Drinnen liefen Veranstaltungen zum Thema Erfolg und Selbstverwirklichung. Da ich nicht das Geld hatte, einen Stand zu bezahlen, warb ich hier draußen für meine Seminare. Ein älterer Herr kam mit einem leicht süffisanten Grinsen auf mich zu und sagte: »He, Junge. Wenn du mit einem

Mercedes vorgefahren wärest und im Hugo-Boss-Mantel vor mir stehen würdest, dann wäre dein Seminarangebot glaubhaft.«
Autsch! Das saß. Denn er hatte ja Recht. Ich besaß damals nichts weiter als Vertrauen und eine starke Vision. Ich bin sehr, sehr dankbar, dass ich diesen Herrn nicht als einen persönlichen Angreifer empfunden habe, sondern eher als einen verkleideten Engel, der meine Entschlossenheit testen sollte.[47]

Das ist meine Empfehlung: Kämpfe nicht gegen deinen inneren Zweifler. Sieh ihn als deinen treuesten Trainer. Er will dich nicht mit einem lächerlich-naiven Wunschtraum durch die Gegend stolpern lassen, sondern hinterfragt gründlich, wie ernst es dir damit ist!
Denk an all jene, die vor dir an dieser Schwelle des Zweifels standen. Denk an die Abermillionen, die hier klein beigegeben und so weitergelebt haben wie bisher.
Und dann denk an die, die du bewunderst, weil sie ihr Ding durchgezogen haben. Die mit ihrem Schiff auf den offenen Ozean gesegelt sind. Alle diese Menschen haben verstanden, dass ihr innerer Zweifler hilfreich ist, aber nicht *die* Wahrheit kennt.

Wenn dein Geist seine Schwingen ausbreitet, um eine kühne Vision zu empfangen, und der Zweifel schleicht sich von hinten an …

47 Ich weiß nicht, ob es Zufall, Prägung oder simpel eine ironische Note des Lebens ist, aber Boss ist heute meine Lieblingskleidermarke, und ich fahre einen Mercedes …

Renne nicht weg.
Dreh dich um.
Schau ihm direkt ins Gesicht.
Lächle ihn freundlich an und sage:

»Ja, ich weiß, dass ich dies noch nicht lebe. Danke, dass du mich daran erinnerst. Doch aufhalten wirst du mich nicht. Ich weiß, dass noch viel mehr möglich ist. Jetzt ist es Zeit zum Träumen. Ich werde später auf all deine Fragen eine gute Antwort finden.«

TIPP

Ich möchte dir sehr ans Herz legen, die Meditation »Berg deiner Seele« mindestens ein Mal auszuprobieren. Sie führt dich genau in diesen visionären Raum. Du findest sie als Download im Leserbereich.

Erstelle dein Vision Board

Sehr wirksam ist es, deine Vision nicht nur in Worten, sondern auch in Bildern auszudrücken. Ein Vision Board ist eine der stärksten Methoden, um mit deinem Unterbewusstsein zu kommunizieren und es auf deine Vision neugierig zu machen.

Wenn du kurz die Augen schließt, wirst du feststellen, dass durch deinen Verstand permanent Worte, Fragen und Bilder blitzen. Sie kommen nicht geordnet. Mal von unten, dann von oben, hinten, rechts, links ... Am anregendsten wirken meistens die inneren Bilder, denn sie enthalten wesentlich mehr Informationen als Worte.

Solange es noch keine einfachen 3D-Hologramme für zu Hause gibt, kommt das Vision Board einer externen Projektion dieses komplexen inneren Dialogs am nächsten.

Hast du deine Vision bereits niedergeschrieben? Dann verleihe ihr nun Farbe und Tiefe.

1. Zuerst musst du dich entscheiden, welche Erscheinungsform dein Vision Board haben soll. Manche Menschen verwenden ein Fotoalbum. Das hat den Vorteil, dass du es überallhin mitnehmen kannst. Der Nachteil ist, dass du deine Vision auf mehrere Seiten wirst verteilen müssen. Wenn dich das nicht stört, ist dies eine gute Wahl. Ich selbst bevorzuge eine große Fläche, auf die alles passt und die mir auf einen Blick die gesamte Vision präsentiert. Solltest du diese Vari-

ante wählen, überlege dir, wo du in deiner Wohnung eine große freie Fläche zur Verfügung hast. Als Hintergrund kannst du eine Magnettafel oder Korkwand benutzen. So kannst du die Bilder immer wieder verschieben. Du kannst aber auch einen großen, stabilen Bogen Papier verwenden. Oder du machst es wie eine meiner Klientinnen: Sie verwandelte eine ganze Zimmerwand in ein Kunstwerk.
Der optimale Platz für dein Vision Board ist dein Schlafzimmer, und zwar aus zwei Gründen: Erstens kannst du direkt vor dem Einschlafen und nach dem Erwachen auf dein Vision Board schauen. Beides sind Zeiten, in denen dein Unterbewusstsein sehr offen ist. Zweitens wirst du auf dem Board sehr intime Sachen festhalten. Vielleicht willst du nicht, dass es alle sehen. Das Schlafzimmer ist bei den meisten von uns der privateste Raum.[48]

2. Lies deine schriftliche Vision noch einmal durch. Finde nun Bilder, die ausdrücken, was du erreichen möchtest. Das können konkrete Bilder sein, von Gegenständen, die du besitzen möchtest (Auto, Haus, Garten) oder von Vorbildern, die dich inspirieren. Es können aber auch Bilder sein, die bestimmte Emotionen in dir auslösen (ein Sonnenuntergang, ein Liebespaar, ein Adler hoch über den Wolken). Nut-

48 Es sei denn, du führst ein reges Nachtleben – dann musst du dich fragen, ob du jedem deiner One-Night-Stands erklären möchtest, was das für Bilder sind …

ze Magazine und das Internet, um die richtigen Bilder zu finden. Oder du malst sie selbst. Auch einzelne Kraftworte, sehr groß geschrieben (Freiheit, Liebe, Gelassenheit), wirken sehr gut. Wenn deine Vision konkrete Zahlenziele enthält (finanziell, Körpergewicht ...), gehören die natürlich auch ganz groß auf die Wand.[49] Wenn Geld ein Thema ist, gehören auch Scheine auf dein Vision Board. (Leider gibt es keine 1000er mehr...)

3. Vergiss nicht, ein schönes Bild von dir selbst in die Mitte des Ganzen zu stellen. Wähle ein Porträt, auf dem du dir selbst so richtig gut gefällst.
4. Deiner Phantasie und Spielfreude sind keine Grenzen gesetzt. Selbst wenn Basteln nicht dein Ding ist (Ich hasse Basteln!), kann ein Vision Board sehr viel Spaß machen und wird eine enorme Wirkung zeigen. Probiere dich aus. Wechsle die Bilder, so oft du willst. Bis dein Herz vor Freude hüpft, wenn du daraufschaust.
5. Achte darauf, dass es nicht zu überbordend wird. Es sollte Freude und Klarheit in dir erwecken und nicht den Eindruck von Chaos.

Und dann?

49 Ich habe mir damals mit einem Bildbearbeitungsprogramm einen Kontoauszug mit meinem gewünschten Kontostand gebaut und ausgedruckt. Als ich dann später fast exakt diese Zahl auf meinem richtigen Kontoauszug sah, bekam ich eine Gänsehaut.

Investiere zweimal am Tag 5 Minuten Zeit – am besten kurz vor dem Einschlafen und direkt nach dem Wachwerden –, um dein Vision Board zu betrachten. Lass es auf dich wirken. Tauche in seine Bilderwelten ein; werde ein Teil dieser Welt. Zum Schluss atme ein paarmal tief ein und aus, und stell dir dabei vor, wie du die Bilder über deine Augen und dein Herz in dich hineinziehst. Spüre, wie sie sich in dir verankern und von dort aus weiterwirken. Nach den 5 Minuten lässt du los und widmest dich wieder deiner Gegenwart.

Lass dich überraschen, was im Laufe der kommenden Wochen passiert.

Die Magie deiner Vision

In einer Vision, die mit Herz formuliert ist, liegt tatsächlich eine Art Magie verborgen. Ich kann und will gar nicht vollständig verstehen, wie sie wirkt. Ich erinnere mich, wie unsere Familie vor etlichen Jahren in der Wüste Arizonas auf einem hohen Felsen zusammensaß. Der Ausblick war majestätisch. Ein besonderer Moment, den wir nutzen wollten. Wir waren damals alle drei unzufrieden mit unseren derzeitigen Wohnumständen. Also formulierten wir zu dritt eine Vision für unser neues Zuhause. Sehr konkret. Anzahl der Zimmer, Architektur, Blick nach draußen … Wir schrieben sie auf ein Blatt Papier und versteckten sie unter einem Felsen. Als wir wieder nach Deutschland kamen, war zwischenzeitlich so viel passiert, dass wir das kleine Ritual bereits vergessen hatten. Einige Jahre später standen wir in einem Haus, das wir gerade neu angemietet hatten. Es war einfach perfekt. Ich hatte das sonderbare Gefühl, ich würde es bereits kennen. Nach langem Überlegen musste ich grinsen: Es entsprach fast exakt unserer damaligen Vision.

So etwas ist mir schon mehrere Male in meinem Leben passiert. Deshalb lade ich dich ein, deine Vision mit der Vorfreude zu formulieren, dass du sie eines Tages vergilbt aus einer Schublade ziehen wirst und erstaunt realisierst, dass sie eingetreten ist – nur noch besser.

EINE WICHTIGE WAHL

Jetzt kannst du eine Wahl treffen. Allein die Gedankendehnung in diesem Teil des Buches wird eine Menge in deinem Leben bewegen. Wie gesagt, es liegt ein Zauber in einer aus dem Herzen heraus formulierten Vision. Du könntest hier aufhören und schauen, was passiert.

Wenn dir das nicht reicht, weil du schneller konkrete Veränderungen sehen willst, geh weiter zur MANIFESTATION. Ich zeige dir, wie du deinen schöpferischen Turbo startest.

Wie du vom Träumen ins konkrete Umsetzen kommst.

So wird es richtig heiß!

DEINE GEDANKEN WERDEN DEINE WIRKLICHKEIT

MANI FESTA TION

3

WIE DU BEKOMMST, WAS DU WIRKLICH-WIRKLICH WILLST

Die Welt ist materialisierter Geist.

Ralph Waldo Emerson

Herzlich willkommen in Part 3, der MANIFESTATION! Hier zeige ich dir, wie du bekommst, was du wirklich-wirklich willst.

Hast du eine Vision für dein Leben formuliert und vielleicht auch visuell gestaltet? Wenn ja, ist dies großartig! Damit bist du den ersten wichtigen Schritt in Richtung Verwirklichung schon gegangen. So weit kommen nicht viele Menschen – hör dich unter deinen Bekannten um, und du wirst feststellen, dass die wenigsten von ihnen eine klare Vorstellung davon haben, was sie erreichen möchten. Doch nun wird es erst so richtig spannend:

Wie bekommst du deine Vision auf die Erde?

Na klar, du kannst sie dir immer wieder anschauen und darauf warten, dass sich etwas tut. Allein dadurch wird sich auch schon etwas bewegen, weil dein Geist anders ausgerichtet ist. Doch wenn du sie so bald, erfolgreich und nachhaltig wie möglich manifestieren möchtest, brauchst du eine *Manifestationsstrategie.* Du brauchst einen gutdurchdachten Plan, von dem du jeden Tag ein Stückchen umsetzen kannst und der dir hilft, deine Wünsche von der Ebene der umfassenden Vision auf die Ebene der detaillierten Ziele, von dort auf die Ebene der konkreten Handlungen und damit letztendlich auf die Ebene greifbarer positiver Ergebnisse herunterzukristallisieren.

Damit will ich nicht abstreiten, dass es eine Ebene von Wundern gibt. Ich habe eine Menge Sachen erlebt, die mich das Staunen gelehrt haben. Doch ein erwachsener Mensch baut nicht darauf. Er ist offen dafür, doch vor allem kümmert er sich darum, seine schöpferischen PS erst einmal richtig auf die Straße zu bekommen. Darum geht es im Abschnitt Manifestation.

Die Manifestationsstrategie enthält *24 essentielle Elemente* einer schöpferischen Gleichung. Sie verwandeln dich von einem Träumer in einen konkreten Umsetzer, von einer Visionärin in eine erfolgreiche Gestalterin. Sie sind das Extrakt aus zwei Jahrzehnten Erfolgsforschung und -praxis. Ich habe nur aufgenommen, was du wirklich brauchst und was auch funktioniert.

Bist du bereit, deinen Traum wahr werden zu lassen?

GEISTIGE VORBEREITUNG

Die Manifestationsstrategie funktioniert

Warum ich das weiß? Ich habe von sehr erfolgreichen Menschen gelernt. Sie alle wendeten Elemente dieser Strategie bewusst oder instinktiv an. Nachdem ich die Schnauze voll hatte, andere für ihr tolles Leben zu bewundern, habe ich mir abgeguckt, was sie anders machen als der Rest der Bevölkerung, dies verinnerlicht, und siehe … es klappte selbst bei mir.[50] Mittlerweile habe ich dieses Wissen an über zehntausend Menschen weitergegeben. Ihre begeisterten Berichte zeigen: Es funktioniert auch bei ihnen.

Die Manifestationsstrategie ist mächtig

Du musst nicht gleich vor Ehrfurcht erstarren, doch etwas Respekt ist durchaus angebracht. Die 24 Elemente, die ich dir in diesem Part zeige, werden dein Potential aktivieren und dich kräftig in Bewegung setzen. Sie werden dein Leben verändern. Deshalb entscheide dich so weise wie möglich, welche Ziele dir tatsächlich am Herzen liegen.

---

50 Das ist keine Koketterie. Ich bin ein langsam lernender, egozentrischer Dickkopf gewesen und habe jede Falle mitgenommen, in die man auf dem Weg tappen kann.

Du hast es bereits drauf

Der Witz ist, dass du alles, was ich dir im Folgenden erklären werde, bereits anwendest. Ich kann dir nichts von außen dazugeben. Alle Elemente für ein erfolgreiches und glückliches Leben sind bereits in dir vorhanden. Nur hast du sie möglicherweise bis jetzt auf die falschen Ziele angewendet. Um einen Streit vom Zaun zu brechen, folgst du exakt denselben schöpferischen Prinzipien, wie um ein zauberhaft romantisches Date zu kreieren. Aus der neutralen Sicht des Erfolgs ist die konstante Überziehung deines Dispokredits eine ähnliche Meisterleistung, wie 50.000 Euro im Plus zu sein. Das ist wichtig zu verstehen. Du lernst nichts Neues dazu. Du lernst lediglich, deine schöpferische Kraft endlich für das einzusetzen, was du wirklich-wirklich willst.

Jeder Schritt ergibt Sinn

Jeder Schritt ist für deinen Erfolg wichtig. Bitte lass keinen aus. Ich empfehle dir, diesen Part einmal komplett durchzulesen und dir dabei Notizen zu machen. Was ist neu für dich? Was kennst du bereits? Welche Schritte praktizierst du schon? Wo besteht Nachholbedarf?

Wenn du dafür zu ungeduldig bist, weil du gleich richtig loslegen willst, kannst du aber auch gleich beim ersten Lesen mit der praktischen Umsetzung beginnen. Aber auch da gilt: Lass keinen Schritt aus, jeder für sich ist sehr wichtig.

Am Ende erwartet dich ein Erfolgscheck. Du kannst ihn auch im Leserbereich durchführen beziehungsweise downloaden. Er lässt sich für jedes große Ziel nutzen, um zu überprüfen, ob du alle Elemente berücksichtigst. Dann hat das Herumjammern (»Bei mir klappt es nicht!«) ein Ende.

Auf die Feinheiten kommt es an

Wenn du dir eine Sportübung nicht genau erklären lässt und dann eine Zerrung davonträgst, ist nicht die Übung schuld. Ich beobachte immer wieder[51], wie Menschen auf ihrem Erfolgsweg die Schlagbohrmaschine herausholen und wie besessen versuchen, ein Loch in die Wand zu bohren – nur, weil sie übersehen haben, dass einen Meter weiter eine offene Tür ist. Das muss doch nicht sein. Bitte lies die Erklärungen aufmerksam.[52]

---

51 Bei anderen sieht man es ja immer viel besser …

52 Während dieses Buch herauskommt, schreibe ich gerade an einem zweiten Band, *Werde verrückt – Das Praxisbuch*, in dem ich Antworten auf immer wiederkehrende Fragen auf dem Erfolgsweg gebe und weitere Übungen vorstelle. Ich habe darin die häufigsten Irrtümer, die mir in zwanzig Jahren Erfolgstraining begegnet sind, zusammengefasst und mich bemüht, eine plausible Lösung anzubieten. Mein Tipp für alle, die es sich so leicht wie möglich machen wollen.

Bleib locker

Diesen Rat werde ich öfter wiederholen. Erfolg bedeutet immer auch, einen großen Schritt aus deiner Komfortzone herauszutreten. Und das wiederum heißt: Du darfst dich regelmäßig als Anfänger fühlen, der für die Probleme, die er gerade in sein Leben gerufen hat, noch keine Lösung weiß.

Wenn du mich fragst, ist das der eigentliche Spaß am Erfolg. Er dehnt dich. Er sorgt permanent für frischen Wind im Leben. Aber das muss man mögen. Für sicherheitsvernarrte Sesselpupser ist es nichts. Leider tendieren wir Erwachsenen häufig dazu, aus jeder Freude eine Pflicht zu machen. Besonders wir Deutschen glauben, uns mit verbissenem Ernst den Weg ins Paradies erarbeiten zu können. Ist aber nicht so. Verbissene Ernsthaftigkeit ist komplett wertlos. Du versaust dir nicht nur den Weg[53], du verkrampfst auch deine Großhirnrinde, schneidest dich von deiner Intuition ab, nervst deine Mitmenschen, wirst häufiger krank, alterst schneller und langweilst so die gesamte Schöpfung. Also, immer schön locker bleiben. Das gilt auch für dieses Buch. Wenn dich der Inhalt mal stresst, leg es beiseite und geh ein Eis essen.

53 Wer weiß, ob du je ankommst. Dann willst du doch wenigstens Spaß gehabt haben.

DAS ULTIMATIVE GEHEIMNIS

Das ultimative Geheimnis ist, dass es kein Geheimnis gibt. Ich weiß, das ist verkaufsschädigend. Ich sollte mein Buch wohl lieber »The Real Secret Behind the Secret of the Secrets« nennen. Doch das Wissen, das ich mit dir teile, ist nicht nur einleuchtend und pragmatisch, sondern auch seit tausenden Jahren bekannt. Und mit großer Wahrscheinlichkeit hast du einiges davon bereits woanders gehört.

Warum solltest du es dennoch lesen?

- Weil die Ratgeber in deinem Schrank eine verräterische Staubschicht aufweisen.
- Weil dir manche dieser Bücher einige unangenehme Wahrheiten vorenthalten haben.
- Weil wir bestimmte Sachen ein Dutzend Mal lesen müssen, bevor der Groschen fällt.
- Weil du die Schnauze voll hast, andere Menschen für ihren Erfolg zu bewundern.
- Weil du und ich dafür sorgen werden, dass du dieses Mal deinen Hintern wirklich in Bewegung setzt.

Bist du dafür bereit?

Bereit für einen echten Ruck in deinem Leben?

Wenn ja, tu dir jetzt bitte einen wichtigen Gefallen.

Egal, wo du gerade bist, leg das Buch kurz aus der Hand und mach entweder einen Liegestütz oder eine Kniebeuge.[54] Nicht halbherzig, sondern vollkommen wach. Als ein Signal an dein Unterbewusstsein, dass du bereit bist, dich für deinen Erfolg zu bewegen.

Respekt

Hast du es getan? Hast du dir einen Liegestütz oder eine Kniebeuge gegönnt?
Wenn ja, herzlichen Glückwunsch! Dann kannst du den folgenden Abschnitt überspringen.
Wenn nein, warum nicht?

- **Hattest du gerade keine Lust darauf?** Wenn du es mit deinem Erfolg ernst meinst, wirst du öfter Sachen machen müssen, auf die du keine Lust hast. Wenn du nur deiner Lust folgst, bleibt alles beim Alten. Mach etwas Neues, und die Lust wird dir folgen.
- **Du siehst nicht ein, warum du dich beim Lesen bewegen solltest?** Eine mentale Erkenntnis ist extrem flüchtig. Wie viele Bücher hast du bereits gelesen, ohne dass sich ihr Inhalt nennenswert in deinem Leben niedergeschlagen hat? Du bist ein sehr komplexes Wesen. Deine bewussten Gedanken sind nur die Spitze des Eisbergs. Erfolgsprinzipien müssen in jeder Zelle

54 Die einzige Ausrede, die wir an dieser Stelle gelten lassen, ist ein echtes körperliches Handicap. In dem Fall bitte ich dich, jetzt und hier eine andere intensive Übung durchzuführen, die dein Körper meistern kann.

deines Körpers ankommen, und du nimmst Informationen viel tiefer auf, wenn dein Körper involviert ist. Ich erkläre dir das später noch genauer. Hier nur so viel: Dein Unterbewusstsein nimmt sehr genau wahr, ob du bereit bist, dich für eine Idee zu bewegen oder nicht. Und für signifikante Veränderungen brauchst du die Unterstützung deines Unterbewusstseins.

- **Du siehst nicht ein, warum du machen sollst, was ein anderer dir sagt?** Den Punkt verstehe ich am besten. Wenn du wüsstest, wie stolz ich gewesen bin. Doch es führt kein Weg daran vorbei: Wenn du neue Ergebnisse willst, musst du dich für Neues öffnen. Du wirst bereit sein müssen, Lehrer in dein Leben zu lassen und Schüler zu sein. Damit dieses Buch in deinem Leben rockt, bitte ich dich um etwas Vorschussvertrauen. Ich schlage dir nichts vor, was deine Würde verletzt oder deine Lebensenergie verpulvert. Ich bin hier angetreten, um in deinem Leben einen echten, guten, nachhaltigen Unterschied zu bewirken. Alles, was ich dir vorschlage, ist in zwanzig Jahren Erfolgsforschung gereift und ergibt Sinn. Probiere es aus und urteile dann.
- **Du bist in einer öffentlichen Umgebung und hast Angst, was die anderen über dich denken?** Diese Angst wirst du besiegen müssen. Denn je mehr Erfolg du hast, desto mehr werden die anderen über dich urteilen. Erfolg macht sichtbar. Besser du fängst heute damit an, dich daran zu gewöhnen.
- **Du wolltest es später machen.** Böse Falle. Schon gemerkt? »Später« ist der Killer aller guten Vorhaben. Es gibt kein Später. Nur jetzt.
- **Welcher andere Grund hat dich abgehalten?**

Jetzt stell dir bitte vor, ich hätte dir 100.000 Euro dafür geboten, dass du diese kleine Übung durchführst. Der Koffer hätte schon bereitgestanden, und du hättest das Geld sofort danach bekommen. Hättest du es dann gemacht?

Ich wette, ja. Falls du selbst bei so viel Geld nicht gezuckt hättest, stell dir vor, dein Leben hätte davon abgehangen. Spätestens dann hättest du dich bewegt, stimmt's?
Vielleicht denkst du jetzt: »Ja, Veit, aber mein Leben hat nicht davon abgehangen, und ich habe auch keine 100.000 Euro angeboten bekommen.«

Irrtum!

Der Grund, warum manche Menschen ein langweiliges, enges Leben weit unter ihren Möglichkeiten führen, ist, dass sie den Zusammenhang zwischen diesem Augenblick und den langfristigen Konsequenzen nicht erkennen.

Es geht immer um dein Leben, und jede deiner nächsten Handlungen kann dich den 100.000 Euro näher bringen.

Ich habe Menschen beobachtet, denen ein glückliches Leben vor die Nase gestellt wurde und die es schlichtweg übersehen haben. Ich kenne andere, die ganz von unten gestartet sind, einen einzigen Ratschlag aufgriffen und daraus ein wunderschönes Lebenswerk erschaffen haben.

Du musst von dem, was ich dir vorschlage, gar nichts umsetzen. Doch mach dir bitte bewusst, dass viele der folgenden Schritte nur wirken, wenn du es tust.

Wenn du willst, dass dieses Buch eines der wichtigsten Bücher deines Lebens wird, dann lies ab jetzt jedes Kapitel mit der Einstellung: »Auf dieser Seite steht mindestens ein Tipp, der die Qualität meines Lebens stark verbessern und 100.000 Euro bringen kann.«

Es ist Zeit zu jagen.
Lies wie ein hungriger Tiger auf der Jagd nach Beute.

Lies mit Respekt.

Nicht für mich, nicht für dieses Buch.
Sondern aus Respekt für die Chance deines Lebens.

PS: Ist es eventuell jetzt Zeit für deinen Liegestütz?[55]
Nicht für mich – für dich.

---

55 Ich folge in meiner Arbeit einem wichtigen Grundsatz: Alles, was ich herausbringe – an Büchern, Kursen, Seminaren – muss für den, der es kauft, mindestens zehn Mal so viel wert sein, wie das, was es ihn gekostet hat. Wie viel hat dich dieses Buch gekostet? Ich schwöre dir: Wenn du dieses Kapitel einmal wöchentlich wach liest, hast du deine Investition mindestens zehn Mal wieder drin. RESPEKT ist alles.

1. SCHRITT: DEN STARTPUNKT ANALYSIEREN

„Jede noch so magische Abenteuerreise beginnt immer dort, wo du jetzt gerade stehst.

Ich gehe ab jetzt davon aus, dass es mindestens einen Bereich in deinem Leben gibt, den du signifikant verbessern möchtest. Ich möchte noch einmal betonen, dass die hier vorgestellten Prinzipien auf *alles* anwendbar sind.

- Gesundheit
- Fitness
- Finanzen
- Partnerschaft
- Beruflicher Erfolg
- Ein spezielles Projekt
- …

Welcher Bereich deines Lebens ruft im Augenblick am stärksten nach einem positiven Durchbruch?

Wenn du mehr als einen Bereich hast, den du verändern möchtest (was meistens der Fall ist), empfehle ich dir dennoch, den Zyklus zuerst nur mit einem Ziel zu durchlaufen. Das beugt der Gefahr vor, dich zu verzetteln. Es ist wie mit dem Jonglieren, da fängst du auch mit einem Ball an und nicht mit zehn. Wenn du alle Schritte mit einem bestimmten Ziel gründlich praktiziert hast, kannst du das nächste dazunehmen. Ich habe außerdem immer wieder erstaunt festgestellt: Kommt ein Bereich positiv in Bewegung, ziehen die anderen meistens automatisch mit an. Alles wirkt aufeinander ein.

In welchem Bereich deines Lebens wünschst du dir am stärksten eine signifikante positive Veränderung?

Bevor du dich nun damit beschäftigst, wohin die Reise gehen soll, halte zuerst fest, wo du dich gerade befindest. Dein schöpferischer Geist ist wie ein Navigationsgerät – damit er dich sicher geleiten kann, braucht er mindestens zwei Informationen: den Startpunkt und das gewünschte Ziel.

Im JETZT ankommen

Nimm dir etwas Zeit und ein Blatt Papier und analysiere den aktuellen Zustand des Bereiches, den du gewählt hast. Konzentriere dich dabei auf die drei zentralen Erfahrungsebenen:

HABEN – TUN – SEIN.

Was hast/besitzt du in diesem Bereich? Was fehlt dir? Sei so konkret wie möglich.
Wie handelst/agierst du in diesem Bereich? Mit was davon bist du zufrieden? Was enttäuscht/frustriert dich?
Wie bist du in diesem Bereich? Wie erfährst du dich? Was fühlst du diesbezüglich? Auch hier liste so ehrlich wie möglich Licht und Schatten auf.

Keine Angst vor unangenehmen Gefühlen. Deine Ehrlichkeit sorgt für einen stabilen Boden in der Gegenwart, auf dem du dann deine Zukunft gesund aufbauen kannst.
Diese Bestandsaufnahme mag eventuell wehtun, doch vor allem wird sie dich befreien. Den Tatsachen ins Auge zu sehen schafft Klarheit und setzt Kraft frei.

2. SCHRITT: EIN MOMENTUM ERZEUGEN

Wünsche sind die Vorboten unserer Fähigkeiten.

Johann Wolfgang von Goethe

Was du jetzt in dem von dir ausgewählten Bereich brauchst, ist ein starkes, schöpferisches Momentum:

Stelle für diesen Bereich ein konkretes Ziel auf.

Dadurch wird etwas Erstaunliches passieren. Indem du in deinem Geist ein Ziel formulierst, erzeugst du eine Spannung zwischen zwei Polen: der Jetzt-Situation und der Wunsch-Situation. Diese Spannung bringt das schöpferische Momentum! Da dein Bewusstsein nämlich nicht in zwei Welten leben kann, wird es alles tun, um die Diskrepanz aufzulösen.

Es hat dafür nur zwei Möglichkeiten.
Die erste: Du opferst dein Ziel. Das hat jeder von uns schon erlebt. Du nimmst dir etwas fest vor, und plötzlich überkommen dich Zweifel. Dann lässt du los. Du bist zwar enttäuscht, aber auf einer tieferen Ebene auch beruhigt. Es existiert wieder nur noch eine Realität in dir.
Die zweite Möglichkeit, um die Diskrepanz aufzulösen: Du bejahst die Spannung und hältst dein Ziel innerlich aufrecht. Dann setzt sich dein Geist in Bewegung und wird alles Notwendige tun, bis sich deine Jetzt-Welt dem Ziel angepasst hat.

Ein klares, eindeutiges Ziel hat weitere Vorteile:

- **Entschlossenheit**. Du legst dich dir und der Welt gegenüber fest.
- **Konzentration**. Deine kreative Energie kann sich fokussieren. Du ziehst sie von unwesentlichen Dingen ab und bündelst sie in einem Punkt. So erfährst du endlich, wie machtvoll dein Geist sein kann. Dein Fortschritt wird messbar.

Klare Ziele haben eine große Wirkung! Es gibt viele Statistiken, die zeigen, dass die Wahrscheinlichkeit, mit etwas erfolgreich zu sein, signifikant steigt, wenn wir konkrete Zielkoordinaten festlegen. Trotzdem tun sich die meisten Menschen enorm schwer damit. Die Gründe dafür liegen auf der Hand:

- **Kindern wird Klarheit regelrecht aberzogen.** Das herkömmliche Erziehungssystem ermutigt nicht dazu, eigene Ziele zu finden, sondern konditioniert darauf, vorgegebene Aufgaben zu erfüllen. (Keine Sorge, die Fähigkeit kann man sich zurückerobern!)
- **Ziele machen sichtbar.** Dein Kopf schaut plötzlich aus der Herde raus. Manche werden dich dafür mögen, andere werden dich ablehnen. Vielleicht realisierst du schmerzhaft, dass du seit Jahren mit Menschen abhängst, die gar nicht dasselbe wollen wie du. (Übrig bleiben dann die wahrhaft guten Freunde. Mit denen kannst du echt was auf die Beine stellen. Ist das nicht toll?)

- **Ziele machen dein Handeln überprüfbar.** Du wirst jeden Abend genau wissen, ob du heute einen Schritt in die richtige Richtung gesetzt hast oder nicht. (Aber das willst du ja, oder?)
- **Ziele provozieren Konsequenzen.** Sobald du neue Schritte setzt, wird das Leben antworten. Manche Nebeneffekte könnten dir nicht gefallen. (Das geschieht allerdings auch, wenn du dir keine Ziele setzt.)
- **Die Erfüllung von Zielen kostet dich Opfer.** Du wirst manchmal Dinge tun müssen, auf die du keine Lust hast. Du wirst die berühmte Extrameile gehen dürfen. (Mittlerweile liebe ich diese Momente, denn in ihrem Feuer reift der Charakter.)
- **Ziele legen dich fest und schließen andere Optionen aus.** Ganz klar, wenn du dich dazu entscheidest, in einem bestimmten Beruf spitze zu sein, schließt du die Tür zu tausend anderen Berufen. Ich kenne Menschen, denen bereitet die Vorstellung dieses Verlusts an Möglichkeiten so einen Stress, dass sie sich lieber gar nicht entscheiden und so letztlich alles verlieren. (Tatsächlich bringt dir diese Festlegung aber eine neue Freiheit und Tiefe. Endlich brauchst du nicht mehr darüber nachzudenken, was du willst, und tauchst an einer Stelle richtig ein.)
- **Ziele bergen das Risiko der Enttäuschung.** Was, wenn du alles probierst und es doch nicht schaffst? Was, wenn du dich auf dem Weg dorthin blamierst? Was, wenn du dein Ziel erreichst und es erfüllt deine Erwartungen nicht? Wer seine Nase aus der Komfortzone streckt, kann auch eins draufbekommen. (All das wird passieren, und es wird dich frei machen.)

- **Ziele machen Angst, weil sie Macht und Verantwortung bringen.** Ein Ziel konzentriert deine Power. Spätestens wenn du es erreichst, wirst du wissen, dass du viel mächtiger bist, als du bisher dachtest. Wie gehst du verantwortlich mit dieser Macht um? (Die positive Seite der Macht: Es ist ein ekstatisches Gefühl, endlich mitwirken zu können, anstatt anderen dabei zuzuschauen.)

Ein Ziel trennt die ewigen Träumer von den Umsetzerinnen. Bring Fahrt ins Spiel, indem du dich festlegst.

Wähle ein Ziel aus, für das du wirklich brennst.

Wonach sehnst du dich schon lange? Was würde deine Vorstellungen von dem, was für dich möglich ist, in den Grundfesten erschüttern?

Wenn du dein Ziel ungefähr bestimmt hast, geht es ans genaue Formulieren. Das ist eine Kunst.

Achte beim Formulieren auf die folgenden Kriterien:

Das Ziel ist spezifisch und messbar. Du musst in der Lage sein, überprüfen zu können, ob du das Ziel erreicht hast. Wenn ich dich in drei Monaten anrufe und frage, ob du es geschafft hast, darfst du nicht zögern. Entweder ein klares »Noch nicht« oder ein »Ja, super, Veit!«

Das Ziel ist für dich attraktiv. Das Ziel muss für dich, wie ich es nenne, seelensexy sein. Entfacht es deine Lebensfreude? Nimm nicht irgendein langweilig-typisch-deutsch-vernünftiges Ziel. Wähle einen Wunsch, der dein Herz zum Klingen bringt.

Das Ziel hat eine angenehm-herausfordernde Distanz. Es sollte so hoch angesetzt sein, dass es dich wirklich aus deiner Komfortzone lockt. Sonst brauchst du dieses Buch nicht. Gleichzeitig solltest du es nicht so weit weg von deinem Jetzt-Zustand ansetzen, dass du es nicht mehr fühlen kannst oder der Gedanke daran nur noch Stress in dir auslöst.[56]

56 Es geht um den Unterschied zwischen Eustress und Distress. Wenn dich dein Ziel gar nicht fordert, wird dein Potential nicht aktiviert. »Stresst« dich dein Ziel im rechten Maß, schüttet dein Gehirn Botenstoffe aus, die dich zu höchster Performance anregen. Wird die Aufgabe zu groß, gehen deine Synapsen in eine Art Verteidigungshaltung und machen dicht; dein Potential sackt ab. Du kennst das bestimmt aus deinem Alltag. Wenn du zu viel zu bewältigen hast, geht erst der Spaß verloren und dann beginnst du immer mehr Fehler zu machen. Was ist also das richtige Maß für dein Ziel? Wenn du daran denkst, solltest du eine Mischung aus erregter Vorfreude (Oh ja, geil!) und respektvollem Gruseln (Ob ich das wohl schaffe?!) verspüren. Natürlich gibt es immer mal Tage, da packt uns der Zweifel stärker im Nacken. Doch langfristig muss die Freude überwiegen. Schraub lieber dein Ziel etwas herunter. Erfüll es mit Freude und stocke dann auf. Das ist echt wichtig!

Ich verdeutliche es dir an zwei Beispielen:

Ein Geldziel: Wenn du dir zum Ziel setzt, 10 Millionen Euro zu besitzen, dein größtes Vermögen bisher aber nur 2.000 Euro waren, kann dein Unterbewusstsein diese Zahl wahrscheinlich gar nicht greifen. Wenn du dir hingegen nur 2.050 Euro zum Ziel setzt, wirst du dich für diesen kleinen Unterschied vermutlich nicht in Bewegung setzen.

Ein Beziehungsziel: Eine Klientin von mir formulierte das Ziel, eine langfristige Liebesbeziehung zu haben. Allerdings war sie seit zehn Jahren Single und hatte davor eine sehr schmerzhafte Partnerschaft erlebt. Ein Teil von ihr sehnte sich nach einer neuen Beziehung, aber ein anderer hatte furchtbare Angst davor: ob sie überhaupt noch mit einem anderen Menschen würde zusammenleben können? Ob es vielleicht wieder so schlimm werden würde wie beim letzten Mal? Sie hatte kaum positive Bilder von einer Beziehung im Kopf. Nachdem wir dies herausgefunden hatten, riet ich ihr, das Ziel in kleinere Etappen zu untergliedern:

1. regelmäßig sexy anziehen und ausgehen,
2. gepflegte Unterhaltungen mit Männern genießen,
3. mehr Zeit mit ausgewählten Männern verbringen.

Auf diese Weise sammelte sie Selbstsicherheit und positive Referenzerfahrungen. Und irgendwann war sie dann bereit, sich den Jackpot zu holen! Es hat vielleicht etwas länger gedauert, doch es durfte organisch reifen.

Also bitte, hab keine Scheu, dein Ziel zu verkleinern, wenn es dich im Augenblick zu sehr stresst. Aufstocken kannst du später immer noch.

Formuliere das Ziel positiv. Verwende keine Verneinung oder negative Formulierung, wie: »Ich wiege 10 Kilogramm weniger.« Positiv wäre: »Ich wiege 70 Kilogramm«, wenn du vorher 80 Kilogramm gewogen hast. Warum du nicht negativ formulieren solltest, ist schnell erklärt: Wenn du ein negatives Ziel in Gedanken formulierst und visualisierst, schwingt darin immer noch das alte Bild mit.

Formuliere dein Ziel in der Zeitform der Gegenwart. Formuliere das Ziel so, als wenn es bereits eingetreten wäre. Schreibe also nicht: »Ich werde über 10.000 Euro verfügen«, sondern: »Ich verfüge über 10.000 Euro.«

Formuliere einfach, klar und kurz. Schreibe keine ewig langen, verschachtelten Sätze! Fasse das Ziel in einem oder maximal zwei Sätzen zusammen. Verwende eine Formulierung, die dir leicht über die Lippen geht. Ich erkläre es meinen Klienten gern so: »Wenn dich der liebe Gott nachts um 3 Uhr aus dem Schlaf klingelt und fragt: ›Was willst du?‹, musst du innerhalb von 30 Sekunden klar und präzise antworten können.«

Verwende Formulierungen, die dich emotional berühren. Meine Frau zum Beispiel erfindet für ihre Ziele manchmal Worte, die es gar nicht gibt. Niemand sonst kann damit etwas anfangen, doch sie weiß ganz genau, was gemeint ist.[57] Wenn dich das Wort »zart« zum Schwingen bringt, nimm das. Wenn es »arschaffengeil« ist, nimm das. Es ist dein Ziel!

Wenn du dein Ziel gewählt hast, schreibe es auf ein Blatt Papier. Beginne den Satz ungefähr so:

»Ich … (dein Name) … bin glücklich und dankbar, weil ich … (hier setzt du dein Ziel und das Wunschdatum ein) …«

Beispiel: »Ich, Katrin, bin so glücklich und dankbar, weil ich am 20. April 2017 über 50.000 Euro auf meinem Konto verfüge.«

Lies dir dein Ziel laut vor und achte dabei auf deine Gefühle:
Berührt dich dieses Ziel auf eine angenehme Weise?
Löst dein Ziel freudige Erregung in dir aus?
Ist dein Ziel hoch genug angesetzt? Fordert es deine alten Grenzen gut heraus? Hast du das Gefühl, dass dieses Ziel ein wahres Abenteuer für dich bedeutet?
Spürst du eine angemessene Resonanz auf dein Ziel? Ahnst du, dass es tatsächlich möglich ist?
Ist dein Ziel wirklich dein Ziel? Ist es etwas, das du wirklich-wirklich willst?

57 So ist zum Beispiel der Titel zu einem meiner Bücher entstanden: *SeelenGevögelt*. Mittlerweile ist er in vieler Munde und auf manchen Körper tätowiert. So schnell kann es gehen …

Deine wahren Kräfte kannst du nur für etwas mobilisieren, was von deinem Herzen hundertprozentig bejaht wird.

TIPP

Manchen Menschen fällt es wesentlich leichter, ein Ziel im Gespräch mit einem guten Freund zu entwickeln als allein. Nur zu! Probiere es aus. Welcher deiner Freunde kann groß denken und gönnt dir Entwicklung und Erfolg? Vielleicht stellt ihr beide Ziele auf. Legt eine gute Musik auf. Ein feiner Wein, ein leckerer Tee, und los geht's!

Wichtig!
Mach dir an dieser Stelle keine Sorgen, *wie* du dein Ziel erreichen kannst. Darüber werden wir später ausführlich sprechen. Heute vertraue einfach darauf, dass dein Ziel die Lösung anziehen wird.

Unterschätze niemals, niemals, niemals die Kraft eines klaren und konkreten Ziels, denn deine Gedanken erschaffen Dinge.

Erlaube dir, dich auf dein Ziel zu freuen! Lass Erregung in dir aufsteigen. Genieße das.

Was für ein Abenteuer!

3. SCHRITT: NAGEL DICH FEST

Der Ursprung jeder Leistung ist ein Sieg über sich selbst.

Archibald Cronin

Erinnerung: Lies dieses Kapitel so, als ob dein Leben davon abhinge und als ob es *den* Tipp für 100.000 Euro enthielte.

Hast du ein Ziel gefunden, das dir echt wichtig ist?
Liegt dieses Ziel außerhalb deiner Komfortzone?
Ist es dir wirklich ernst damit, es zu erreichen?
Hast du es schriftlich formuliert?

Wenn ja: HERZLICHEN GLÜCKWUNSCH!!! Ob du es glaubst oder nicht, das schaffen nicht viele Menschen. Du wirst sehen, es macht einen Riesenunterschied.
Wenn nein, lies den folgenden Abschnitt bitte genau: Ich verstehe, dass das Finden und Formulieren eines Ziels eine echte Herausforderung sein kann. Du bist damit nicht allein. Sieh es mal so: Deinem Unterbewusstsein schwant jetzt schon, was für Veränderungen auf dich zukommen, wenn du dieses Ziel verfolgst. In jedem von uns gibt es veränderungsresistente Kräfte. Lass dich nicht von ihnen austricksen. Überwinde sie. Hol dir einen wachen Freund dazu.[58]

58 Oder schau im Leserbereich auf der Webseite zum Buch nach. Dort erkläre ich dir, wie du dich schnell und unkompliziert mit einem von mir ausgebildeten Erfolgscoach verabreden kannst. 30 Minuten am Telefon können Wunder bewirken!

Natürlich kannst du das Buch auch erst einmal nur durchlesen. Aber mach dir klar: Für die volle Wirkung der einzelnen Manifestationsschritte brauchst du ein konkretes Ziel.

Ab dieser Trennlinie gehe ich davon aus, dass du ein Ziel hast.

Du hast ein Ziel aufgestellt. GUT!

Jetzt nagel dich darauf fest!

Das klingt eventuell ein wenig martialisch für dich, deshalb möchte ich es näher erklären:
Es ist eine sehr, sehr frustrierende Erfahrung, voller Begeisterung für eine Sache loszuziehen, wirklich daran zu glauben und am Ende doch wieder in der alten Suppe zu schwimmen. Kennst du das? So etwas nagt am Selbstwert, korrekt?
Und beschleicht dich dann nicht auch manchmal das Gefühl, als seien da geheime Widersacher am Werk, die dich davon abhalten, das umzusetzen, was du wirklich-wirklich willst?
Sind sie auch. Doch in Wahrheit sind es keine Widersacher, sondern alte Freunde von dir, die du nur noch nicht überzeugt hast. Willst du wissen, wer diese Freunde sind?
Die Antwort ist ebenso banal und machtvoll:

deine Gewohnheiten.

Dein Leben ist das Resultat deiner Gewohnheiten – im Denken, Fühlen und Handeln.

Du willst ein neues Leben? Dann ändere deine Gewohnheiten.

Andere Gewohnheiten im Denken und Handeln bringen andere Ergebnisse.
So einfach? Schön wär's! Denn Gewohnheiten lassen sich meistens nicht über Nacht verändern.
Warum das so ist?
Auf physischer Ebene ist dein Gehirn *das* zentrale Steuerungsorgan für deine Denk-, Fühl- und Handlungsprozesse. Es verbraucht die meiste Energie, im Ruhezustand fast ein Viertel deines Energiebedarfs. Dein Gehirn achtet darauf, dass immer ausreichend »Strom« für deine bewussten Denkprozesse zur Verfügung steht, und versucht deshalb, an allen Ecken und Enden Energie zu sparen. Eine Möglichkeit, dies zu tun, besteht darin, wiederkehrende Abläufe als automatische Muster abzuspeichern – Gewohnheiten!

Ein einfaches Beispiel: Wer kleine Kinder hat, weiß, wie verdammt schwer es ist, ihnen den Vorgang des Zähneputzens spannend zu verkaufen und zu einem Automatismus werden zu lassen.[59] Es bedarf Anstrengung (Energie) und mühsamer Wiederholung, bis das Unterbewusstsein des Kindes den Vorgang endlich als Routine ab-

59 Meine Tochter fiel rein zufällig kurz zuvor meistens in eine Art Koma.

gespeichert hat. Hat dies in deiner Kindheit funktioniert, dürfte dich heutzutage Zähneputzen allerdings keine große Anstrengung mehr kosten. Du findest dich einfach vor dem Spiegel wieder, und dein Körper weiß, was er zu tun hat. So spart dein Gehirn Energie und kann währenddessen schon die Einkaufsliste für den nächsten Tag erstellen. Das ist der Sinn einer Gewohnheit.

Was da auf neuronaler Ebene passiert, kannst du dir als Laie so vorstellen:
Damit du deine Zähne putzen kannst, muss der bioelektrische Strom zwischen ganz bestimmten Nervenzellen fließen. Nennen wir sie das Zähneputzteam. So heben sich deine Arme, du greifst zur Zahnpasta, der Mund öffnet sich … Wenn ein Kind das zum ersten Mal macht, gibt es noch keine neuronale Verschaltung für diesen Vorgang. Es muss ein neuer Trampelpfad zwischen den Nervenzellen des Zähneputzteams angelegt werden. Am nächsten Tag aber ist dieser Trampelpfad fast wieder vollständig zugewachsen. Shit! Erst durch stetige Wiederholung entsteht daraus eine neuronale Autobahn. Das System merkt sich die richtige Kombination. Der Strom fließt immer leichter und selbstverständlicher in diese Richtung. Aus einem Impuls wird eine feste Gewohnheit. Sie wird im Unterbewusstsein gespeichert, das heißt, du musst nun nicht mehr bewusst darüber nachdenken. Die Zellen des Zähneputzteams sind jetzt fest miteinander verdrahtet.

Unser gesamter Alltag besteht aus Gewohnheiten. Wie wir stehen. Wie wir laufen. Ob und wie wir lächeln. Was wir in Krisensitua-

tionen als Erstes denken. Welche Fragen wir uns bei Problemen stellen und so weiter.

Dein Leben ist das Ergebnis deiner Gewohnheiten der letzten Jahre.

Hast du dir vor Jahren angewöhnt, etwas mehr auszugeben, als du einnimmst? Schau auf dein Konto.
Hast du dir vor Jahren angewöhnt, etwas mehr zu essen, als dein Körper verbrennt? Schau in den Spiegel.
Haderst du mit deinen Mitmenschen oder mit dir? Schau auf deine Denk-, Fühl- und Kommunikationsgewohnheiten.

Warum vergiften wir die Umwelt, obwohl wir es schon lange besser wissen?
Aus Gewohnheit, eingebrannt in unser neuronales System.

Nun wird dir vielleicht klar, warum du schon so oft etwas verstanden, aber nicht dauerhaft verändert hast. Warum dir das Lesen von

Büchern viele Aha-Effekte, doch selten konkrete und bleibende Ergebnisse beschert. Der Strom fließt beim Lesen auf den neuen Bahnen. Es kribbelt. Du denkst, du hast es kapiert. Doch wenn du das Neue nicht festnagelst, verpufft der Effekt.

Verstärkt wird das Ganze noch dadurch, dass – und jetzt kommt ein dicker Hund – ein Teil deines Unterbewusstseins *gar nicht daran interessiert ist*, an deinen Gewohnheiten zu rütteln. Egal, wie neurotisch und destruktiv sie sind! Einen Grund haben wir schon aufgeführt: Selbst die blödeste Gewohnheit spart in dem Augenblick, in dem du sie ausübst, Energie, weil du nicht darüber nachzudenken brauchst.

Der zweite Grund heißt Homöostase (griechisch *homoiostásis*, »Gleichstand«). Jedes lebendige System strebt nach einem Zustand des Gleichgewichts. Die Summe deiner Gewohnheiten – egal, wie bescheuert sie erscheinen mögen – wahrt das Gleichgewicht deines Systems.

Wenn du dein Konto seit Jahren um durchschnittlich 500 Euro überzogen hast, hat sich dein System daran gewöhnt. Es ist ein Zustand, der dich persönlich nervt, doch der in sich stabil ist. Wenn nun dein Speedboot mit einem neuen Ziel daherkommt (5.000 Euro plus!), kostet das Kraft, denn es müssen neue neuronale Pfade angelegt werden, und es bringt das bestehende Gleichgewicht durcheinander. Also denkt sich dein Unterbewusstsein: »Ich lass dem mal in seinem Oberstübchen ein bisschen Spaß, und dann bringe ich wieder alles in die gewohnten Bahnen zurück.«

Und plötzlich vergisst du weiterzumachen, was dir gestern so gutgetan hat.
Du lässt diesem so überaus wertvollen Kapitel keine Taten folgen.
Du hast keine Zeit mehr.
Du wirst krank.
Du sabotierst dich selbst.
Du reißt mit dem Arsch ein, was du mit den Händen gerade aufgebaut hast.
… bis du wieder in der alten Fahrrinne hängst und dir eine gemeine Stimme ins Ohr raunt: »Siehst du, du kannst eh nichts ändern.«

Doch keine Angst, ich würde dieses Buch nicht schreiben, wenn es keine nachhaltige Lösung für dieses Dilemma gäbe.
Ich werde dir hier beibringen, was es braucht, um aus einem ersten zarten Impuls eine starke Gewohnheit werden zu lassen.
Die Kunst besteht darin, deinen Wünschen und Erkenntnissen einen fruchtbaren Boden zu bereiten, sie tief einzupflanzen und so lange zu pflegen, bis sie zu neuen Gewohnheiten ausgetrieben haben und tiefe Wurzeln in deinem Leben schlagen.

Werde zu einem weisen Gärtner für gute Gewohnheiten.

In jedem der folgenden Kapitel werde ich dir ein weiteres Manifestationsprinzip vorstellen – kurz, knackig und klar – und dich dann auffordern, dementsprechend zu handeln. Dein neues Verständnis in Kombination mit deinem neuen Handeln wird sehr schnell Ergebnisse manifestieren. Wenn du kontinuierlich dranbleibst, erwachsen daraus neue Gewohnheiten.

Wie heißt es so schön: »Nichts ist mächtiger als eine Idee, deren Zeit gekommen ist.« Ich würde den Satz gern umformulieren: »Nichts ist mächtiger als eine Idee, die zu einer neuen Gewohnheit heranreifen durfte.«

Methoden, um dich festzunageln

Damit deine alten Gewohnheiten überhaupt zulassen, dass du bis zum letzten Kapitel kommst und jeden Schritt auch wirklich ausführst, musst du dich bereits zu Beginn festnageln. Um im Bild mit unseren Booten zu bleiben: Du schaffst dadurch Inseln auf deiner zukünftigen Route, an denen der Fahrer deines Speedbootes halten, einen Sicherheitsanker auswerfen, Sprit tanken und sich erinnern kann. So verhinderst du, dass das U-Boot dich einfach wieder auf die alte Route zurückschleppt. Im Gegenteil, es wird langsam auf den neuen Kurs einschwenken!

ACHTUNG! Die folgenden Schritte – sofort umgesetzt – erhöhen die Wahrscheinlichkeit deines Erfolgs signifikant.

Versprich es dir selbst

Du kennst dich und deinen inneren Schweinehund am besten. Geh in den Leserbereich der Webseite zum Buch (www.werde-verrückt.de) und hinterlasse dort unter »Mein Gelübde« eine Nachricht für dich selbst. Wir werden dafür sorgen, dass du sie in entscheidenden Momenten zugesendet bekommst.

Erinnere dich

Schreibe auf mindestens drei Zettel eine Erinnerung an dein Vorhaben: »Ich lese dieses Buch gründlich, weil ich mir das … und das … sehnlichst wünsche.« Verteile diese Zettel dann an Stellen in deiner Wohnung, an denen du vorbeikommen musst – zum Beispiel an deinem Kühlschrank, deinem Bett oder deinem Badezimmerspiegel.

Drei Zeugen

Wähle drei Menschen aus, denen du vertraust. Rufe sie heute noch an oder schreibe ihnen eine E-Mail. Informiere sie, dass du gerade ein Buch liest, welches dein Leben positiv verändern wird. Bitte sie, dich in den kommenden Tagen und Wochen immer wieder darauf anzusprechen und dich nach deinen Erkenntnissen und Ergebnissen zu fragen.

Geht den Weg zusammen

Nichts erhöht die Wahrscheinlichkeit für eine erfolgreiche Umsetzung eines Vorhabens mehr als die Verabredung mit Gleichgesinnten. Wen kennst du in deinem Umfeld, der auch an positiver Veränderung interessiert ist? Lade ihn oder sie ein, mit dir gemeinsam auf die Reise zu gehen. Trefft euch einmal, zweimal pro Woche und besprecht eure Erfahrungen bei der Umsetzung. Vielleicht kommt ja ein richtiges Erfolgsteam zusammen. Du findest im Leserbereich der Webseite eine Anleitung für die Gestaltung eines sogenannten Living-Master-Teams.[60]

Lass dich von mir begleiten

Ein gut lesbares Buch hat einen begrenzten Umfang. Ich musste den Inhalt daher sehr konzentrieren. In dem Intensiv-Online-Kurs THINKBIGEVOLUTION gehe ich noch ausführlicher auf die hier vorgestellten Prinzipien ein und begleite dich per Video 33 Tage lang bei der erfolgreichen Umsetzung. Nähere Informationen dazu findest du im Anhang.

60 Falls du nicht genug Erfolgsbegeisterte kennst, sei nicht traurig. Vielleicht wirfst du einen Blick in unsere Life Coaching Community HUMAN TRUST (www.humantrust.com). Da findest du viele Gleichgesinnte. Es gibt dort sogar Gruppen zu dem Buch.

Kaue gründlich

Wenn wir unsere Nahrung nicht gründlich kauen, essen wir mehr, als wir verarbeiten können und bekommen Verdauungsprobleme. Das kann uns beim Lesen komprimierter Weisheit auch geschehen. Damit du dir keine geistige Verstopfung holst, empfehle ich dir, jedes Kapitel mit den folgenden Fragen abzuschließen:
Vielleicht fühlst du dich dadurch ausgebremst, doch glaube mir, der Effekt wird sich dadurch stark vertiefen.
Fangen wir doch gleich damit an:

Was habe ich gerade verstanden?

Was bedeutet diese Erkenntnis für mich?

Durch welche konkrete Handlung kann ich die Erkenntnis sofort in mein Leben integrieren?

Was hast du durch dieses Kapitel verstanden?

Wie wirst du es umsetzen?

Warum nicht gleich JETZT?[61]

61 Ich habe dich ja vorgewarnt, dass dieses Buch eventuell unbequem werden wird.

4. SCHRITT: WASCHE DEIN GEHIRN SELBST

Wie pflegst du deinen Geist?

Wenn du deine Ziele leicht erreichen möchtest, lass dein Unterbewusstsein für dich arbeiten.

Die gesellschaftlich stark verbreitete Angst vor Gehirnwäsche[62] entbehrt nicht einer gewissen Ironie. Schließlich werden wir von Geburt an manipuliert. Unsere Eltern, Lehrer, Freunde, Kollegen, Medien, Werbung – alle beeinflussen, was wir denken. Auch ich manipuliere gerade dein Gehirn. Jedes Wort, das du liest, jedes Gespräch, welches du führst – alles wirkt auf dich ein.

Anstatt dich also vor Gehirnwäsche zu fürchten, solltest du sie regelmäßig selbst sehr bewusst durchführen. Denn unbewusst bist du jetzt bereits dein mächtigster Manipulator.
Du entscheidest über die Informationsquellen, die dich beeinflussen dürfen.
Du entscheidest, was du von dem, was du hörst, als wahr und wichtig akzeptierst.
Du redest von morgens bis abends auf dich ein. Dein Selbstdialog ist Dauer-Gehirnwäsche!

---

62 Im Allgemeinen versteht man darunter eine Form der psychischen Manipulation zum Beispiel durch Sekten oder totalitäre Regime.

Du kannst dein inneres Zwiegespräch nutzen, um dich klein zu halten oder um dein Potential zu entfalten.

Jetzt zeige ich dir, wie du dich selbst-bewusst auf das Ziel, das du im 2. Schritt aufgestellt hast, ausrichten kannst. Denn noch befindet es sich nur im bewussten Bereich deines Verstandes (Speedboot!), was bedeutet: Sobald du einmal nicht daran denkst, ist es … weg!

Ich erkläre es dir an einem Witz. Eine Blondine kommt zum Friseur. Sie trägt Kopfhörer. Der Friseur sagt: »Die müssen Sie bitte abnehmen.« Die Frau schüttelt den Kopf: »Nein, das geht nicht.« Der Friseur insistiert: »Doch, ich kann sonst Ihre Haare nicht schneiden.« Sie verneint wieder. Er wird ungeduldig und zieht ihr die Hörer einfach vom Kopf. Die Blondine fällt tot vom Stuhl. Der Friseur greift erschrocken zu den Kopfhörern und hört eine Stimme, die sagt: »Einatmen … und wieder ausatmen … einatmen … und wieder ausatmen.«

Solange dein Ziel nur im Tagesbewusstsein herumschwirrt, müsstest du dich genau wie die arme Blondine[63] ständig an dein Ziel erinnern. Kommt dir das auch ganz schön anstrengend vor? Mach es dir einfacher. Überzeug dein U-Boot von dem neuen Kurs. Akzeptiert dein Unterbewusstsein dein Ziel, sucht es 24 Stunden täglich (oft nämlich auch in deinen Träumen) nach der Lösung.

63 Sorry, dass ihr immer herhalten müsst …

Wie machst du das?

Ich habe dir ja bereits erklärt, wie Neuroplastizität funktioniert. Jeder aufregende neue Gedanke, jede neue Erfahrung bewirkt in deinem Gehirn eine Neu-Vernetzung. Kannst du dich an einen Moment in deinem Leben erinnern, in dem du einen überraschend neuen Gedanken hattest? Vielleicht war es erst jüngst, vielleicht liegt die Situation bereits weiter zurück. Weißt du noch, was es war? Einer dieser Götterfunken, eine plötzliche Einsicht, ein Geistesblitz … Hast du in diesem Augenblick nicht auch physisch etwas gespürt? Vielleicht ein zartes Kribbeln, eine Gänsehaut oder eine leichte Aufrichtung deines Körpers? In diesen Momenten der Eingebung und des Staunens verschaltet sich dein Gehirn neu, und es fließt tatsächlich eine stärkere Bioelektrizität durch dein System. Am Anfang ist diese frische Spur sehr anfällig. Fließt die Erregung regelmäßig, wird daraus ein Muster.

1. Tipp zur Gehirnwäsche: die Visualisierung

Eine der effektivsten Arten, um so eine neue Bahn in deinem Gehirn anzulegen, ist die Visualisierung. Dein Unterbewusstsein kann nicht unterscheiden, ob ein Bild wirklich oder nur ausgedacht ist; es reagiert auf die visualisierte Zitrone genauso wie auf eine real existierende.[64]

---

64 Wenn du mir nicht glaubst, schließe kurz deine Augen und stell dir vor, wie du in eine Zitrone beißt.

Darin liegt der machtvolle Effekt der Visualisierung. Wenn du dir häufig in einem emotional aufgeladenen Zustand vorstellst, wie du dein Ziel bereits erreicht hast, akzeptiert es dein Unterbewusstsein im Laufe der Zeit als neue Wirklichkeit.

Praktische Umsetzung

Du hast dein Ziel gewählt. Male dir nun mindestens eine konkrete Situation aus, die du erleben könntest, wenn dein Ziel in Erfüllung gegangen ist. Formuliere diese schriftlich.

Beispiel: Angenommen dein Ziel lautet: »Ich habe 50.000 Euro auf dem Konto«, dann stell dir dein Leben mit den 50.000 Euro vor. Welche angenehme Situation könntest du dann erfahren? Du könntest dich sehen, wie du im Gebäude deiner Hausbank stehst und freudestrahlend deine Kontoauszüge in der Hand hältst. Du könntest dich dabei beobachten, wie du deine Familie oder deinen Partner in ein feines Restaurant ausführst, um das erreichte Ziel zu feiern.
Wenn du ein Ziel bezüglich einer Beziehung gewählt hast, könntest du dich mit deinem Partner im Urlaub sehen oder im Bett …

Beginne, dich nun auf dein Ziel zu konditionieren, indem du dir die Situation mehrmals am Tag vorstellst. Dies ist eine offizielle Erlaubnis zum Tagträumen. Du kannst es so oft machen, wie du möchtest, je öfter, desto besser. Meine Empfehlung ist: mindestens einmal am Morgen, einmal mittags und einmal am Abend. Aber bitte nicht beim Autofahren!

Manchen Menschen fällt Visualisieren leicht, anderen etwas schwerer. Setze dich nicht unter Perfektionsdruck. Visualisiere einfach, so gut du kannst.[65] Entscheidend ist nicht die Detailtreue der Bilder, sondern dass du dich in der Situation fühlen kannst. Du kannst die Erfahrung noch intensivieren, indem du beim Visualisieren etwas tiefer atmest. Achte auf das Gefühl von Freude! Kannst du die Erregung wegen deines erfüllten Ziels in deinem Körper spüren? Dein Unterbewusstsein reagiert stark auf Begeisterung!
Visualisiere dein Ziel so lange, bis du bemerkst, dass sich dein Bewusstsein mehrmals am Tag von selbst mit dem Ziel beschäftigt und beginnt, dir Ideen und Handlungsvorschläge zu präsentieren. Das ist ein Zeichen, dass dein Unterbewusstsein den Köder geschluckt hat. (Huch! Du hast dir selbst eine Gehirnwäsche verpasst …)

65 Als Unterstützung findest du im Leserbereich eine Anleitung zum Visualisieren, die du benutzen kannst, bis es dir leichtfällt.

TIPP

Je energetischer und emotionaler du dich während des Visualisierens fühlst, desto besser. Dein Unterbewusstsein reagiert auf Intensität. Du kannst ab jetzt jeden starken Moment nutzen, um zu visualisieren.
Ich zum Beispiel visualisiere gern beim Kraftsport. Auf dem Höhepunkt einer Übung bin ich voll da, der Wille ist fokussiert, der Körper wach. Bähhhm!
Oder wenn du einfach gerade supergute Laune hast. Kurz visualisieren. Bähhhm!
Ein paar junge Männer aus unserem Team gehen gern ins Kino. Dort gibt es sogenannte Thunderbolt-Sessel. Die rumpeln und rütteln wie wild – besonders bei Actionfilmen. Die Jungs nutzen diese aufregenden Momente bewusst, um ihre Ziele kurz zu visualisieren. Bähhhm!
Du kommst aus der Sauna und tauchst ins Eisbecken – ein hervorragender Moment, weil dein kontrollierendes Tagesbewusstsein beim Eintauchen kurz aussetzt. Bähhhm!
Kaltes Abduschen bewirkt dasselbe.
Visualisiere beim Tanzen, beim Hören deiner Lieblingssinfonie, beim Liebesspiel.[66]

---

66 Wenn ihr ein gemeinsames Herzensziel habt, visualisiert es auf dem Höhepunkt. Dies ist tatsächlich eine uralte tantrische Technik. Ein Grund mehr für guten Sex!

Du bemerkst sicher: Visualisieren muss kaum zusätzlich Zeit kosten und kann viel Freude bereiten.

2. Tipp zur Gehirnwäsche: Referenzerfahrungen schaffen

Noch einprägsamer als eine Visualisierung ist eine Referenzerfahrung.
Dein Unterbewusstsein kann nicht zwischen realen Situationen (im Außen) und einer nur vorgestellten unterscheiden. Wenn dein Geist ein Bild innerlich als möglich akzeptiert, kann er es im Außen wesentlich leichter manifestieren. Es dürfte jedem einleuchten, dass jemand, der seit Jahren auf Hartz-IV-Niveau lebt, andere innere Referenzbilder zum Thema Geld hat, als jemand, der in eine reiche Familie geboren wurde. Der eine mag nicht talentierter sein als der andere, doch er glaubt aufgrund seiner Referenzerfahrungen wesentlich stärker daran, dass ihm Wohlstand zusteht.

Das erklärt auch, warum es immer schwieriger wird, in einem Land wie Deutschland die unsichtbaren Barrieren zwischen verschiedenen Levels von Wohlstand aufzulösen.

Um auf ein neues Level zu kommen, brauchst du Referenzerfahrungen auf diesem Level. Doch wie kann dies gehen, wenn du da noch nicht bist?

Indem du so tust, als ob.

Verhalte dich so oft wie möglich so, als wenn du dein Ziel bereits erreicht hättest. Nichts stärkt deinen Glauben so sehr wie deine Handlungen.
Frage dich auf dem Weg zur Arbeit: »Wie würde ich jetzt laufen, wenn ich mein Ziel bereits erreicht hätte?« Aufrechter? Lächelnder? Mit mehr Spannung im Körper?

Tu es!

Hier ein paar Beispiele

Als ich anfing, meine Karriere als Trainer und Redner aufzubauen, leitete ich oft Workshops mit sehr wenigen Menschen. Manchmal saßen nur zwei Freunde vor mir, die aus Mitleid gekommen waren. Trotzdem habe ich mich immer bemüht, eine so gute Leistung abzuliefern, als wenn ich zu hundert Gästen sprechen würde.

Als Andrea und ich bewusst wählten, unsere zu Beginn sehr destruktiv verlaufene Beziehung in eine lebendige Partnerschaft zu verwandeln, verschwanden unsere Konflikte nicht über Nacht. Doch immer öfter fragte ich mich mitten im Streit: »Wie würde sich der liebevolle und großzügige Mann, der ich sein will, jetzt verhalten? Und warum verhalte ich mich nicht einfach so?«

Wenn du finanzielle Ziele verfolgst, ist das »So tun als ob« keine Einladung zu sinnloser Verschwendung. Doch es kann deinen

Glauben an Reichtum nachhaltig nähren, wenn du ab und zu in die Welt eintauchst, in der du permanent leben möchtest. Ich habe mir damals ein »Reichtums-Outfit« gekauft und bin einmal im Monat in ein Restaurant gegangen, in dem ich die Menschen wähnte, die das bereits besaßen, was ich mir noch wünschte. Ich erinnere mich noch gut daran, wie ich mich stundenlang mit einem mit Blattgold verzierten Dessert aufhielt. Ich beobachtete die anderen Gäste. Ich atmete die Atmosphäre und dachte mir: »Hier werde ich demnächst ganz selbstverständlich sitzen.« Am Schluss verspeiste ich das Blattgold mit geschlossenen Augen und stellte mir vor, wie es sich in meinem Körper verteilt, wie das Gold nun von innen auch mehr Reichtum von außen anziehen würde.

Vielleicht schmunzelst du gerade und hältst solche Rituale für kindlich. Nach meiner Erfahrung versteht unser Unterbewusstsein genau solch ein Verhalten am besten: wenn wir kindlich, bildhaft, real gespielt agieren. Probiere es aus.

Wie kannst du so tun, als ob?

Begib dich in der Gegenwart in Situationen, die dich dein erfülltes Ziel auf allen Ebenen erleben lassen.

Du wünschst dir ein neues Auto? Geh ins Autohaus und buche eine Probefahrt. Lass dich dabei von einem Freund filmen und schau dir das Video immer wieder an.

Manchmal laden wir in unseren Seminaren zu »Freidenker-Partys«[67] ein. Die Menschen kommen als diejenigen, die sie in der Zukunft sein wollen. Inklusive vieler bestätigender Details. Was sich vielleicht wie ein oberflächliches Spiel anhört, kann zu einem nachhaltig transformierenden Erlebnis werden, wenn du wirklich in die Rolle eintauchst.

Ich selbst habe 2010 an so einer Party teilgenommen. Es ging darum, sich sein erfolgreiches Jahr 2012 vorzustellen. Ich hatte mir ein Buch gebastelt. Es hieß *SeelenFeuer*, und auf dem Cover stand »Bestseller«. Erst fand ich die Party seltsam. Ich mag keinen Fasching. Doch dann legte sich der Schalter um, und ich wurde plötzlich zum Autor dieses Buches. Ich konnte es fühlen. Ich hatte an diesem Abend eine Menge Spaß, zum Beispiel, wenn meine Freunde kamen, um sich ein Autogramm geben zu lassen. Im Dezember 2012 erschien dann tatsächlich mein erstes Buch, es hieß nur etwas anders, *SeelenGevögelt* … und es wurde ein Bestseller.

Manchmal, wenn ich auf Vorträgen gebeten werde, es zu signieren, erinnere ich mich an die Party und bekomme eine Gänsehaut. Denn alles begann mit einem Spiel …

Spiel mehr. Nichts zieht deine Wunschzukunft mehr an, als ein gegenwärtiges Ich, das bereits so handelt, als ob …

Bähhhm!

---

67 Inspiriert durch Jack Canfields Buch *Kompass für die Seele: So bringen Sie Erfolg in Ihr Leben.*

5. SCHRITT: BEWEG DEINEN HINTERN

Nicht weil es schwierig ist, wagen wir es nicht, sondern weil wir es nicht wagen, ist es schwierig.

Seneca

Wenn du ab jetzt dein Ziel täglich mehrere Male farbenfroh und emotional erregt visualisierst und entsprechende Referenzerfahrungen schaffst, pflanzt du den Samen tief in dein Unterbewusstsein ein. Du veränderst deine innere Welt.
Nun ist die äußere an der Reihe. Nur anders zu denken, reicht nämlich leider nicht aus. Sonst hätte uns der liebe Gott als Gehirn – hübsch drapiert auf einem Meditationskissen – geboren. Doch da sind ja noch zwei Arme und zwei Beine … Für irgendetwas müssen die gut sein.

Hier, beim 5. Schritt, trennt sich die Spreu vom Weizen! Es gibt viele Menschen, die träumen und hoffen. Doch bist du bereit, für deinen Traum jeden Tag drei Handlungen auszuführen? Und zwar so lange, bis er Wirklichkeit geworden ist?

Jeden Tag drei Handlungen!

Machen wir uns nichts vor. Glücks- und Erfolgsratgeber verkaufen sich auch deshalb so gut, weil sie oft das kindliche Wunschdenken ansprechen. Sie fordern uns auf, uns alles vom Universum zu wünschen und dann darauf zu vertrauen, dass unsere Wünsche in Erfül-

lung gehen werden. Für mich ist dies eine große Verarschungsnummer. Ich kenne nicht einen wirklich erfolgreichen Menschen, der sich nicht auch sehr aktiv für seine Wünsche einsetzt. Und zwar nicht sporadisch, sondern kontinuierlich und bewusst. Kein Buch der Welt wird es dir abnehmen, deinen Hintern für dein Ziel in Bewegung zu setzen.

Achtung! Bist du gerade wach? Hellwach?

Wenn nicht, bitte ich dich, kurz aufzustehen, ein paarmal tief durchzuatmen, auf der Stelle zu hopsen und dann zurückzukommen. Denn hier kommt das vielleicht am meisten ignorierte und doch machtvollste Erfolgsritual:

Deine drei heiligen Handlungen

- Besorge dir dafür einen Stapel Karteikarten.
- Schreibe am Morgen auf die eine Seite dein Ziel. Visualisiere es danach für eine Minute.
- Schreibe auf die andere Seite drei Handlungen, die du heute für dein Ziel vollziehen willst.
- Führe diese Handlungen an diesem Tag aus. (Nimm dir dabei die unangenehmen zuerst vor, es sei denn, zeitlich ist eine andere Reihenfolge sinnvoller.)
- Hake vor dem Schlafengehen die erledigten Handlungen ab.
- Wenn du eine der Handlungen nicht ausgeführt haben solltest, überlege kurz, warum nicht.
- Schreibe sie dann an die erste Stelle auf der Karte für den nächsten Tag.
- Und am nächsten Tag in der Früh tust du dasselbe.

Deine drei Handlungen sind heilig, weil du sie *für dich* tust. Nicht für mich. Nicht für deine Lehrer, deinen Chef oder deine Eltern. Sie sind dein Geschenk an dein Leben. Du musst dafür nicht mehr machen als bisher. Jeder von uns führt schon täglich Hunderte, ja, Tausende Handlungen aus. Lass einfach drei von denen weg, die dir nicht dienen, und ersetze sie durch deine drei heiligen Handlungen.

Was, das ist es? Ja, das ist es!

Ich garantiere dir: Dieser Schritt wird alles verändern.

Bewusstes, auf dein Ziel ausgerichtetes Handeln …

- demonstriert dir selbst und der Welt, dass du es ernst meinst,
- bringt dich deinem Ziel näher,
- beschleunigt deinen Lernprozess,
- erzeugt Klarheit.

Mittlerweile haben wir circa 10.000 Menschen in dem Erfolgskurs thinkbigEVOLUTION begleitet. Vor einigen Monaten haben wir deren Fragen zum Kurs analysiert. Obwohl er aus 33 Lektionen besteht, beschäftigen sich über 50 Prozent aller Nachfragen mit den drei täglichen Handlungen.
Ist das nicht erstaunlich? Du glaubst ja gar nicht, wie viel Stress sich erwachsene Menschen mit der einfachen Aufgabe machen, jeden Tag dreimal etwas für ihr Ziel zu tun. Manche fangen erst gar nicht an. Andere glauben, ihnen falle nichts ein. Die nächsten setzen Handlungen auf die Karteikarte, die sie nie und nimmer in 24 Stunden schaffen können. Das zeigt mir, wie bedeutend dieses Thema für unseren Erfolg ist.

Diese Handlungen können große oder kleine Aktionen sein. Von Belang ist nur, dass sie in irgendeiner Weise dein Ziel unterstützen.

Manchmal taucht die Frage auf: »Was mache ich, wenn mir keine drei Handlungen einfallen?« Tu irgendetwas. Nimm eine Postkarte und berichte einem guten Freund von deinem Ziel. Geh in die nächste Buchhandlung und schmökere in passenden Büchern. Male ein Bild von deinem Ziel. Rufe einen vertrauten Menschen an und bitte ihn um Rat. Bring die kreative Kraft in dir ins Fließen, indem du etwas tust.

Manchmal kommen Menschen am Ende eines Vortrags auf mich zu und klagen: »He, Veit, bei mir funktioniert das mit dem Erfolg einfach nicht. Ich habe wirklich alles getan, und dennoch blieb alles beim Alten.« Dann frage ich zurück: »Alles getan? Wirklich alles? Welche drei kleinen Handlungen waren es gestern? Welche vorgestern?« Und schon wird es in 99 Prozent der Fälle still.

Dranbleiben ist extrem bedeutsam.

Wir handeln noch gern, wenn wir etwas neu beginnen und alles leicht läuft. Doch was ist an Tagen, an denen du dich besch… fühlst, zweifelst, keinen Bock hast? Ab jetzt stehst du jeden Tag für deine drei Handlungen auf der Matte. Oder lass es ganz sein. Bewusstes, kontinuierliches Handeln (proaktiv) trainiert deine Selbstwirksamkeit. Dein Handeln ist nicht mehr von äußeren Umständen abhängig, etwa von deiner Stimmung, dem Wetter, der Zeit. Handelst du nur dann, wenn dir danach ist, handelst du re-aktiv. Du re-agierst auf die Umstände und verstärkst so die alten Muster des Denkens und Handelns. Proaktives Handeln hingegen entkräftet alte Gewohnheitsschleifen und signalisiert deinem Unterbewusstsein, dass du entschlossen bist, dein Ziel zu erreichen. Im Laufe der Zeit wird es dich deshalb immer selbstverständlicher in deiner neuen Wahl unterstützen.

Der Mensch, der einen Berg versetzt, beginnt mit dem Tragen kleiner Steine.

William Faulkner

Viele Menschen starren gebannt auf die Spitze eines hohen Berges und gehen nie los, weil sie sich nicht vorstellen können, dass sie drei kleine Schritte täglich dorthin bringen. Doch wo könntest du heute sein, wenn du schon vor vielen Jahren losgegangen wärest?[68] Denn es ist eben nicht nur ein Schritt. Jede Aktion verstärkt dominoartig deine Bewegung hin zum Ziel. Viele Handlungen unterstützen sich gegenseitig. Manchmal tätigst du ein Telefonat, und es bringt dich (bildhaft) deinem Ziel einen ganzen Kilometer näher. Aber was soll's. Ärgere dich nicht über verpasste Gelegenheiten. Nimm den heutigen Tag als Chance, um frisch durchzustarten. Welche drei kleinen Schritte möchtest du heute noch setzen?

68 Vor Kurzem hat mir ein alter Freund eine sehr ehrliche Mail geschrieben. Darin stand: »Ich war deinen Erfolgsbemühungen anfangs sehr skeptisch gegenüber eingestellt. Wenn ich gewusst hätte, dass es so gut funktioniert, hätte ich damals mitgezogen. Nun habe ich das Gefühl, ich habe zehn Jahre verpasst.« Ich hab ihm geantwortet: »Dann fang jetzt an. Sonst verpasst du die nächsten zehn Jahre auch noch.«

TIPP

Verdirb dir nicht die Freude, indem du die Messlatte für deine Aktionen so hoch setzt, dass du sie einreißen musst. Es muss nicht jeden Tag ein erlegter Drache sein. Manche Aktionen können dich ruhig aus deiner Komfortzone hinausschubsen und dich ins Schwitzen bringen, doch natürlich dürfen dir deine Handlungen auch guttun. Nimm das Ganze als ein Spiel. Erfolg sollte Spaß machen. Viel Spaß. Wenn du schon deinen Hintern in Bewegung setzt, belohne dich auch dafür!

»Heutige Handlung Nr. 3: Ich genieße eine Badewanne bei Kerzenschein, und während ich es mir gut gehen lasse, visualisiere ich mein Ziel.«
»Heute schaue ich mir meinen Lieblingsfilm an, der mich passend zum Thema inspiriert.«
»Heute führe ich meine Ehefrau aus. Ich verwöhne sie in unserem Lieblingsrestaurant und feiere dabei die ersten Erfolge des Kurses!«

Hol dir die Freude an deinem täglichen Tun zurück.
Es ist dein Leben.
Jede Handlung ist ein Geschenk an dich.
Ein Samenkorn für eine reiche Ernte.

Sei es dir wert.

Was habe ich gerade verstanden?

Was bedeutet diese Erkenntnis für mich?

Durch welche konkrete Handlung kann ich die Erkenntnis sofort in mein Leben integrieren?

6. SCHRITT: FRAGE DICH FREI

Zeig mir dein Leben, und ich sage dir, welche Fragen du dir täglich stellst.

Wenn wir unserem Verstand ein neues, schönes Ziel anbieten, freut er sich für einen kurzen Moment, und als Nächstes stellt er die Frage: »Wie sollen wir dahin kommen?«
Dann beginnt er blitzschnell sein Lösungsarchiv zu durchwühlen. Findet er keine entsprechende Option, meldet er dir: »Schade, aber das geht leider nicht.«

Jetzt hast du zwei Möglichkeiten:

A: Du akzeptierst sein Urteil und gibst klein bei.

B: Du bist clever und sagst dir: »Na, das bedeutet doch noch gar nichts.«

Du kannst dir deinen Verstand wie eine kleine Hutschachtel in einem riesigen Meer an Informationen vorstellen. Im Laufe deines Lebens ist durch deine Erfahrungen und das, was du gelernt hast, ein Fingerhut davon in deine Hutschachtel geschwappt. Mehr aber auch nicht. Das heißt im Klartext: Wer behauptet, er wisse, dass etwas nicht möglich ist, schaut nicht über den Rand seiner Hutschachtel hinaus.

Zwischenfrage: Wie würdest du dieses Kapitel lesen, wenn du wüsstest, dass es einen entscheidenden Tipp für 100.000 Euro mehr auf deinem Konto enthielte? Das tut es nämlich.

Dies ist ein im wahrsten Sinne des Wortes existentieller Moment. Jedes Mal, wenn du das Urteil »unmöglich« akzeptierst, sinkst du in die Schachtel zurück. Schade eigentlich! Denn ich vermute, du willst da raus und im Meer der Informationen baden. Und das geht in Wirklichkeit ganz einfach. Es gibt mehrere Methoden dafür, und da du bestimmt schnell ans Ziel kommen möchtest, stelle ich sie dir in den folgenden Kapiteln alle vor. Hier ist die erste Methode:

Stelle dir intelligente Fragen.

Dein Leben, so wie es jetzt gerade ist, spiegelt exakt die Qualität der Fragen wider, die du dir täglich stellst.
Dein Geist – ein über Millionen von Jahren gereiftes Problemlösungssystem – funktioniert nach einem ganz einfachen Prinzip. Du stellst eine Frage, und sofort versucht er, eine Antwort darauf zu finden.

Wann hast du das letzte Mal etwas gegessen?
Bitte denke kurz darüber nach.
Was genau hast du da gegessen?
Wie hat es geschmeckt?

Was hat denn Essen mit diesem Thema zu tun? Nichts.

Ich wollte dir nur ein Phänomen demonstrieren: Unser Verstand kann Fragen selten widerstehen. Er sucht meistens sofort nach einer Antwort. De facto besteht dein permanenter Selbstdialog aus

Fragen (die du dir oft so schnell stellst, dass du es gar nicht wahrnimmst) und den daraus folgenden Antworten.
Dabei gibt es keine neutralen Fragen. Jede Frage wirkt. Fragen lenken deine schöpferische Intelligenz in eine bestimmte Richtung. Manche aktivieren dein Potential, andere bremsen dich. Manche finden für dich die offene Türe, andere lenken dich zielgerichtet gegen die nächste Wand.

Menschen, die glücklicher oder erfolgreicher sind, stellen sich andere Fragen als unglückliche Menschen!

Innere und äußere Powerfragen

Du hast ein kühnes Ziel aufgestellt.
Du widmest ihm jeden Tag drei Handlungen.
Nun brauchst du gute Fragen, die dir den Weg ebnen.

Du brauchst *Fragen nach innen*, die dir helfen, dein noch schlummerndes Potential zu aktivieren (und glaube mir, da ist noch so viel!). Und du brauchst *Fragen nach außen*, die dir helfen, die Ressourcen anderer Menschen zu nutzen.

Dass es irgendwo ein Wie, einen Weg gibt, um dein Ziel zu erreichen, ist klar. Es geht nur darum herauszufinden, welche Fragen du dir stellen musst, um möglichst schnell, weise und glücklich dorthin zu gelangen.

Achte einmal auf die ungleiche Wirkung der folgenden Fragen:

Warum schaffe ich es nicht, meine Schulden abzubauen?
Oder: Wie schaffe ich es auf eine freudvolle Weise, innerhalb des nächsten Jahres meine Schulden abzubauen und 20.000 Euro ins Plus zu kommen?

Warum versteht mein Mann mich nicht?
Oder: Wie kann ich mich meinem Mann gegenüber erfolgreich verständlich machen?

Warum haben die anderen immer so viel Glück?
Oder: Wie kann ich mehr Glück in meinem Leben kreieren?

Verstehst du, was ich meine?
Es gibt Fragen, die dich auf den Boden deiner Schachtel ziehen, und andere, die dir Flügel verleihen.

Du willst ein neues Leben? Dann brauchst du neue Fragen.

Lege dir eine Liste mit mindestens zehn Fragen nach innen und zehn Fragen nach außen zu, die dich in deine Kraft bringen. Erkundige dich dafür bei erfolgreichen Menschen, welche Fragen sie sich täglich stellen. Studiere Erfolgsgeschichten. Mit welchen Fragen haben sie begonnen?
Verteile die besten Fragen in deiner Wohnung. Drucke sie dir auf ein T-Shirt. Lass sie dir von deinem Liebsten auf den Bauch schreiben.

Führ dir jeden Morgen auf nüchternen Geist eine von deinen Powerfragen zu Gemüte. Quasi als Inspirationsfrühstück für deine Großhirnrinde. Begehe nicht den Fehler, sofort eine Antwort zu erwarten. Mit den richtig guten Fragen des Lebens musst du manchmal eine Zeit schwanger gehen – sie aussprechen, mit anderen teilen, singen – bis eines Morgens die Antwort so klar vor dir erscheint, dass du dich fragst, wo sie die ganze Zeit gewesen ist.

Man muss Geduld haben …
Mit dem Ungelösten im Herzen,
und versuchen, die Fragen selber lieb zu haben,
wie verschlossene Stuben,
und wie Bücher, die in einer sehr fremden Sprache
geschrieben sind.

Es handelt sich darum, alles zu leben.
Wenn man die Fragen lebt, lebt man vielleicht allmählich,
ohne es zu merken,
eines fremden Tages
in die Antworten hinein.
Rainer Maria Rilke

Hier ein Auszug meiner Powerfragen nach innen:

- Was würde ich jetzt tun, wenn ich wüsste, was gut für mich ist?
- Wie kann ich so schnell wie möglich in meine Kraft kommen?

- Was ist das heilige Credo meines Lebens?
- Was würde ich versuchen, wenn viel mehr möglich wäre, als ich glaube?
- Wie wäre mein Leben, wenn ich darauf vertraute, dass meine Sehnsucht heilig ist?
- Wie muss ich jetzt handeln, um in den letzten 20 Minuten meines Lebens lächelnd auf diesen Moment zu schauen?
- Was würde ich tun, wenn ich keine Angst vor Fehlern hätte?
- Was, wenn das Leben (Gott) mich liebt und will, dass ich Freude habe?
- Was will ich jetzt wirklich-wirklich?
- Wie kann ich mich am schnellsten entspannen?
- Wie kann ich meinem Ziel jetzt am besten dienen?

Hier ein Auszug meiner Powerfragen nach außen:

- Wie hast du das geschafft?
- Woran hast du geglaubt?
- Welche Strategie hat dich dahin gebracht?
- Was genau hat dich dazu motiviert?
- Kann ich von dir lernen?
- Was wünschst du dir im Gegenzug von mir?
- Kannst du mir bitte helfen?
- Kennst du jemanden, der …?

7. SCHRITT: POWER-AFFIRMATIONEN

Solange sich ein Mensch einbildet, etwas nicht tun zu können,
so lange ist es ihm unmöglich, es zu tun.
Baruch de Spinoza

Die meisten Menschen sitzen auf einer Unmenge an Schätzen, nutzen aber nur einen Bruchteil davon. Sie stehen vor offenen Türen, sehen sie aber nicht. Ist das nicht erstaunlich?

Warum das so ist? Weil wir uns hypnotisiert haben. Dazu ein kurzer Ausschnitt aus meinem Buch *No Prblem. Wie du dein Problem löst*:

Hypnose – das Wort kommt vom altgriechischen hypnos (»Schlaf«). In der Hypnose wird ein Mensch durch einen Hypnotiseur in einen Zustand tiefer Entspannung versetzt, in dem das Tagesbewusstsein ausgeschaltet ist. So lassen sich tiefe Bewusstseinsschichten des Menschen erreichen, die Auskunft über sein Seelenleben und unbewusste Sehnsüchte geben können. Man kann einen hypnotisierten Menschen, Hypnotisand genannt, in diesem Zustand aber auch Anweisungen, sogenannte Suggestionen, eingeben, die sein Unterbewusstsein unbemerkt abspeichert. Diese Suggestionen wirken dann wie ein Filter. Sie beeinflussen, was der Hypnotisand glaubt und welchen Ausschnitt der Wirklichkeit er wahrnimmt. Der Mensch ist nach seinem Erwachen fest von den Suggestionen überzeugt und richtet sich in seinem Denken, Handeln und Fühlen danach aus – ohne sich (das ist bedeutsam!) der vorangegangenen Hypnose bewusst zu sein. Eine Person kann übrigens auch beide Rollen gleichzeitig übernehmen, also Hypnoti-

seur und Hypnotisand in einem sein. Das nennen wir dann eine Selbsthypnose.

Wahrscheinlich ohne es zu merken, praktizierst du seit vielen Jahren fleißig und hochkonzentriert Hypnose, und zwar an dem besten Hypnotisanden der Welt; jemandem, der dir so sehr vertraut, dass er dir jedes Wort glaubt: DU SELBST!
Jeder Gedanke, den wir denken, ist eine Autosuggestion. Und manche davon, seien wir ehrlich, wiederholen wir geradezu zwanghaft, wie eine Beschwörungsformel, zum Beispiel: »Ich kann das nicht ich kann das nicht ich kann das nicht …«

Nun ist es relativ wahrscheinlich, dass dein neues Ziel, wenn es ambitioniert gewählt ist, nicht zu deinen gegenwärtigen Autosuggestionen passt. Also brauchst du neue. Solche, die deinen Verstand entschleiern, damit du deine Schätze und den vor dir liegenden Weg erkennen kannst.

Impuls 1: dein Selbstbild

Die mächtigste aller Autosuggestionen betrifft dein Selbstbild. Darüber haben wir ausführlich im Kapitel *Erfinde dich neu*, Seite 129 gesprochen.
Hier noch einmal meine herzliche Einladung an dich, ein Selbstbild zu formulieren, das zu deinem neuen Ziel passt. Häng es dir über deinen Schreibtisch. Zieh es dir jeden Tag einmal entspannt rein.

Impuls 2: Power-Affirmationen

Affirmationen sind ermächtigende Autosuggestionen, bewusst formulierte Gedanken, die deinen Geist öffnen.
Hier kommen einige Beispiele. Lies sie einmal langsam, wenn möglich sogar laut, und achte auf ihre Wirkung:

Ich bin ein wertvolles Wesen und habe das Recht auf ein reich erfülltes Leben.
Ich muss heute noch nicht wissen, wie ich ans Ziel komme.
Der Weg legt sich mir entspannt zu Füßen.
Mein Wunsch ist in der Zukunft bereits erfüllt.
Ich gehe jetzt entspannt darauf zu.
Ich vertraue mir, meinem Körper, meinen Gefühlen und meinem Geist.
Alles ist gut.
Es darf einfach sein.
Ich bin Liebe. Ich spüre Liebe. Ich strahle Liebe aus. Ich empfange Liebe.
Ich bin eine kleine Fee und kann fliegen. (Nein, das war nur ein Scherz.)

Und? Bemerkst du, dass jeder dieser Sätze dich in eine angenehme Schwingung versetzt?

Power-Affirmationen wirken wie Wind unter deinen geistigen Flügeln.

TIPP

Leg dir ein Set von fünf bis zehn solcher Affirmationen zu, die dein Ziel unterstützen. Notiere sie auf Papier und verteile sie in deiner Wohnung. Wann immer du sie siehst, wiederhole sie einige Male entspannt. Bitte versuche nicht, sie zwanghaft in deinen Geist zu drücken, sondern biete sie ihm als eine sanfte Einladung zum Umdenken an. Macht was!

Was habe ich gerade verstanden?

Was bedeutet diese Erkenntnis für mich?

Durch welche konkrete Handlung kann ich die Erkenntnis sofort in mein Leben integrieren?

8. SCHRITT: KILLE ALLE AUSREDEN

Wir sollten erkennen, dass eine ungeheure Kraft in uns allen liegt, die wir aber nicht nutzen können, solange wir uns als Opfer fühlen.

Rudolf Dreikurs

Nun müsstest du schon ordentlich in Bewegung sein: Mindestens dreimal täglich visualisieren, drei Handlungen pro Tag, gute Fragen, Affirmationen – da wird Kraft frei.

Höchste Zeit, einige Energielecks zu schließen.

In dem Buch *SeelenGevögelt* gehe ich sehr ausführlich auf die meines Erachtens gefährlichste und ansteckendste Krankheit der Menschheit ein, die Opferitis humana[69]. Deshalb fasse ich mich hier kurz. Achtung! Falls das Virus noch sehr stark in dir wirkt, wirst du mich gleich hassen.

Wenn du ein Leben führen willst, das rockt, verbiete dir ab jetzt jegliches Jammern, und wirf all deine Ausreden über Bord. Lass sie sterben, indem du sie nicht mehr bedienst. Verabschiede die Stimme des Opfers in dir. Sie schwächt dich. Sie macht dich von der kurzfristigen Erregung des Meckerns emotional abhängig.

---

69 Wer von ihr befallen ist, sieht die Ursache für seine Probleme immer in Umständen, die er nicht ändern kann. Er fühlt sich als Opfer seiner Vergangenheit, »der anderen«, eines Mangels an Geld oder Zeit, der Sterne …

Stattdessen sei bereit, die hundertprozentige Verantwortung für dein Erleben der Wirklichkeit zu übernehmen. (Bevor du dich unnötig aufregst, lies die Differenzierung.)

Ich sage nicht (wie es manche Glaubensrichtungen behaupten), du wärest für alles verantwortlich, was geschieht.
Ich sage: Übernimm zu 100 Prozent die Verantwortung dafür, *wie* du erlebst und interpretierst, was geschieht.

Das Universum ist ein großes Knäuel multikausaler Verstrickungen. Zu behaupten Ereignis B wäre eindeutig nur durch Ereignis A hervorgerufen, ist eine unzulässige Versimplifizierung. Alles wirkt ständig auf alles ein. Doch das enthebt dich nicht deiner Verantwortung im Spiel, Sportsfreund! Shit happens. Manche bleiben ein halbes Leben neben jedem Scheißhaufen sitzen und erklären sich und jedem, der so gutmütig ist, stehen zu bleiben und zuzuhören, warum sie deshalb nicht weitergehen können. Andere regen sich kurz auf und laufen elegant drum herum. Und dann gibt es die ganz Schlauen, die grinsen, eine Tüte auspacken, den Haufen einsammeln und denken: »Großartig, daraus mache ich zuhause den besten Mist für meine Tomaten.«

Verstehst du, worauf ich hinauswill? Ich mache mich nicht über das lustig, was dir vielleicht widerfahren ist. Ich bestreite auch nicht, dass deine genetische Grunddisposition einen Einfluss darauf hat, was und wie du wahrnimmst. Doch irgendwann sollte man die Karten, die man zu Beginn zugeteilt bekommen hat, einfach akzeptieren und das verdammt noch mal bestmögliche Spiel daraus machen! Was nutzt es dir, Gründe zu sammeln, um jetzt nicht glücklich zu sein? Das ergibt doch keinen Sinn. Du kannst dich noch viele Jahre mit der Schuldnummer aufhalten. Das nennt man freie Wahl. Irgendjemanden oder irgendetwas gibt es auf diesem unperfekten Planeten immer, den oder das du dafür anklagen kannst, dass du nicht hast, was du eigentlich willst. Bis dir dämmert, dass irgendwo andere Menschen unter weitaus ungünstigeren Bedingungen erfolgreich und glücklich geworden sind.

An wen oder was hast du bis eben noch deine Verantwortung abgegeben?

- An das, was in deiner Kindheit passiert ist? Ich respektiere deinen Schmerz, doch wenn du dich umschaust, wirst du Beispiele von Menschen entdecken, die gerade aus dem Schmerz ihrer Verwundung heraus etwas Großartiges aufgebaut haben.[70]
- Du hast nicht genug Geld, um deine Träume zu verwirklichen? Wer sagt, dass man zu Beginn Geld braucht? Du brauchst Begeisterung, Besessenheit und eine Garage.
- Dein Partner zieht nicht richtig mit? Logisch macht er das nicht, denn sein Job ist es, all deine faulen, ängstlichen und zweifelnden Anteile widerzuspiegeln. Geh du allein und voller

70 Lies *Trotzdem Ja zum Leben sagen* von Viktor Frankl.

Power los und dann staune. Alle, die wirklich nicht mitziehen können, werden dich sehr schnell verlassen, und der Rest wird mit dir in eine neue Ära deines Lebens hinein erwachen.

- Du bist körperlich gehandicapt? Bitte google nach Nick Vujicic oder Stephen Hawking.
- Du hast nicht genug Zeit? Ach komm, lass dir etwas Besseres einfallen. Wenn du nicht in einer Parallelwelt existierst, bekommst du genau wie alle anderen jeden Tag 24 Stunden zugeteilt.

Ich könnte ewig so fortfahren. Doch jetzt bist du dran. Sei gründlich. Schreibe alle Ausreden, die du gern benutzt, auf ein Blatt Papier. Lies sie noch einmal durch, und erlaube dir körperlich zu spüren, was sie dich an Lebensenergie gekostet haben.

Dann frage dich radikal ehrlich: *Bin ich bereit, darauf zu verzichten?*

Wenn du ein klares JA bekommst, verbrenne den Zettel. Verbiete dir ab jetzt, Ausreden zu benutzen. Bitte deine Mitmenschen, dich darauf hinzuweisen, wenn du es tust. Falls es noch einmal passieren sollte, spende Summe X an eine gemeinnützige Organisation. Bis die Opferitis humana ausgemerzt ist.

Irgendwann muss sich jeder von uns fragen:
Will ich als Opfer oder als Mitschöpfer leben?

Was macht wohl mehr Spaß?

Ohne Ausflüchte und Jammern wird dein Leben potenter, wirksamer, ekstatischer.
Du wirst zuverlässiger. Das Universum kann auf dich zählen.

Jene, die bereit sind, Verantwortung zu übernehmen, lassen einfach nicht mehr zu, dass ihre Vergangenheit die Gegenwart oder die Zukunft kontrolliert. Du kannst dem Universum nicht deinen Willen aufzwingen, doch du kannst den dir anvertrauten Garten so klar wie möglich halten. Anstatt dich zu beklagen und andere Menschen zu verurteilen, frage dich in jeder Situation:

Wie habe ich dazu beigetragen?
Wie habe ich erlaubt, dass dies geschehen konnte?
Was kann ich daraus lernen?
Was ist das Geschenk der Situation?
Was kann ich verändern?

Opfer reden über »Warum ist es so, wie es ist?«.
Mitschöpfer beschäftigen sich ausschließlich mit der Frage »Wie bekomme ich, was ich wirklich will?«.

Bitte ankreuzen:

- ❍ Ich möchte gern weiter Opfer sein.
- ❍ Keinen Bock mehr, ich wechsle zu den Schöpfern.

Unterschrift:

....

(Das Universum schaut dir gerade aufmerksam über die Schulter.)

Was habe ich gerade verstanden?

Was bedeutet diese Erkenntnis für mich?

Durch welche konkrete Handlung kann ich die Erkenntnis sofort in mein Leben integrieren?

9. SCHRITT: VERÄNDERE DEIN SETUP

Ein im Herzen eines Apfels versteckter Kern ist ein unsichtbarer Obstgarten. Doch wenn dieser Kern auf felsigen Boden fällt, wird nichts daraus hervorgehen.

Khalil Gibran

Gehen wir noch etwas ausführlicher auf die Sache mit dem Selbstbild ein. Um ein Ziel außerhalb deiner bisherigen Komfortzone zu erreichen, musst du ein anderer Mensch werden.
Keine Panik. Ich spreche weder von einer Wesensmutation noch von Gesichtschirurgie. Wirklich neue Ergebnisse – in welchem Lebensbereich auch immer – brauchen ein neues Setup[71] in Sachen Verhalten und Ausstrahlung.

In welchem Bereich wünschst du dir eine signifikante positive Veränderung?

Schau dir an, was du bis jetzt in diesem Bereich erzielt hast, und mach dir klar: Deine aktuelle Realität ist kein Zufall. Sie ist das Ergebnis deines inneren und äußeren Setups.
Nehmen wir an, es geht um ein ökonomisches Ziel. Bis jetzt hast du es »erfolgreich« geschafft, dein Konto bei – 500 Euro einzupegeln. Wie kommt das? Zufall? Pech? Davon können wir vielleicht spre-

71 Damit meine ich die Zusammensetzung verschiedener innerer und äußerer Elemente in deinem Leben, die ich im Folgenden detailliert erklären werde.

chen, wenn einmal etwas Unvorhergesehenes passiert. Doch wenn sich etwas in deinem Leben regelmäßig auf eine ähnliche Weise abspielt, kannst du davon ausgehen, dass dein Setup darauf geeicht ist.

Dein inneres Setup besteht in diesem Fall aus einem Mix aus Überzeugungen, Werten, Gedankenschleifen, Fragen und Gefühlen zum Thema Geld. Du denkst auf eine ganz bestimmte Weise darüber nach. Du stellst dir immer wieder ähnliche Fragen. Du fühlst immer wieder die gleichen Emotionen dazu.

Dein äußeres Setup besteht aus wiederkehrenden Verhaltensmustern rund um das Thema Geld, doch auch aus der Art, wie du dich kleidest, welche Bücher du liest, welche Bilder in deiner Wohnung hängen, mit wem du wie über Geld sprichst, aus deiner Ausstrahlung, deiner Körperhaltung …

Im Augenblick mag dir noch nicht einleuchten, was zum Beispiel deine Körperhaltung oder deine Kleidung mit deinem Kontostand zu tun haben soll. Doch was glaubst du wohl, wer eher eine Businesschance zugespielt oder einen neuen Job angeboten bekommt? Jemand, der mit dreckigem Hemdkragen, mürrischem Gesicht und hängenden Schultern durch die Gegend schlurft? Oder jemand, der schick gekleidet und aufrecht geht und der seine Mitmenschen offen anlächelt?

Bekommst du eine Ahnung davon, was ich mit Setup meine? Du glaubst gar nicht, wie oft ich meine Klienten erst einmal davon überzeugen muss, ihren Stolz diesbezüglich loszulassen. In vielen Menschen gibt es eine trotzige Seite, die mit verschränkten Armen auf der Stelle verharrt und denkt: »Ich will alles, aber ich will mich nicht dafür verändern!« Wir sehnen uns nach etwas gravierend Neuem, doch wir wollen genau so bleiben, wie wir sind. Das funktioniert so nicht.

Neues Setup – neues Leben.

Unser Setup gleicht einem Magnetfeld, das dafür sorgt, dass sich die Ereignisse immer wieder auf ähnliche Weise um uns herum anordnen. Und wir beziehen uns dann auf die Ergebnisse, als wären sie *die* Realität. Das heißt, das, was wir mit unserem Setup erschaffen, wirkt wiederum auf uns zurück und verstärkt dadurch das Setup.

Ich hatte mal einen Freund, der glaubte, dass Frauen nicht auf seinen Typ stehen. Mit dieser Vorerwartung erschien er auf jeder Party. Düstere Mimik, blöde Witze, defensive Körpersprache. Dreimal darfst du raten, was passierte? Er bekam eine Absage nach der nächsten. Was ihn in seinem Glauben natürlich bestätigte.

Oft realisieren wir erst, wie starr und begrenzt unser Setup war, nachdem wir es gewechselt haben. Das zu verstehen, ist an dieser Stelle deines Erfolgsprozesses ENORM WICHTIG! Denn wenn sich an deinem Setup nichts ändert, reißt du dir den A… für deine Ziele auf und schiebst sie doch immer wieder von dir weg.

Wenn du das Leben auf einem neuen Level erfahren möchtest, MUSST du dein Setup verändern. Beobachte kleine Kinder, die den Lutscher unbedingt wollen. Sie spielen das ganze Register. Sie verändern so oft ihr Setup – Bitten, Lächeln, Flirten, Wüten, Weinen –, bis sie die Lücke in deinem System gefunden haben. Sie sind nicht in einer Vorstellung von sich selbst gefangen. Sie konzentrieren sich nicht auf die Form des Ausdrucks, sondern darauf, was sie wollen. Lerne von den Kids.

Variiere neugierig dein Setup, bis sich die Ergebnisse nach Wunsch einstellen.

Praktische Anregungen, um dein Setup zu ändern:

Vorab: Das darf Spaß machen! Sieh es als ein Spiel.

1. Analysiere dein gegenwärtiges Setup

Wichtig zu beachten:

1. Bezieh die folgenden Fragen auf den Bereich, in dem dein Ziel liegt (Beziehungen, Finanzen …).
2. Das braucht etwas Zeit, doch es lohnt sich! Allein dein altes Setup aufzudecken, entkräftet es bereits.
3. Wenn du dir nicht zutraust, dich selbst nüchtern und genau einschätzen zu können, hol dir einen ehrlichen Freund oder einen Coach dazu.

4. Schon dich nicht. Wir haben alle ein Ego und wollen meistens etwas besser dastehen, als wir sind. Das ist unangebracht. Komm von dem Punkt: »Es ist *mein* Setup, das mich hierhergebracht hat. Wo kann ich Zusammenhänge erkennen?«
5. Zieh dich nicht runter. Wenn du deinen Job gut machst, werden dir Sachen auffallen, die dir vielleicht peinlich sind. Missbrauche die Situation nicht, um dich deshalb schlecht zu fühlen. Freue dich, dass du sie entdeckt hast, denn nun kannst du das Spiel drehen.

Elemente deines inneren Setups

Überzeugungen

Wir haben bereits ausführlich über die Bedeutung von Glaubenssätzen gesprochen. Welche von deinen Gedanken halten dich in deiner gegenwärtigen Realität fest?

Werte

Welche Werte lebst du im Augenblick, die deine gegenwärtige Realität unterstützen? Es braucht Mut, sich das ehrlich anzuschauen. Auf Anhieb würden die meisten von uns vermutlich behaupten, dass sie so hehren Werten folgen wie Mut, Ehrlichkeit, Freude und Mitgefühl. Doch welche Werte lebst du *tatsächlich*? Das ist ein Unterschied. Hier ist schonungslose Selbstkritik angebracht.

Fragen

Welche Fragen stellst du dir, die dich in deiner gegenwärtigen Realität festhalten?

Gefühle
Welche emotionalen Stimmungen erfährst du häufig, die deine gegenwärtige Realität energetisch untermauern?

Elemente deines äußeren Setups

Verhalten
Welche Verhaltensmuster kannst du bei dir erkennen, die deine gegenwärtige Realität fördern?

Körperhaltung und Mimik
Wo erkennst du eine Körperhaltung oder Mimik an dir, die zu deiner gegenwärtigen Realität passt?

Ausstrahlung
Wenn du dich von außen beobachten könntest, was fiele dir auf? Welche Ausstrahlung hast du in bestimmten Situationen, die deine gegenwärtige Realität widerspiegelt?

Gespräche und Beziehungen
Welche deiner Beziehungen und Gespräche passen sehr gut zu deiner gegenwärtigen Realität und halten dich eher darin fest?

Umgebung
Geh durch deine Wohnung und schau dir auch deinen Arbeitsplatz an. Welche Details fallen dir auf (Unordnung, nicht reparierte Dinge, alter Teppich, bestimmte Bilder, Reliquien vergangener Beziehungen), die deine gegenwärtige Realität unterstützen?

Kleidung

Wo siehst du einen Zusammenhang zwischen der Kleidung, die du trägst, und deiner gegenwärtigen Realität?

Medien

Analysiere deinen Medienkonsum. Welche Informationsquellen (Internet, Zeitungen, TV, Bücher) bestätigen deine gegenwärtige Realität?

2. Entwickle dein neues Setup

Mach dir nun bewusst, wo du hinmöchtest. Frage dich, an welchen Stellschrauben deines Setups du drehen kannst, um eine möglichst große Wirkung zu erzielen.

Unterschätze dabei nicht die Kraft kleiner Details.

Es gab eine Zeit, in der ich sehr stolz auf meinen alternativen, fast hippiemäßigen Kleidungsstil war. Ich habe teure Markenkleidung als Auswuchs des Kapitalismus verachtet. Bis mich Andrea eines Winters dazu überredete, aus Spaß einen Hugo-Boss-Mantel anzuziehen. Noch heut erinnere ich mich an den Moment, als ich mich erstaunt im Spiegel sah. Der Mantel saß wie eine zweite Haut. Er fühlte sich verdammt gut an und brachte eine Facette in mir zum Vorschein, die ich bis dahin aus Protest nicht gelebt hatte. Seitdem weiß ich, dass Kleidungsstücke auch Ritualgegenstände sein können. Sie machen etwas mit dir und den Menschen, die dich darin sehen. Manchmal liegen Welten – innere und äußere – zwischen einem gebügelten und einem zerknitterten Hemd.

Ich möchte dich damit nicht ermutigen, dem Wahn »Schein ist alles« zu verfallen. Wenn kein König in dir schlummert, wird ihn auch eine Krone nicht herbeizaubern. Probiere dich aus. Schau, was etwas mit dir macht. Natürlich muss es zu dir passen. Doch sag nicht vorschnell Nein. In dir warten noch viele Überraschungen, da bin ich mir sicher.

Verlass dich beim Erfinden eines neuen Setups nicht nur auf deine eigenen Ideen. Lerne schamlos von denen, die bereits erreicht haben, was du dir noch wünschst. Erstelle dir eine Liste von Menschen – aus deinem Umkreis oder öffentliche Personen, lebend oder bereits gestorben –, die das haben, was du willst.[72] Beginne sie zu studieren, wie ein Jäger seine Beute. Kommst du live an diese Menschen heran? Super. Ich bin allen wichtigen Lehrern bildhaft fast auf den Schoß gekrochen. Ich habe sie beobachtet, ihnen gelauscht, ihre Biografien studiert, sie mit meinen Fragen gelöchert. Am Anfang fühlte es sich an, als würde ich sie kopieren, und das war auch so. Genauso haben wir auch laufen, lesen und schreiben

72 Das können sogar Wesen sein, die so womöglich nie existiert haben. Viele aufgeklärte Christen orientieren sich an ihrem Vorbild Jesus Christus und ihnen ist egal, ob er so je gelebt hat. Schamanen lernen von ihren Krafttieren ganz bestimmte Eigenschaften.

gelernt. Nach einer Weile spürst du, was zu dir passt und was nicht. Du entwickelst deinen eigenen Stil.

TIPP

Noch ein machtvoller Tipp, den ich dir aber nur schwer mit Worten vermitteln kann: Beobachte diese Menschen nicht nur mit deiner Ratio – downloade ihre Essenz. Ihr Tun entspringt einem Wesenskern, den du zwar nicht sehen, aber fühlen kannst. Schwing dich darauf ein. Wenn du dich auf dieser tiefen Ebene öffnest, verbinden sich eure Wesenskerne, und es findet ein viel schnellerer und tieferer Austausch an Informationen statt. So lernst du viel leichter. Ich weiß, das klingt seltsam, doch wenn du es einmal erlebt hast, weißt du genau, was ich meine.

Nun gehe die Liste der Setup-Elemente noch einmal durch und überlege, was du verändern kannst. Wie gesagt, wenn du es locker und neugierig angehst, wirst du viel Spaß dabei haben!

Elemente deines neuen inneren Setups

Überzeugungen

Welche Gedanken, die deine neue Realität unterstützen, möchtest du ab jetzt häufiger denken?

Werte

Welchen Werten, die deine neue Realität unterstützen, möchtest du mehr Kraft und Aufmerksamkeit schenken?

Fragen

Welche neuen Fragen wirst du dir ab jetzt stellen?

Gefühle

Welche neuen emotionalen Stimmungen wären für dein Unterfangen förderlich? Wie kannst du diese Stimmungen ganz bewusst initiieren?

Elemente deines neuen äußeren Setups

Verhalten

Erstelle eine Liste von neuen Verhaltensweisen, die du ab jetzt jeden Tag einüben möchtest.

Ausstrahlung

Wie kannst du deine Ausstrahlung positiv beeinflussen?

Körperhaltung und Mimik

Was möchtest du an deiner Haltung, an deiner Mimik verändern?

Gespräche und Beziehungen
Wie kannst du in bereits bestehenden Beziehungen die Qualität eurer Gespräche auf ein neues Niveau heben? Mit welchen Menschen hättest du gern eine Beziehung?

Umgebung
Was möchtest du aussortieren? Was möchtest du dir neu anschaffen? An welche Orte möchtest du dich hin und wieder begeben, weil sie dich an das neue Level erinnern?

Vision Board
An dieser Stelle möchte ich noch einmal auf die Bedeutung eines Vision Board hinweisen (Seite 179). Du kannst es für eine große Vision, aber eben auch für ein konzentriertes Ziel erstellen.

Kleidung
Vielleicht ist es Zeit, Kleidungsstücke, die eindeutig zu deiner alten Welt gehören, auszusortieren und dafür mit neuen Elementen zu experimentieren?

Medien
Verändere deinen Medienkonsum. Wähle sorgfältig jene Informationsquellen (Internet, Zeitungen, TV, Bücher) aus, die deine Zukunft stimulieren.

Das klingt vielleicht viel, doch es reicht, wenn du dir jeden Tag einen Punkt vornimmst. Seitdem ich einmal begriffen hatte, wie bedeutsam unser Setup für unseren Erfolg ist, habe ich gar nicht mehr aufgehört, damit zu spielen. Jedes kleine, ausgewechselte Element zieht das, was du dir wünschst, etwas stärker an.

Probiere es aus!
Finde die kleinen Schräubchen in deinem Setup, die auf Dauer den großen Unterschied bewirken.

Was habe ich gerade verstanden?

Was bedeutet diese Erkenntnis für mich?

Durch welche konkrete Handlung kann ich die Erkenntnis sofort in mein Leben integrieren?

10. SCHRITT: SELBSTWIRKSAMKEIT TRAINIEREN

An dich selbst zu glauben, wenn es niemand sonst tut – das macht dich zu einem Gewinner.

Venus Williams

Die Verfechter der Positiven Psychologie halten die Erfahrung von Selbstwirksamkeit für eine der zentralen Säulen eines glücklichen Lebens. Selbstwirksamkeit bedeutet einfach ausgedrückt: Du traust dir zu, das, was du dir vornimmst, zu bewältigen, und du bekommst es auch hin. Das Gegenteil davon ist die sogenannte erlernte Hilflosigkeit: Du hast das Gefühl, keine Kontrolle über den Verlauf der Dinge zu haben.

Es wird natürlich schwierig, dein Ziel zu erreichen, wenn du es dir nicht wirklich zutraust. Deshalb ist es enorm wichtig, deine Selbstwirksamkeit zu stärken. Du kannst sie wie einen Muskel trainieren.

Wenn du dich überfordert fühlst, nimm dir weniger vor. Geh lieber mit kleineren Schritten auf dein Ziel zu und komm an, anstatt die Siebenmeilenstiefel anzuziehen und dann darüberzustolpern. Das bezieht sich auch auf deine drei täglichen Handlungen. Manchmal kontaktieren mich frustrierte Klienten und erzählen mir, dass das Handlungsprinzip bei ihnen nicht funktioniere. Dann lasse ich mir die Karteikarten der letzten Woche vorlesen und denke: »Kein Wunder!« Da stehen ja nur To-dos drauf, für die jeder Normalsterbliche mindestens eine Woche bräuchte.

Nimm deine täglichen Erfolge bewusster wahr. Wenn du dich wie ein Verlierer fühlst, schaust du in die verkehrte Richtung. Stell dir vor, du bist Maurer. Du hast den ganzen Tag fleißig an einer stattlichen Mauer gearbeitet, doch bevor du Feierabend machst, gilt dein letzter Blick dieser einen kleinen Stelle, an der der Putz nicht so perfekt sitzt. Stell dir vor, das wird zur Gewohnheit. Wie wirst du dich wohl nach einigen Wochen fühlen?

Der Witz ist: Jeder von uns ist in dem, was er sich täglich vornimmt, zu 99 Prozent erfolgreich. Wir stehen auf. Erfolg. Wir ziehen uns an. Erfolg. Wir gehen zur Arbeit. Erfolg. Wir kommunizieren mit Mitmenschen und werden verstanden. Erfolg. Vielleicht denkst du jetzt: »Veit, das sind doch alles selbstverständliche Sachen.« Das ist schon mal der erste Irrtum. Laufen, Sprechen, Arbeiten – das alles sind hochkomplexe Fähigkeiten. Du hast sehr viel Zeit und Energie investiert, um sie zu lernen. Doch anstatt sie als großartige Erfolge zu feiern, hast du beschlossen, sie als normal abzuhaken. So tauchen sie niemals auf deinem inneren Erfolgskonto auf.

Erfolg basiert nicht auf übermäßigem Talent, sondern auf einer effektiven Nutzung dessen, was da ist.
In der achtjährigen Studie »What's your genius« ließ der Autor Jay Niblick mehrere hunderttausend Menschen interviewen. Sein Ziel war es herauszufinden, welche Talente es braucht, um erfolgreich zu sein. Das Ergebnis war überraschend eindeutig. Fast alle erfolgreichen Menschen zeichnen sich offenbar durch zwei zentrale Eigenschaften aus:

1. Sie kennen sowohl ihre Schwächen als auch ihre Stärken sehr gut.
2. Sie konzentrieren sich rigoros auf ihre Stärken.

Wenn du dich permanent auf deine Schwächen konzentrierst, wirst du dich erfolglos fühlen, egal, was du schon alles erreicht hast. Dreh den Spieß um. Beginne systematisch dein Erfolgsbewusstsein zu trainieren, indem du deine Stärken und Erfolge deutlicher wahrnimmst. Dafür empfehle ich dir wärmstens die folgenden zwei Übungen, die – das garantiere ich dir – deinen Glauben an dich deutlich stärken werden, wenn du sie drei Monate lang täglich durchführst.

1. Übung: Das Anerkennungsspiel

Das Spiel ist kinderleicht, doch seine Wirkung ist erstaunlich! Es kostet dich keine zusätzliche Zeit.

Verstärke dein Erfolgsbewusstsein, indem du Ziele aufstellst, deren Realisierung bereits gesichert ist. Du kannst es in allen Lebenssituationen spielen und damit bereits morgens beginnen, um deinem Tag einen intelligenten und lebendigen Kick zu versetzen!

Spielablauf

Du liegst noch im Bett und denkst:
»Ich nehme mir jetzt vor aufzustehen.«
Dann stehst du auf und sagst innerlich zu dir: »Wow, ich habe es geschafft!«
»Mein nächstes Ziel ist es, mich anzuziehen ... Ja, Wahnsinn, schon wieder erreicht!«
»Ich nehme mir vor, zum Kühlschrank zu gehen und ihn zu öffnen. Wow, auch das habe ich hinbekommen!«

Spiele das Spiel mindestens ein Mal täglich für 10 Minuten. Am Anfang wirst du dir eventuell albern vorkommen, doch ich garantiere dir, am Ende der 10 Minuten wirst du trunken vor Schöpferfreude sein.[73]
Indem du die kleinen Erfolge deutlicher wahrnimmst, stärkst du deine Erfahrung von Selbstwirksamkeit. So setzt sich in deinem Unterbewusstsein langsam, aber sicher die Botschaft ab: »Ich schaffe, was ich mir vornehme.«

73 Mein Wunsch ist es, dieses Spiel an Schulen und in Drogenpräventions- bzw. Entzugsprogramme zu integrieren. Das Spiel wirkt wie eine natürliche Droge ohne negative Nebeneffekte!

2. Übung: Das abendliche Feiern deiner Erfolge[74]

Ich habe dir bereits erklärt, warum die letzten Minuten vor dem Einschlafen so wichtig sind. Was machen viele Menschen in dieser Zeit? Sie füllen ihren Geist mit fremdem Input – zum Beispiel einer Horrorgeschichte –, oder sie denken darüber nach, was alles schiefgegangen ist am heutigen Tage. *Das* ist schöpferische Selbstverstümmelung! Du sinkst mit einem Gefühl von Mangel und Misserfolg in deine Traumwelt und programmierst dich dadurch regelrecht auf weitere Unzulänglichkeiten. Bitte nutze diese letzten, so kostbaren Minuten vor dem Einschlafen, um deine Erfolge zu feiern.

Zähle dafür mindestens fünf Erfolge deines Tages auf. Das können kleine und große sein.
Du hast deine Kids gut versorgt? Erfolg!
Du hast Essen für die Familie gekocht? Erfolg!
Du hast am Morgen deine Ziele visualisiert? Erfolg!
Erkenne dich bewusst dafür an. Es kann gut sein, dass du zu Beginn kaum etwas dabei fühlst, weil dein Verstand sich noch weigert, das scheinbar Selbstverständliche zu loben. Mach einfach weiter. Es kommt …

Warte nicht mehr auf die großen Erfolge, um dein Selbstbewusstsein aufzubauen. Stärke heute und hier dein Selbstbewusstsein, indem du auch scheinbar alltägliche Erfolge feierst, und mach dadurch größere Erfolge möglich.

Was habe ich gerade verstanden?

Was bedeutet diese Erkenntnis für mich?

Durch welche konkrete Handlung kann ich die Erkenntnis sofort in mein Leben integrieren?

---

74 Empfehlung: Da es vielen Menschen schwerfällt, sich kontinuierlich auf ihre Erfolge zu konzentrieren, haben wir einen speziellen Timeplaner konzipiert. *Mein Manifest* begleitet dich hundert Tage dabei, deine Erfolge und Stärken aufzuspüren. Danach wirst du dich besser kennen und fühlen.

11. SCHRITT: VERLIEBE DICH IN DISZIPLIN

Große Aufgaben werden nicht durch Stärke gemeistert,
sondern durch Ausdauer.
Samuel Johnson

Was? In Disziplin verlieben? Meint er das ernst? Und ob!

Du wirst Disziplin brauchen. Denn sie gibt deinem Schöpfungsimpuls Beständigkeit. Nur so kann sich aus einer zarten Idee eine neue, stabile Realität formen. Viele Menschen, die sich darüber beklagen, dass sie keinen Erfolg haben, geben einfach nur zu schnell auf.

Stöhnst du jetzt und denkst, oh Gott, mit Disziplin stehe ich auf Kriegsfuß? Dann habe ich gute Neuigkeiten für dich. Das, wogegen du bist jetzt gekämpft hast, hat nichts mit der Disziplin zu tun, die ich meine.

Ich rede nämlich nicht von jenen langweiligen, sinnlos scheinenden Handlungen, die vielen von uns in Kindheit und Schule regelmäßig abverlangt wurden. Das war keine weise Heranführung an Disziplin, sondern eine Dressur. Wenn du von einem Kind forderst, wiederholt etwas zu tun, das es nicht versteht, verletzt du die Würde seiner schöpferischen Intelligenz. Es reagiert darauf mit Unterwerfung oder mit Rebellion.
Wir sind sehr wohl in der Lage, am Ball zu bleiben und Opfer zu bringen, wir müssen nur wissen, wofür. Ich glaube nicht, dass es

faule Menschen gibt. Ich glaube, vielen von uns sind die wesentlichen Gründe abhandengekommen.

Wesentliche Gründe bringen dein inneres Wesen zum Schwingen. Sie sind etwas anderes als weltliche Gründe, die hat jeder von uns zuhauf. Eine extrinsische Motivation lässt uns vielleicht relativ gut funktionieren, doch sie wird uns nie über die entscheidenden Schwellen heben, hinter denen wir erfahren, zu was wir wirklich fähig sind. Dafür brauchst du ein inneres Feuer (intrinsische Motivation), das aus den wesentlichen Gründen gespeist wird. Sie bringen dein Herz zum Beben. Sie rütteln dich, sie lassen dich gern und ohne zu zögern Opfer bringen. Wesentliche Gründe locken dich aus deiner Komfortzone auf eine Abenteuerreise, die dich vollständiger und erfüllter sein lässt.

Für mich ist Disziplin deine Bereitschaft, das zu tun, was getan werden muss, damit du glücklich bist.

Disziplin ist also ein Akt der Selbstliebe.

Da unsere Zeitspanne auf Erden begrenzt ist, sollte jeder von uns eine bewusste Wahl treffen: Auf welchem Meisterschaftslevel willst du das Spiel spielen?

Wenn du viel willst, nimm die Konsequenzen aufrecht und entschlossen in Kauf.
Heile deine Beziehung zur Disziplin.

Ich habe bei meinen Klienten und mir fünf zentrale Ursachen für einen Mangel an Disziplin ausgemacht. Für jede gibt es eine Lösung.

1. Das innere Nein

Wenn wir in unserer Kindheit falsch an das Thema Disziplin herangeführt worden sind, haben wir häufig eine ungute Grundeinstellung von »Ich muss – aber eigentlich will ich nicht« entwickelt. Wir tun zwar, was getan werden muss, aber innerlich begegnen wir selbst Dingen, die uns wirklich guttun, mit einem »Nein!« Das kostet Kraft. Die Lösung?
Kultiviere ein sanftes »Ja!«.

Ich erläutere es dir an einem Beispiel:
Stell dir zwei Personen vor, beide gleich alt. Die eine wird für vierzehn Tage ohne Nahrung in eine karge Gefängniszelle gesteckt, wo es nur ein Bett und einen kleinen Tisch gibt. Die andere fastet vierzehn Tage lang freiwillig in einem Kloster und sitzt dort in einer Einzelzelle, die ebenfalls nur über ein Bett und einen kleinen Tisch verfügt.

Wem von den beiden, glaubst du, geht es in den zwei Wochen schlechter? Wer quält sich während dieser Zeit mehr? Die Person im Gefängnis?
Warum? Worin besteht der Unterschied? Die Lebensbedingungen sind ja die gleichen.

Der Unterschied liegt im »Ja!«
Während die Person in der Zelle vierzehn Tage denkt: »Nein, nein, nein! Ich will das nicht«, wiederholt die andere im Kloster genauso oft das Mantra: »Ja, ja, ja!«
Die eine wurde gezwungen. Die andere tut es freiwillig.

Nun ist es ironischerweise so, dass sich die meisten von uns freiwillig dazu entscheiden, bestimmte Dinge zu tun und dann dennoch dabei denken: »Nein, nein, nein, darauf habe ich jetzt keine Lust!« So verkommen die schönsten Vorhaben zur hässlichen Zwangsroutine.

Mach dir bewusst, dass Disziplin kein Zwang ist, sondern eine freie Wahl. Es gibt niemanden, der dich dazu drängen kann, etwas konsequent zu tun. Du kannst dir dieses Geschenk machen oder eben auch nicht. Erfolgsdisziplin ist keine Strafe. Es ist die Kunst, deinen Tag bewusst zu gestalten, so dass er deinen Bedürfnissen und Zielen optimal dient.

Erfolgsdisziplin ist deine Fähigkeit, dir selbst ein Kommando zu geben und diesem Kommando auch zu folgen.

Versau dir dein Leben nicht, nur weil Disziplin aus einem blöden Missverständnis heraus in deinem Unterbewusstsein in der falschen Schublade gelandet ist. Hol sie da raus und steck sie in die richtige. Denke weniger darüber nach, was sie dich kostet, sondern was sie dir bringt.

Erfolgsdisziplin bringt dich ans Ziel.

Doch nicht nur das:

- Sie bringt dich deiner Wahrheit über dich näher. Dein Charakter reift.
- Sie schränkt nicht ein. Sie befreit.
- Du willst mehr Freizeit in deinem Leben? Erfolgsdisziplin bringt sie dir garantiert.
- Du willst mehr Raum zum Loslassen, zum Spielen, zum Staunen? Sie eröffnet diesen Raum.
- Du willst Erfolg im Business, ein erfülltes Liebesleben und permanente Bewusstseinserweiterung? Erfolgsdisziplin!
- Du hast keinen Bock mehr, immer wieder von vorn zu beginnen, sondern möchtest morgen auf dem Fundament aufbauen, das du heute gesetzt hast? Erfolgsdisziplin!
- Du bist eher der künstlerische Typ und brauchst Freiraum für gesundes Chaos und Kreativität? Erfolgsdisziplin!
- Du willst die obere Grenze deiner Lebensfreude kontinuierlich ausdehnen? Erfolgsdisziplin!
- Erfolgsdisziplin schenkt Zeit, Energie und Freiheit.

Mit anderen Worten:

Erfolgsdisziplin ist eine saugute Sache.

Wenn du auf dem Weg zu deinem Erfolg auf eine Barriere triffst, hast du die Wahl. Du kannst dich auf die unliebsamen Aspekte konzentrieren und beginnen, das Mantra »Nein! Nein! Nein!« zu rezi-

tieren. Das Hindernis wird schier unermessliche Größenordnungen annehmen! Am Ende wird aus einer kleinen Türschwelle eine Chinesische Mauer. Das ist die Macht deines Geistes!
Oder du fragst dich: »Wofür brenne ich? Wofür tue ich dies? Wie wird mein Leben in fünf Jahren aussehen, wenn ich heute bereit bin, dieses kleine Opfer zu bringen?«
Du konzentrierst dich auf deine Vision und rezitierst das Mantra

»Ja! Ja! Ja!«

2. Süchtig nach dem schnellen Kick

Ich habe viele Menschen auf ihrem Weg zum Erfolg begleitet und dabei beobachtet. Den Weg begeistert zu beginnen, ist keine Kunst. Doch einen großen Traum Wirklichkeit werden zu lassen, ist kein 100-Meter-Sprint. Es ist ein Marathonlauf. Vielen fehlt der lange Atem, und sie sind süchtig nach dem schnellen Kick. Daher geben sie zu schnell auf.
In seinem Buch *Wie wir uns täglich die Zukunft versauen. Raus aus der Kurzfrist-Falle*[75] erläutert der Wirtschaftswissenschaftler Pero Mićić anhand von Erkenntnissen aus Psychologie, Verhaltensökonomie und Neurowissenschaft sehr anschaulich die individuellen und kollektiven Probleme, die entstehen, wenn wir nicht bereit sind, unse-

75 Empfehlenswert!

re Ziele auch dann noch zu verfolgen, wenn die erste Euphorie darüber abgeklungen ist.

In uns arbeiten zwei Belohnungskreisläufe. Ein kurzfristiger, der darauf abzielt, dass wir jetzt und hier unseren Spaß haben, und ein langfristiger, der uns bereit sein lässt, jetzt und hier Opfer zu bringen, um später mehr Freude zu erfahren. Dreimal darfst du raten, welcher dich regelmäßig in Schlamassel geraten lässt … Es ist der kurzfristige Kreislauf, der dich JETZT mehr essen lässt, als dir guttut. Der dich mehr Geld ausgeben lässt, als du hast. Er lässt dich Worte sagen, die dich kurzfristig emotional erleichtern, die aber zum Streit führen. Seine Stimme flüstert dir zu, dass morgen auch noch ein Tag ist, um loszulegen. Er kann so verdammt gut verführen, weil er das limbische System auf seiner Seite hat. Er argumentiert nicht mit Fakten, sondern mit biochemischen Drogen.

Um aus der Kurzfrist-Falle zu kommen, musst du verstehen, was in deinem Gehirn passiert. Diese kurzfristigen kleinen Freuden und »Sünden« schütten Dopamin aus. Deshalb fühlt es sich einfach so gut an, dich jetzt und hier zu belohnen!
Verschiedene Industriezweige, zum Beispiel die Werbung, die Film- und die Spieleindustrie, haben das längst erkannt. Sie versprechen dir den schnellen Kick. Das Tempo, in dem im Kino vollständige Lebensgeschichten erzählt werden, ist manchmal im wahrsten Sinne des Wortes atemberaubend. In Computerspielen kannst du in ein paar Stunden ein ganzes Imperium errichten.

Unsere Vorfahren hatten ein Feld, ein Beet und einen Obstgarten hinter ihrem Haus. Die Natur lehrte sie, dass gute Früchte Zeit brauchen, um zu reifen; dass es unterschiedliche Jahreszeiten und auch mal Rückschläge gibt. Und wir? Wir wollen Erdbeeren im Winter. »Fernseher kaputt? Ich bestelle mir einen neuen. Der ist morgen da.« Schwierigkeiten in der Beziehung? Warum sich anstrengen, wenn ich auf Datingportalen schnell neue Kontakte knüpfen kann?

Ich bin kein »Früher war alles besser«-Träumer. Doch es ist wichtig zu verstehen, dass die schnell pulsierenden Reize unserer aktuellen Medien nicht spurlos an uns vorübergehen. Sie prägen die Erwartungshaltung unseres Gehirns. Sie schwächen unser Durchhaltevermögen.

Es ist ein Teufelskreis. Da wir süchtig nach dem schnellen Kick sind, fühlt sich jeder verpflichtet, ihn uns auch zu versprechen. Mach dir den Spaß und lies mal die Titel in der Ratgeberecke deines Bücherladens. »Die Fünf-Minuten-Strategie«, »Das Geheimnis der Geheimnisse«, »Wie du über Nacht schlank wirst« … die meisten suggerieren dir einen leichten, schnellen Weg. Und mal ganz ehrlich, welcher Buchtitel klingt für dich verlockender:

Der ultimative Schlüssel zum mühelosen Reichtum

oder

Wie Sie durch klare Ziele, fleißiges Lernen und kontinuierliche Disziplin Ihr Einkommen langsam aber spürbar steigern können

Doch Leben verläuft nicht linear und schon gar nicht immer exponentiell. Manchmal schnellen wir vorwärts, und dann rollen wir wieder ein Stück zurück. George Leonard spricht in seinem Buch *Der längere Atem*[76] von den sogenannten Plateauphasen. Jeder, der ein Instrument erlernt oder eine Sportart trainiert, kennt sie. Phasen, in denen wir, obwohl wir fleißig üben, scheinbar nicht vorankommen. Sie gehören dazu! Doch leider begehen viele Erfolgsanfänger den Fehler, in dieser Zeit ihre Bemühungen abzubrechen. Frustriert geben sie auf. Versuchen einen anderen Weg. Buchen den nächsten Workshop. Lesen ein weiteres Buch. So wirst du leider nie die Früchte deiner Anstrengungen ernten. Um Plateauphasen gut zu überstehen, brauchst du eine tägliche, sinnvolle Erfolgsdisziplin. Ich schlage dir am Ende des Kapitels eine vor, die sich sehr bewährt hat.

Die erfolgreichen Menschen, die ich kennengelernt habe, verfügen über eine bemerkenswerte Gabe: Sie schauen voraus. Sie sehen niemals nur den Schritt, der vor ihnen liegt, sondern auch, wohin er sie sehr wahrscheinlich führen wird. Sie sehen nicht, was Disziplin sie kostet, sondern was sie ihnen schenken wird. Diese Fähigkeit kannst du trainieren.

76 Sehr empfehlenswert.

TIPP

Halte, bevor du etwas tust beziehungsweise *nicht* tust, kurz inne. Atme durch. Stell dir vor, wie dein Leben in fünf Jahren aussehen wird, wenn du genau so weitermachst. Mal dieses Bild so schwarz wie möglich.
Dann erschaffe ein Bild von all dem, was dir dieses kleine Opfer in der Zukunft bringen wird. Mal dir dies so farbenfroh wie möglich aus und stell so deinen Instinkten deine Vernunft an die Seite.

Ein Meister des Erfolgs sieht, dass seine konsequenten Anstrengungen einen langfristigen Gewinn bringen, der so wertvoll ist, dass es sich lohnt. Er konzentriert sich bei seinen täglichen drei Handlungen nicht auf die kurzfristige Schwelle von Müdigkeit, Angst oder Zweifel, er konzentriert sich auf sein Ziel. Er denkt nicht darüber nach, was es ihn heute kostet, sondern er sieht, was es ihm morgen bringt.

Auch wenn ich Dopaminkicks sehr liebe und mich gern damit begeistere: Willst du wirklich Erfolg haben – in was auch immer –, dann gewöhne dich daran, regelmäßig und bewusst auf Entzug zu gehen. Erfolg, der sich langfristig gut anfühlt, braucht deine Bereitschaft, täglich etwas zu tun, was sich kurzfristig nicht gut anfühlt.

So. Jetzt ist es raus.

3. Dir sind die wesentlichen Gründe abhanden-gekommen

Wenn ich dir heute per Vertrag zusichern würde, dass du 100.000 Euro auf dein Konto überwiesen bekommst, wenn du drei Monate lang täglich zehn Liegestütze machst, egal, wie du dich fühlst – würdest du es tun? Ich wette, ja. Wenn dich die Geldsumme nicht kickt, setze etwas anderes ein, was deinen Puls schneller schlagen lässt. Eine glückliche Beziehung? Seelenfrieden? Der Nobelpreis? Gesundheit?

Trainiere deinen Verstand darin, einen Zusammenhang zwischen deinem kurzfristigen Opfer und einem wesentlichen Grund herzustellen.

Wenn ich in die heiße Phase des Buchschreibens komme, stehe ich meistens ein bis zwei Stunden früher auf als sonst. Habe ich darauf immer Lust? Nein. Mein limbisches System flüstert mir zu, wie angenehm es doch wäre, mich einfach umzudrehen und noch weiterzuschlafen. Dann brauche ich gute Gründe. Zum Beispiel die Vorstellung, dass es dir – ja, ganz persönlich DIR – mit Hilfe des Buches gelingt, etwas Großartiges in deinem Leben zu manifestieren. Dafür stehe ich gern auf![77]

77 Fühl dich nicht deshalb verpflichtet … Doch wenn es wirkt, freue ich mich über eine Nachricht über die Webseite.

Jetzt bist du dran!

Liste mindestens zwanzig Gründe auf, warum es für dich wichtig ist, dein Ziel zu erreichen. Auch abschreckende Gründe sind legitim, obwohl die positiven überwiegen sollten.

Wenn ich diszipliniert am Ball bleibe, dann werde ich ...

Wenn ich nicht diszipliniert am Ball bleibe, dann werde ich ...

(Für mich sehr motivierend war die Horrorvorstellung, dass meine Tochter sich mal für ihren Dad würde schämen müssen, weil er nichts auf die Reihe gekriegt hat. Dir darf ruhig schlecht werden bei den negativen Vorstellungen.)

Liste alle Gründe auf, die dir einfallen, nicht nur die politisch korrekten – alle. Die banalen und die ganz großen. Achte darauf, welche dich regelrecht elektrisieren. Vielleicht klingt Weltfrieden für dein Über-Ich gut, juckt dein limbisches System aber gar nicht. Was nutzt es dir dann? Manche Menschen fahren auf Ruhm ab. Warum nicht? Wenn du ihn zu etwas Gutem nutzt.

Ich hatte mal eine Klientin, die war am besten durch die Vorstellung motivierbar, sich Schuhe ihrer exorbitant teuren Lieblingsmarke zu kaufen. Auf welchen Grund dein System am stärksten anspringt, kannst du wenig beeinflussen. Doch du kannst ihn clever als Köder nutzen, indem du ihn mit deinem Ziel in Verbindung bringst.

Wähle nun die fünf stärksten Gründe von deiner Liste aus, und halte sie dir vor die Nase, wenn du wieder einmal vor der Wahl stehst:

Abschlaffen oder die Extrameile gehen?!

Was ist dir so-so-so wichtig, dass es sich dafür lohnt, jeden Morgen wieder auf der Übungsmatte zu erscheinen?

4. Deine Willenskraft ist zu schwach

In dem empfehlenswerten Buch *Die Macht der Disziplin* erläutern Roy Baumeister und John Tierney sehr anschaulich, dass Willenskraft nicht vom Himmel fällt. Wir können sie trainieren.

TIPP

- Nimm dir zu Beginn nicht zu viel vor. Lieber nur so viel, dass du es wirklich gut schaffen kannst. Unvollendete Kreisläufe schwächen deinen Willen.
- Erstelle eine tägliche, gut machbare Erfolgsroutine. Schreibe sie auf. Schreibe auch dazu, *wofür* du es tust. Was sind deine heiligen Gründe?
- Installiere den Zettel an einen Ort, an dem du jeden Tag vorbeikommst (am Spiegel, gegenüber von deiner Toilette, am Nachttisch).
- Wenn du einen Punkt von deiner Erfolgsliste erledigst, erkenne dich bewusst dafür an.
- Sorge für ausreichend Schlaf. Müdigkeit schwächt deine Willenskraft.
- Iss ausreichend gute Kohlenhydrate. Eine Unter- oder Überzuckerung im Blut schwächt deine Willenskraft.

5. Du brauchst eine gut umsetzbare Strategie

Unsere Willenskraft verläuft sich, wenn wir keinen klaren Plan haben. Sie wird geschwächt, wenn die Aufgaben zu groß sind. Hier kommt deshalb mein Vorschlag für eine tägliche Erfolgsroutine, die sich bei mir und vielen meiner Klienten bewährt.

Erfolgsstrategie für den Alltag

- 15 Minuten Stille am Morgen,
- dreimal täglich visualisieren (morgens, mittags, abends),
- drei heilige Handlungen aufschreiben und durchführen,
- mindestens ein Mal am Tag als Belohnung etwas tun, was dir richtig guttut.

Ist das machbar? Und ob.

Bringt dich das ans Ziel? Darauf kannst du wetten. Führe die Erfolgsroutine drei Monate lang durch, und du wirst staunen, wie weit dich diese täglichen Babyschritte bringen.

Hast du jetzt eine Ahnung davon, dass Erfolgsdisziplin verdammt sexy sein kann?

Wenn du dich liebst, gönn sie dir.

Was habe ich gerade verstanden?

Was bedeutet diese Erkenntnis für mich?

Durch welche konkrete Handlung kann ich die Erkenntnis sofort in mein Leben integrieren?

12. SCHRITT: VON BAKTERIEN LERNEN

Wann hast du das letzte Mal mit einem Menschen gesprochen, der eine andere Weltanschauung hat als du oder der nicht deiner sozialen Schicht angehört?

Wann hast du das letzte Mal ein Buch über ein dir bis dahin unbekanntes Thema gelesen?

Wann warst du das letzte Mal an einem fremden Ort?

Wann hast du das letzte Mal etwas Neues getan?

Welche Menschen sind derzeit deine Lehrer?

Mit anderen Worten: Wann hast du das letzte Mal bewusst infrage gestellt, was du zu wissen glaubst?

Die größte Falle, in die unser Ego gerne tappt, ist zu denken, es wisse Bescheid.

Ha! Egal, wie intensiv wir bis hierher gelebt haben – unser Wissens- und Erfahrungsschatz gleicht einem winzigen Tropfen im Ozean der kollektiven Informationen. Verlässt du dich auf deinem Weg des Erfolgs nur auf das, was du weißt, läufst du Gefahr, nie aus der Hutschachtel deiner begrenzten Möglichkeiten herauszukommen. Egal wie smart du bist, letzten Endes steht deinem persönlichen Verstand nur eine beschränkte Anzahl an Lösungsvorschlägen zur Verfügung. Stimmst du da mit mir überein?

Wir haben bereits einen Weg besprochen, um aus deiner Schachtel herauszukommen: intelligente Fragen.

Der zweite Weg, den kollektiven Informationspool anzuzapfen, besteht im konstanten Lernen.

Ein Grund, warum wir Bakterien niemals durch Antibiotika besiegen werden, ist ihre im Vergleich zu uns Menschen spektakulär hohe Lernkurve. Sie haben uns voraus, dass sie Ego-los voneinander lernen. Kaum hat ein Bakterium eine gute Antwort auf ein neues Medikament gefunden, weiß es der gesamte Stamm. Die »Erfinderzelle« hält es nicht künstlich zurück. Sie gibt es sofort weiter. Und die anderen nehmen es schnell und ohne falschen Dünkel auf. DAS ist Entwicklungspower!

Ich war früher sehr stolz. Ich wollte alles allein begreifen. Ich wollte das Fahrrad neu erfinden. Ich erreichte zwar auch einiges – aber mit einem gewaltigen Energieaufwand. Und je größer meine Ziele wurden, desto schmerzhafter stieß ich an die Grenzen meiner Schachtel. Bescheuert. So eine Verschwendung von Zeit und Energie. Heute weiß ich es etwas besser. Wenn ich nicht weiterkomme, ist eine meiner ersten Fragen:

Wer hat diese Lektion bereits vor mir gemeistert?

Da draußen gibt es tausend Wege zu deinem Ziel, die du noch nicht kennst.

Irgendjemand schaut intelligenter auf dein Problem als du.
Irgendjemand hat bereits die Tür geöffnet, die du noch suchst.
Irgendjemand hat eine leichtere, schnellere, bessere Lösung entwickelt als du.

Willst du Recht haben oder glücklich sein?

Lass jeglichen Hochmut los und begreife dein Leben als einen konstanten, spannenden Lernprozess. Wenn du wirklich Neues erschaffen möchtest, sei bereit, dein altes Ich sterben zu lassen. Immer wieder neu.
Setz dich mit »Fremden« auseinander. Selbst der scheinbar größte Feind kann dich etwas lehren.

Lies jede Woche ein neues Buch.

Welche Menschen haben erreicht, was du dir wünschst?

Von wem möchtest du etwas lernen? Wie kommst du so nah wie möglich an sie heran? Gibt es die Möglichkeit, in einer persönlichen Beziehung von ihnen zu lernen?
Gib nicht auf, bevor du es versucht hast. Frage sie, ob sie bereit sind, deine Mentoren zu sein und was sie sich im Gegenzug von dir wünschen.
Wenn dies nicht möglich ist, studiere ihr Leben. Gibt es etwas über sie zu lesen?

Nicht alles, was du so erfährst, wird eins zu eins auf dein Leben übertragbar sein. Doch jede neue Perspektive lockert deinen Geist. Ich habe schon öfter erlebt, wie mein Verstand zwei nicht geeignete Lösungen hörte und dann daraus überraschend eine neue Synthese kreiert hat, die genau passte.

Wo in deinem Leben rennst du seit Monaten, ja, vielleicht seit Jahren gegen dieselbe Wand?

Du kennst sicher das Zitat von Albert Einstein: »Die Definition von Wahnsinn ist, immer wieder das Gleiche zu tun und andere Ergebnisse zu erwarten.«

Sei kein sturer Esel.
Komm raus aus der Box.
Lerne wieder mehr und mit Freude.

Von Bakterien lernen, heißt siegen lernen.

Was habe ich gerade verstanden?

Was bedeutet diese Erkenntnis für mich?

Durch welche konkrete Handlung kann ich die Erkenntnis sofort in mein Leben integrieren?

13. SCHRITT: PINGUINE UND ADLER

Wer sind die fünf kostbarsten Menschen in deinem Leben? Wissen sie davon?

Nun müssen wir ein sozial heißes Eisen ansprechen. Wenn du in deinem Leben etwas Richtiges rocken möchtest, kommst du nicht umhin, dir deine wichtigsten Beziehungen nüchtern anzuschauen. Denn unsere Beziehungen sind nicht einfach nur ein Miteinander zweier Menschen, sie sind Felder, die unser Potential hemmen oder fördern.

Unser Gehirn ist so aufgebaut, dass es sein Potential besser entfalten kann, wenn es sich mit anderen Gehirnen auf eine konstruktive Weise vernetzt. Im Grunde genommen passiert dann zwischenmenschlich das, was uns unsere Nervenzellen bereits vorleben. Intelligenz und Kreativität entstehen nicht durch eine hohe Anzahl an Zellen, sondern durch den Grad ihrer Vernetzung. Dasselbe Phänomen können wir bei großen Biosystemen, zum Beispiel bei Ameisenstämmen oder unterirdischen Pilzgeflechten, beobachten. Oder im technischen Bereich, bei der Vernetzung von Milliarden von Computern durch das Internet.

Warum dasselbe Prinzip nicht auch bewusst in deinen Beziehungen anwenden?

Mit wem vernetzt du dich regelmäßig, und auf welchem Niveau an Lebendigkeit und Wirksamkeit geschieht dies?

Der Motivationstrainer Jim Rohn hat mal gesagt: »Unser Leben ist der Durchschnitt der fünf Menschen, mit denen wir die meiste Zeit verbringen.« Das klingt plausibel. Ideen, Werte und Verhaltensmuster breiten sich wie Viren über unsere sozialen Netzwerke aus – analog und digital. Deine Beziehungen beeinflussen, was du glaubst, was du für erstrebenswert hältst und was du konsumierst. Es ist also nicht zu weit hergeholt, wenn ich behaupte:

Wir erschaffen einander.

Hier einige Beispiele:

Wenn einer deiner Freund raucht, steigt die Wahrscheinlichkeit, dass du rauchst. Doch Statistiken zeigen eine noch weitreichendere Wirkung auf. Wenn ein dir unbekannter Freund deines Freundes raucht, hat dies immer noch einen signifikanten Einfluss auf die Möglichkeit, dass du rauchst.

Dasselbe gilt für gute Laune. Glück liebt anscheinend Gesellschaft: Jeder frohgemute Freund steigert die eigene Chance auf Glück um 25 Prozent, ein glücklicher Freund von diesem wirkt sich immerhin noch mit 10 Prozent auf einen selbst aus, und sogar ein Freund dieses Freundes hat erstaunlicherweise mit 6 Prozent noch Einfluss auf das eigene Gemüt.

Hier noch ein aussagestarkes Experiment aus dem amerikanischen Bildungssystem, bekannt als Pygmalion-Effekt:

»1965 untersuchten die US-amerikanischen Psychologen Robert Rosenthal und Lenore Jacobson in einem Feldexperiment die Lehrer-Schüler-Interaktionen an einer Grundschule. […]
In einer US-amerikanischen Grundschule wurde Lehrern vorgetäuscht, dass auf der Basis eines wissenschaftlichen Tests die Leistungspotentiale der Kinder eingeschätzt werden sollten. Durch diesen Test würden, so die Schilderung gegenüber dem Lehrer, die 20 Prozent Schüler einer Schulklasse identifiziert werden, die kurz vor einem Entwicklungsschub ständen. Von diesen »Bloomers« (Aufblühern) oder »Spurters« (Sprintern) sei im folgenden Schuljahr mit besonderen Leistungssteigerungen zu rechnen. In Wirklichkeit wurden die 20 Prozent der Schüler jedoch ohne Wissen der Lehrer zufällig per Los ausgewählt.
Durch den Test wurde nicht das Leistungspotential der Schüler, sondern deren IQ gemessen. Acht Monate nach dem ersten IQ-Test wurde dieser mit allen Schülern der Grundschule wiederholt. Interessanterweise war die IQ-Steigerung bei den 20 Prozent der Schüler, deren Leistungssteigerungs potential besonders hoch eingestuft wurde (Experimentgruppe), deutlich größer als bei Schülern, bei denen kein besonderes Leistungssteigerungspotential identifiziert wurde (Kontrollgruppe). Weil außer der Information der Lehrer über das vermeintliche Leistungssteigerungspotential alle anderen Bedingungen konstant gehalten wurden, kann der einzige Grund für die faktische Leistungssteigerung der Schüler in den Erwartungen der Lehrer gegenüber diesen Schülern gelegen haben.
Nach einem Jahr konnte festgestellt werden, dass die Kinder aus der Gruppe der »Aufblüher« ihren IQ viel stärker steigern konnten als Kinder aus der Kontrollgruppe. Insgesamt konnten 45 Prozent der als »Aufblüher« ausgewählten Kinder ihren IQ um zwanzig oder mehr Punkte steigern, und

20 Prozent konnten ihn gar um dreißig oder mehr Punkte steigern. […] Auffällig war weiterhin, dass der Charakter der sogenannten »Aufblüher« von den Lehrern positiver beurteilt wurde.«[78]

Fazit: Für deinen Erfolg und für dein Glück ist es entscheidend, mit wem du dich auf welche Weise verbindest.

Wenn du als Adler fliegen willst, solltest du dich nicht in einer Kolonie Pinguine verstecken.

Hier geht es nicht um eine Bewertung! Ein Pinguin ist genau wie der Adler ein einzigartiges Geschöpf. Doch beide folgen einem grundverschiedenen Lebensplan. Harre nicht allzu lang in für dich frustrierenden Beziehungsfeldern aus. Warte nicht darauf, dass sich die anderen ändern. Sie haben das Recht, genauso zu sein, wie sie sind! Übernimm Verantwortung für die Wahl deiner Beziehungen und was darin geschieht. Gib deinen Mitmenschen eine Chance, dich zu erkennen und sich dir gegenüber klar zu positionieren. Zeige ihnen ehrlich und mutig deine Ambitionen. Mach klar, was mit dir geht und was nicht.

Nicht alle Menschen, die du gernhast, fördern zwangsläufig auch dein Wachstum. Wir verwechseln manchmal echte geistige Affinität mit Bequemlichkeit oder der anerzogenen Verpflichtung, Zeit mit

78 http://de.wikipedia.org/wiki/Pygmalion-Effekt

jemandem zu verbringen. Wir drücken uns vor der heiklen Frage: »Ja, irgendwie mögen wir uns. Doch tun wir uns auch wirklich gut?« Niemand hat etwas davon, wenn du den Märtyrer spielst. Wenn du aus Gewohnheit, Mitleid oder falsch verstandenem Pflichtgefühl bleibst, tust du euch beiden meistens nichts Gutes damit.

Ich hatte zum Beispiel einen Freund, der mir früher einmal sehr nahestand. Wir haben zusammen studiert, waren politisch aktiv und zogen als Hippies mit einer Flasche Rotwein unter dem Arm durch die Straßen von Berlin. Heute sehen wir uns gar nicht mehr. Bedeutet dies, dass ich ihn nicht mehr mag? Nein. Es heißt lediglich, dass wir uns für vollkommen andere Lebenswege entschieden haben. Trotzdem ist er in meinem Herzen, und bräuchte er meine Hilfe, wäre ich sofort für ihn da.

Deine Beziehungen können für deine Ambitionen zum Sumpf oder zum nahrhaften Fruchtwasser werden.

Jeder hat das Recht, der zu sein, der er ist. Doch was willst du? Wollen die Menschen, mit denen du deine kostbare Lebenszeit verbringst, das Gleiche wie du? Sind sie in dieselbe Richtung unterwegs, oder lähmt oder blockiert ihr euch unterbewusst?

Bitte aufmerksam lesen: Ich plädiere nicht dafür, deine dich im Augenblick nicht weiterbringenden Freundschaften herzlos und von heute auf morgen zu kündigen. Eine lebendige Beziehung fordert immer wieder auch heraus und hat unbequeme Phasen. Ich meine auch nicht, dass du jedes Mal gehen solltest, wenn es heiß wird. Doch langfristig sollte euch euer Zusammensein stärken und nähren. Es ist dein Geburtsrecht zu wachsen, dich weiterzuentwickeln und glücklich zu sein. In den meisten Partnerschaften ist noch viel mehr möglich, es fordert nur niemand ein. Setz du den ersten Schritt.

Ein oft unterschätzter Schöpfungsinkubator sind eure Gespräche. Denn ihr wechselt nicht nur Worte, sondern Ideen. Jede davon gleicht einem Kiesel, den du in das Meer deines Bewusstseins wirfst. Jede hinterlässt unterschiedliche Wellen, löst andere Assoziationen, Stimmungen und Gefühle aus. Ihr sprecht nicht einfach nur miteinander. Ihr erschafft permanent Erfahrungen im anderen und wirkt so an seiner Realität mit.

Um welche Themen kreisen die meisten deiner Gespräche?
Wie viel Prozent der Zeit bist du hellwach dabei, weil es um Perspektiven geht, die dein Bewusstsein erregen?
Welche Begegnungen erlebst du als erhebend/öffnend/inspirierend, und mit welchen schlägst du – nüchtern betrachtet – einfach nur die Zeit tot?

Als ich vor zwanzig Jahren meine wichtigsten Freunde darüber informierte, dass ich ab jetzt nicht mehr für Gespräche zur Verfügung stehen würde, die mich langweilen, dass ich mir kein Jammern mehr anhören würde, sondern gemeinsam nach vorn schauen, gab es natürlich eine Welle. Manche fühlten sich beleidigt. Andere horchten auf und begannen eine spannende Diskussion mit mir.

Hat sich mein Bekanntenkreis dadurch gelichtet? Klar. Heute stehe ich ruhig zu dem Anspruch: Ich möchte dauerhaft nur noch mit Menschen Lebenszeit verbringen, die sich gegenseitig stärken und in Lösungen denken. Nach meiner Erfahrung wollen das die meisten auch. Nur wissen viele nicht, wie sie anfangen sollen. Sie sind froh, wenn jemand die Initiative ergreift und die Messlatte hochschraubt.

Doch wenn du nun forsch deine neue Beziehungsagenda aufstellst, vergiss eines dabei nicht: Du bist die Erste, die du an deinen Ansprüchen messen solltest.

Ich habe in den Anfangsjahren unserer Beziehung Andrea oft vorgeworfen, sie würde meine Projekte nicht ausreichend unterstützen. Rückblickend war das eine ziemlich unfaire Projektion. *Ich* bekam mein Zeug nicht auf die Reihe. *Ich* fand in mir nicht die Kraft loszugehen. Nachdem ich mich dann weitgehend darauf konzentrierte, meine eigenen Hausaufgaben zu machen, erlebte ich ein regelrechtes Wunder. Plötzlich stand Andrea hochbegeistert an meiner Seite, bereit mitzuspielen.

Also bitte, bevor du wieder deinem armen Lebenspartner deinen Forderungskatalog unter die Nase hältst, frag dich:

»Lebe ich es bereits vor?«

Sobald du entschlossen verkörperst, was dir wichtig ist, wird etwas sehr Interessantes passieren. Die, die für diesen Ritt bereit sind, werden sich mehr zeigen und mehr einbringen. Die anderen werden sich dezent oder mit einem kleinen Drama aus deiner Realität verabschieden.

Impuls: Kläre dein Beziehungsfeld

Schreibe deine wichtigsten Mitmenschen auf. Reflektiere über die Qualität eurer Beziehung. Welche Schlussfolgerung ziehst du?

Name	Diese Beziehung inspiriert und unterstützt mich.	In dieser Beziehung sehe ich mehr Potential für Freude und Kraft. Doch es muss sich etwas verändern.	Diese Beziehung dient meinem Leben nicht. Sie raubt mir hauptsächlich Kraft.	Meine konkrete Schlussfolgerung:
Überlegung zu den einzelnen Spalten?	Wissen diese Menschen, wie wichtig sie für mich sind? Wenn nicht, wann werde ich sie wertschätzen?	Was braucht es von meiner Seite, um diese Beziehungen zu beleben? Was habe ich bis jetzt noch nicht gegeben?	Was schlussfolgere ich daraus?	

- Welche Menschen sind dir so wichtig, dass du sie über deine neuen Ziele informieren möchtest, so dass sie die Chance bekommen, mit dir gemeinsam zu wachsen?
- Welche Beziehungen hatten noch nie die Chance, ihr volles Potential zu zeigen, weil du dich bis jetzt noch nicht hundertprozentig eingebracht hast?
- Gibt es Menschen, von denen du dich liebevoll verabschieden möchtest?

Sei mutig. Schau hin.
Es ist dein Leben.

Kläre dein Beziehungsfeld besser jetzt, damit du dir auf dem Sterbebett vor Wut über all die vertrödelten Momente nicht in den Arsch beißt.

Was habe ich gerade verstanden?

Was bedeutet diese Erkenntnis für mich?

Durch welche konkrete Handlung kann ich die Erkenntnis sofort in mein Leben integrieren?

14. SCHRITT: BILDET EIN TEAM

Nach den letzten zwei Kapiteln dürfte klar sein, wie wichtig Beziehungen für dein Erblühen sind. Doch du kannst natürlich nicht von jedem deiner Mitmenschen erwarten, dass er zur selben Zeit wie du daran interessiert ist, intensiv durchzustarten.
Große Ziele erreichst du allerdings wesentlich schneller, wenn du dich mit Gleichgesinnten verbündest.

Bereit, die Einzelanstrengung loszulassen?

Diese Idee ist nicht neu. Napoleon Hill beschreibt in seinem Erfolgsklassiker von 1937 *Denke nach und werde reich* die Bedeutung einer sogenannten Mastermind-Group. Für ihn war sie die ausschlaggebende Voraussetzung für langfristigen Erfolg. Solch eine Gemeinschaft bietet den direkten Zugang zu Ideen, Talenten, Ressourcen oder Fähigkeiten, die dir als Einzelperson nie zur Verfügung stehen würden. Ich kann das nur bestätigen. Bei allen wirklich großen Zielen schätze ich es sehr, mit Verbündeten an einem schöpferischen Strang zu ziehen. Wir nennen diese Gruppen Living-Master-Teams und ermutigen unsere Klienten, Partner für ihre Projekte zu finden.

Glaub mir, ein solches Team macht vieles einfacher. Es ermöglicht dir den Zugriff auf einen schier unbegrenzten Pool von Wissen, Erfahrung, Talenten und Kontakten – mehr als du jemals nutzen kannst!

Übrigens funktioniert auch dein Körper auf diese Weise: Jede deiner Zellen arbeitet nach dem Prinzip der konzentrierten Kooperation. Ganz selbstverständlich verrichtet sie die Aufgabe, für die sie perfekt designt wurde, und überlässt die anderen Aufgaben den Zellen, die dafür ausgerüstet sind.

Indem wir unsere Geister, unsere Herzen, unsere intelligente Tatkraft und unsere Ressourcen miteinander verbinden, erschaffen wir ein kreatives Feld, in dem sich Lösungen zeigen können, die für keinen von uns allein zugänglich gewesen wären.

Gründe dein Living-Master-Team

Warte nicht darauf, dass dir so ein Team über den Weg läuft. Initiiere es selbst. Finde drei bis maximal acht Menschen, die ebenfalls ernsthaft daran interessiert sind, etwas Großes in ihrem Leben zu manifestieren.

Wer fällt dir spontan ein, den du fragen möchtest?
Wenn du keine Selbstzweifel hättest und alles möglich wäre, mit wem wärest du gern in einem Living-Master-Team?

Liste die drei bis acht Personen auf, die du gern in deinem Team hättest:

. . . .

. . . .

. . . .

. . . .

. . . .

. . . .

. . . .

Kontaktiere diese Personen und lade sie ein.
Erzähl ihnen von deinen Zielen, und frage nach, wie du ihre Ziele unterstützen kannst.
Ich kann nicht genug betonen, wie sehr sich euer Potential gegenseitig stimulieren wird, wenn ihr euch auf diese Weise verbündet. Wenn du an leichtem und spielerischem Erfolg interessiert bist, löse dich von Konkurrenzgedanken und dem Glauben, alles allein schaffen zu müssen.

TIPP

Tipp 1: Anleitung zur Teambildung
Für die Treffen eines solchen Teams haben sich bestimmte Regeln bewährt. Du findest im Leserbereich auf der Website ein kleines Handbuch zur Gestaltung solcher Living-Master-Teams.

Tipp 2: HUMAN TRUST
Besonders empfehlen möchte ich dir in diesem Zusammenhang die Life Coaching Community HUMAN TRUST. Hier kommen Tausende von Menschen aus mittlerweile zehn Ländern zusammen. Sie alle vereint, dass sie ihr Leben voll und wach auskosten wollen. Sie tauschen sich in unserer großen Online-Community aus, stellen ihre Projekte vor, treffen sich aber auch live, um sich privat und beruflich zu unterstützen. Wenn du neugierig bist, findest du mehr Informationen auf der Webseite www.humantrust.com

Was habe ich gerade verstanden?

Was bedeutet diese Erkenntnis für mich?

Durch welche konkrete Handlung kann ich die Erkenntnis sofort in mein Leben integrieren?

15. SCHRITT: UMARME DEINEN SCHATTEN

Du siehst, ich will viel.
Vielleicht will ich alles:
Das Dunkel jedes unendlichen Falles
und jedes Steigens lichtzitterndes Spiel.
Rainer Maria Rilke

Ach, wenn Erfolg doch nur so exakt und sauber funktionieren würde wie eine mathematische Gleichung! Dann … ja, dann wäre es nach kurzer Zeit furchtbar langweilig.

Sicher hast du es schon bemerkt. Wenn du deine schöpferischen Fühler in eine neue Dimension ausstreckst, ist der Weg dahin nicht nur mit Begeisterung gepflastert. Du erlebst gute und schlechte Tage. Manchmal erscheint alles klar, dann wieder überkommen dich tiefe Zweifel. Gestern trug dich Euphorie. Heute legt sich unerklärliche Panik wie ein bleierner Mantel um dein Herz. Wenn du nicht verstehst, was in solchen Momenten geschieht, stellst du eventuell deinen ganzen Weg infrage. Was da passiert, lässt sich metaphorisch so ausdrücken:

Du bist aus der Höhle des Bekannten hinaus ins Licht getreten. Es wird heller, und gleichzeitig hast du auch deinen Schatten geweckt.

Der Begriff des psychologischen Schattens geht auf den Psychiater C.G. Jung zurück. Er hat unsere Sichtweise der menschlichen Psyche nachhaltig verändert. Unter »Schatten« verstand er den versteckten Teil der menschlichen und kollektiven Psyche. Wer sich unter Schatten nicht direkt etwas vorstellen kann, für den könnte man es auch so erklären: Der Schatten beinhaltet all das von dir, was noch nicht im vollen Licht deines Bewusstseins angekommen ist. Hier schlummern alte unreflektierte Glaubenssätze, von denen du gar nicht wusstest, wie sehr sie dein Handeln prägen. Hier warten Wunden auf ihre Heilung, unterdrückte Emotionen darauf, gelebt zu werden, und verbannte Wünsche und Träume möchten sich zeigen. Dein Schatten – das sind all die Anteile von uns, die wir irgendwann abgespaltet haben, weil sie uns zu schmerzhaft, zu peinlich, zu beängstigend oder auch zu groß erschienen.

Wenn wir einen anderen Menschen für seinen Erfolg bewundern, tendieren wir dazu, nur seine lichtvollen Momente auf der Bühne zu sehen. Wir blenden aus, dass er sehr wahrscheinlich auch Durststrecken und dunkle Nächte erlebt hat und Versuchungen widerstehen musste, um dahin zu kommen. Doch gerade darin liegt der Wert eines integren Erfolgs. Er macht einen Menschen heiler (im Sinne vom *ganz*), indem er verborgene Aspekte ins Licht überführt.

Es ist bedeutsam zu verstehen: Ein großes Ziel außerhalb deiner Komfortzone anzugehen, wird dein Schattenpotential wecken. Neue positive Anteile werden sich zeigen, mehr Begeisterung, kühnere Träume, intensivere Emotionen, mehr Kraft und Wachheit.[79] Doch auch die als negativ interpretierten Aspekte werden sich zu Wort melden. Du wachst eines Morgens auf und bist von intensivem Selbstzweifel befallen. Du erreichst die obere Grenze an Freude, die du dir selbst zugestehst, und Selbstsabotage-Muster setzen ein. Du veränderst dich stark und erlebst dadurch neue Konflikte mit deiner gewohnten Umgebung. Gestern hast du dich noch voller Freude für dein Ziel eingesetzt, doch heute bist du vor Panik wie gelähmt und möchtest am liebsten wieder zurück in deine Höhle.

Oft erleben wir diese Turbulenzen in uns drin, doch manchmal projizieren wir unseren Schatten auch auf andere Menschen. Dann spricht ein Freund genau den Zweifel an, der insgeheim in uns nagt.

Begehe bitte nicht den Fehler, diese Phänomene und Hürden mit positivem Denken und oberflächlichem Erfolgs-Tschakka-Tschakka oder pseudospirituellen Wohlfühlaffirmationen zu übertünchen – das rächt sich. Alles, was da in dir aufsteigt, gehört zu dir.

Dein Schatten möchte von dir verstanden, geliebt und integriert werden.

79 Jungianer verstehen im klassischen Sinne unter Schatten nur die negativen Aspekte der Psyche. Für mich ergibt es Sinn, auch die positiven Aspekte dem Schatten zuzuordnen, die wir im Augenblick noch nicht sehen können und manchmal noch intensiver fürchten als unsere Dunkelheit.

Dich in deiner Komplexität anzunehmen und sanft mit dir umzugehen, mag kurzfristig betrachtet deinen Weg zum Erfolg verlangsamen, doch tatsächlich bekommst du so festen Boden unter die Füße. Das Kleine, Peinliche, Schwache, Ängstliche in uns will gesehen und erlöst werden. Ein ungeliebter Aspekt, den du nach Hause holst, steht dir dann mit seiner Kraft und Weisheit zur Verfügung. Er heilt dich. Er verleiht dir Würde und Tiefe. Dein Ziel ist der Köder. Es lockt dich aus der Höhle. Und plötzlich stehst du im Licht und bist mit einer größeren Version deiner selbst konfrontiert. Es ist cool, wenn du dein Ziel erreichst, doch das, was viel kostbarer ist und was dir auch eine Niederlage nicht nehmen kann, ist die Selbsterkenntnis.

Wie zeigt sich dein Schatten konkret?

Er kann an fünf Türen anklopfen:

1. an die Tür der körperlichen Phänomene (zum Beispiel durch Unruhe, Verspannungen, Kopfschmerzen, Krankheiten),
2. an die Tür der Gedanken (etwa in Form von starken Selbstzweifeln, aber auch durch Träume),
3. an die Tür der Gefühle (durch Angst, Wut, Trauer, aber eben auch durch mehr Freude als sonst, mehr Kraft, Ekstase),
4. oft projizieren wir unseren Schatten auch auf andere Menschen, zum Beispiel, indem wir Aspekte an ihnen wahrnehmen, die wir in uns ablehnen oder die wir uns nicht zutrauen,
5. und dann zeigt sich unser Schatten auch gern in äußeren Ereignissen. Es kann zum Beispiel sein, dass just vor deinem Er-

folg immer wieder ähnliche »Pannen« passieren und dich auf deinem Weg zurückwerfen.

Ich stelle dir im Leserbereich auf der Webseite für jede dieser fünf Schattentüren eine Technik zur Verfügung, wie du die Tür öffnen, den Schatten hereinbitten, erforschen, verstehen und seine Kraft integrieren kannst. Du kannst sie ausprobieren, wenn es gerade aktuell ist.

Die Kunst liegt darin, deinen Schatten wahrzunehmen, zu integrieren *und* gleichzeitig mit deiner Erfolgsdisziplin am Ball zu bleiben. Das kannst du auch an Tagen tun, an denen du dich verletzlich oder angeknackst fühlst. Geh deinen Weg dann einfach langsamer und sanfter.

Hol alle deine Schätze ans Licht.

Werde ganz.

Was habe ich gerade verstanden?

Was bedeutet diese Erkenntnis für mich?

Durch welche konkrete Handlung kann ich die Erkenntnis sofort in mein Leben integrieren?

16. SCHRITT: ALPHA-FLOW

Was für unsere begrenzte Vernunft Magie ist,
ist die Logik des Unendlichen.
Sri Aurobindo

Mit diesem Kapitel gehe ich bewusst ein Risiko ein. Alles, was ich bisher mit dir geteilt habe, lässt sich sehr gut mit Fakten belegen, die von der Wissenschaft bereits anerkannt sind. Für die Erfahrungsebene, um die es mir jetzt geht, sind zwar die hirnphysiologischen Vorgänge gut dokumentiert, doch was währenddessen mit unserem Bewusstsein geschieht, dafür gibt es noch keine ganz eindeutige Erklärung.
Bitte verstehe meine Erläuterungen auch hier als pragmatische Metapher, um dich auf einen besonderen Bewusstseinszustand und seine Bedeutung für deinen Erfolg hinzuweisen.

Im Flow…

Hast du schon einmal einen Moment erlebt, in dem die Zeit stehen zu bleiben schien? Vielleicht beim Sport, während du deinem Hobby nachgingst oder beim Sex? Du bist in der Gegenwart aufgegangen und warst gleichzeitig mit allem verbunden, und alles ergab sich mühelos. Du wusstest, ohne wissen zu müssen, was als Nächstes zu tun ist. Du hast dich richtig und zur richtigen Zeit am richtigen Platz gefühlt.

Der Name für diesen wunderbaren Zustand lautet Flow.[80] Du kannst ihn nicht willentlich herbeiführen, aber du kannst günstige Rahmenbedingungen für ihn schaffen.

Um zu verstehen, wie das geht, ist es sinnvoll, dass wir uns auf einen kurzen Ausflug in die Frequenzwelten deines Gehirns begeben. Wie bereits erwähnt, besteht dein Gehirn aus Milliarden von Nervenzellen, die durch elektrische Impulse miteinander kommunizieren. Diese Impulse können als Wellen oder Frequenzen mit Hilfe der Elektroenzephalografie (EEG) gemessen werden. Dabei lässt sich feststellen, dass in unserem Gehirn starke Frequenzverschiebungen stattfinden. Wenn dies passiert (hier wird es spannend für uns!), verändert sich auch unser Bewusstseinszustand. Die Gehirnwellen einer schlafenden Person unterscheiden sich beispielsweise deutlich von denen einer wachen Person.

Genauso, wie wir das Spektrum des Lichts in die Farben des Regenbogens unterteilen, können wir auch das Frequenzspektrum unseres Gehirns in Wellenbereiche einteilen:

---

80 »Flow (englisch »Fließen, Rinnen, Strömen«) bezeichnet das als beglückend erlebte Gefühl eines mentalen Zustandes völliger Vertiefung (Konzentration) und restlosen Aufgehens in einer Tätigkeit (Absorption), die wie von selbst vor sich geht – auf Deutsch in etwa Schaffens- bzw. Tätigkeitsrausch oder auch Funktionslust. Der Glücksforscher Mihály Csíkszentmihályi gilt als Schöpfer der Flow-Theorie, die er aus der Beobachtung verschiedener Lebensbereiche, u. a. von Chirurgen und Extremsportlern, entwickelte und in zahlreichen Beiträgen veröffentlichte. Heute wird seine Theorie auch für rein geistige Aktivitäten in Anspruch genommen.« https://de.wikipedia.org/wiki/Flow_(Psychologie)

Da gibt es die hochfrequenten **Gammawellen** (100 – 38 Hz), die man als Letzte entdeckt hat. Sie wurden zum Beispiel bei buddhistischen Mönchen während der Mitgefühlsmeditation gemessen und werden auch mit Spitzenleistungen, mystischen und transzendenten Erfahrungen in Verbindung gebracht.

Die Wellen, die uns allen am vertrautesten sind, sind die **Betawellen** (38 – 15 Hz). Sie decken den Frequenzbereich unseres normalen Tagesbewusstseins ab. Sie stellen sich ein, wenn wir fokussiert, logisch, linear und rational denken. Dieser Zustand ist hilfreich, wenn Dinge einfach getan werden müssen, wenn wir uns zum Beispiel simpel von A nach B bewegen wollen. In einer leistungsorientierten Gesellschaft wird diese Frequenz leider überstimuliert. Halten wir uns fast ausschließlich in Beta auf, bekommen wir einen Tunnelblick. Wir fühlen uns gestresst, isoliert und angespannt.

Alphawellen (14 – 8 Hz) entstehen, wenn wir uns wach entspannen, zum Beispiel beim Tagträumen oder Visualisieren. Alphawellen sind ein wichtiges Tor zu unserer Intuition. Deshalb schauen wir sie uns gleich noch einmal genauer an.
Die Einzigartigkeit des Alpha-Bewusstseinszustandes liegt nicht nur in der angenehmen Erfahrung von Leichtigkeit und Vertrauen. Die intuitive Verbindung zum kollektiven Informationsfeld verschafft dir den Zugang zu einem grenzenlosen Wissen, schier unendlich vielen Lösungsmöglichkeiten und der Erfahrung, tatsächlich mit ALLEM verbunden zu sein.

Thetawellen (7 – 4 Hz) stehen in Verbindung mit unserem Unterbewusstsein. Sie kommen besonders im Traum (REM-Schlaf), in der Meditation und während tiefversunkener kreativer Zustände vor. Im Theta-Bereich zeigen sich unsere unbewussten oder unterdrückten seelischen Anteile, aber auch tiefere Einsichten und spirituelle Erfahrungen. Die Erlebnisse in diesem Bereich bleiben häufig unbewusst, es sei denn, es sind gleichzeitig auch Alphawellen aktiv.[81]

81 Ein Beispiel dafür ist der Trance-Tanz. Wir nutzen diese alte Technik in einem neuen Format in einigen von unseren Seminaren. Die Teilnehmer erleben währenddessen sowohl kreative Alpha-Zustände als auch tiefe, traumartige Theta-Welten.

Wenn du morgens aufwachst und noch ein wenig döst, produzierst du Gehirnwellen im Theta-Bereich. Alpha-Wellen helfen dir, dich an deinen Traum zu erinnern.[82] Sie unterstützen dich auch bei deinen täglichen Visualisierungen, sorgen dafür, dass dein Powerziel in dein Unterbewusstsein geschleust wird. In Alpha werden Botenstoffe freigesetzt, die das Empfinden von Glück und Freude hervorrufen, zum Beispiel Serotonin und Dopamin.

Deltawellen (3 – 0,5 Hz), die Hirnwellen mit der niedrigsten Frequenz, entstehen im traumlosen Tiefschlaf, dem erholsamen Teil des Schlafes.

Um die eigene Komfortzone zu erweitern und neue Ziele anzustreben, sind vor allem Alphawellen von Bedeutung. Im Alpha-Zustand verfügst du über eine erhöhte Erinnerungs- und Lernfähigkeit. Du öffnest dich deiner Intuition. Du empfängst neue Ideen und Impulse, deren Herkunft du dir nicht rational erklären kannst.[83] Der Alpha-Zustand ist die Brücke zwischen deiner äußeren Welt (Beta) und deiner inneren Weisheit (Theta). Wenn alle drei Welten gut miteinander kommunizieren, bist du im *Flow*. Frank Natale nannte es auch den *Einklang*, denn deine wichtigsten Bewusstseinsebenen arbeiten synchron miteinander. Dein Unterbewusstsein be-

82 Unser Gehirn befindet sich fast nie nur in einem Frequenzbereich, meist ist es ein Mix.

83 Nicht ohne Grund haben wir entscheidende Erkenntnisse oft unter der Dusche oder im Traum.

rät dich mit seinen Erfahrungen, dein Tagesbewusstsein lenkt und schlussfolgert, dein intuitives Bewusstsein empfängt Eingebungen aus dem kollektiven Feld.

Bist du im Einklang, manifestierst du deine Vorhaben anstrengungslos, beziehungsweise du erlebst es als »das Leben manifestiert sich anstrengungslos«.

Es geschehen (scheinbare) Wunder. Genauer ausgedrückt: Du erkennst in diesem Bewusstseinszustand die permanent stattfindenden Wunder der Schöpfung. Du erlebst öfter sogenannte Synchronizitäten.[84] Wir kennen das alle: Du denkst nach Jahren mal wieder an einen alten Schulfreund, und in dem Moment ruft er dich an. Du brauchst dringend einen Parkplatz, und schon fährt vor dir jemand aus der Lücke. Du stehst vor einem Buchregal, und plötzlich fällt ein Buch heraus, das genau die Antwort enthält, nach der du suchst. Alles passt.
Mir ist bewusst, dass man viele dieser Momente auch logisch erklären kann. Doch ich habe bereits Situationen erlebt (und ich wette, du auch), die sich bis jetzt nicht wissenschaftlich erklären lassen.[85]

84 »Als Synchronizität (altgriechisch σύν syn ›mit‹, ›gemeinsam‹ und χρόνος chronos ›Zeit‹) bezeichnete der Psychologe Carl Gustav Jung zeitlich korrelierende Ereignisse, die nicht über eine Kausalbeziehung verknüpft sind (die also akausal sind), jedoch als miteinander verbunden, aufeinander bezogen wahrgenommen und gedeutet werden.« https://de.wikipedia.org/wiki/Synchronizität

85 Ich habe einmal aus »Zufall« auf einem Parkplatz am Grand Canyon einen guten Freund getroffen. Wäre ich auch nur 30 Sekunden später da angekommen, hätten

Für mich steht es außer Frage, dass wir alle in ein energetisches Feld eingebunden sind, in dem jede Information überall verfügbar ist. Befindest du dich nicht im Einklang, etwa weil du versuchst, das Leben über angestrengtes, rationales Denken zu verdauen, verkrampft sich dein Gehirn. Dann erlebst du dich als isoliertes und begrenztes Wesen. Du verirrst dich in der Illusion der Einzelanstrengung. Wenn sich aber alle drei Bewusstseinsbereiche im Einklang befinden, fühlen wir uns zur richtigen Zeit am richtigen Platz in diesem Universum. Wir wissen dann jenseits von Worten, dass wir ein wichtiger Teil eines größeren Wirkens sind.

Wahrscheinlich interessiert dich nun die Frage, wie du diesen Einklang herbeiführen kannst?
Gar nicht! Denn etwas zu erreichen, bedeutet, etwas zu machen. Machen ist jedoch *Beta*. Anstrengung verschließt dir den Zugang zu Alpha. Sei dir stattdessen bewusst, dass der Flow, nach dem du dich sehnst, allgegenwärtig um dich herum und in dir existiert. Das ganze Leben fließt. Die 100 Billionen (!) Zellen deines Körpers befinden sich in einem permanenten Flow, sonst würdest du gar nicht leben können. Du selbst bist wiederum eines von den Billiarden lebender Systeme auf unserem Planeten. Wir nehmen dieses intelligente Zusammenspiel nur oft nicht wahr, weil sich unser Geist verkrampft hat.

---

wir uns verpasst. Wer will mir plausibel erklären, wie es möglich ist, dass mir ein Mensch (an den ich in diesen Tagen oft dachte) auf einem fremden Kontinent über den Weg läuft?

Du bist IMMER mittendrin im Flow.

Anstatt irgendwohin zu wollen, geht es eher darum, dich da, wo du bist, wach zu entspannen. Tatsächlich hast du jederzeit einen unmittelbaren Zugang zum Flow. Denn du bist ein Teil dessen!

Kann es sein, dass es viel einfacher ist, als wir denken? Viel näher als nah?
Dein Verstand findet immer Beweise für das, woran er glaubt.
Wenn du glaubst, der Lindau spinnt und eigentlich ist das Leben ein Kampf, dann wird es so sein.
Wenn du glaubst, es sei schwierig, in den Einklang zu kommen, wird es schwierig sein.
Wenn du glaubst, dass du dafür einen indischen Guru brauchst und dich in einem Ashram jahrelang wie eine Brezel verbiegen musst, wird es so sein.
Wenn du glaubst, es sei einfach, und dass du dich jetzt – zum Beispiel beim Lesen dieses Buches – in den Flow hinein entspannen kannst, wird es genau so sein.
Und?

Dein Erfolgsweg braucht Alpha. Das tut gut. Erlaube dir mehrmals täglich, alle Ziele loszulassen – und einfach entspannt und wach hier zu sein.[86]

86 Im Leserbereich der Webseite erwartet dich eine Meditation dazu.

Du kannst Alpha zwar wie gesagt nicht erzwingen, doch du kannst die geeigneten Rahmenbedingungen für diesen Zustand schaffen.

Zum Beispiel,

- indem du etwas tust, das du so sehr liebst, dass du die Zeit dabei vergisst.
- indem du spielst.
- indem du mal ganz bewusst – nur für eine Stunde – darauf verzichtest, alles verstehen zu wollen.
- indem du einen feinen Humor kultivierst und vor allem immer öfter über dich lachst.
- indem du ausgiebig guten und innigen Sex genießt.[87]
- indem du meditierst, malst, tanzt, in deiner Lieblingssportart voll aufgehst.
- indem du bewusst neue Sachen ausprobierst.
- indem du mehr küsst.

Indem du JETZT die Schultern entspannst, tief ein- und sanft ausatmest, dabei deine Mundwinkel zu einem Lächeln formst und leise zu dir sagst:

»Es darf *einfach* für mich sein.«

Denn Alpha ist einfach und natürlich.

---

87 Das kann man übrigens auch allein, falls du Single bist und gerade anfangen wolltest zu jammern.

17. SCHRITT: DIE MAGIE DER GEGENWART

Die wichtigste Stunde ist immer die Gegenwart.
Der bedeutendste Mensch ist der,
der Dir gerade gegenüber sitzt.
Das Notwendigste ist immer die Liebe.
Meister Eckhart

Auch mit den folgenden zwei Kapiteln gehe ich das Wagnis ein, dass du mich eventuell für einen Spinner hältst. Doch das Risiko ist es mir wert. Es gibt Phänomene, die lassen sich (noch) nicht beweisen, und trotzdem muss ich sie ansprechen, sonst hätte ich das Gefühl, dir einen wesentlichen Aspekt der Kunst des Erfolgs vorzuenthalten.

Erinnerst du dich an deinen letzten Sonnenaufgang? Was hast du gesehen? Dass die Sonne langsam über den Horizont gestiegen ist, stimmt's? Ist das nicht erstaunlich? Du weißt, dass es nicht so ist, dennoch erlebst du es so. Unsere Wahrnehmung lässt sich also täuschen – und das nicht gerade selten …

Hier einige Beispiele für optische Täuschungen:

Welche der beiden Linien ist länger?

Die untere? Denkst du. Sie sind beide gleich lang.

Sind die Linien zwischen den Kästchen gerade oder wellig?[88]

88 Sie sind gerade. Ob du es glaubst oder nicht.

Kannst du auch den Kubus sehen, der gar nicht da ist?

Worauf ich hinauswill: Unser Verstand hält uns oft zum Narren. Und nicht nur das, er baut auf den Täuschungen, denen er unterliegt, nicht selten eine vollständige, in sich schlüssige Realität auf. Das menschliche Drama besteht darin, dass wir auf Basis dieser Täuschungen Urteile fällen, Menschen angreifen, Beziehungen zerstören, Kriege anzetteln …

Im Folgenden möchte ich gemeinsam mit dir noch einen anderen Bereich untersuchen, der ein Fundament deines Lebens bildet und in dem auch eine Täuschung vorliegt. Die Rede ist von der Zeit.

Fangen wir an. Bitte einfach tief durchatmen und entspannt lesen …[89]

Spätestens seit Einstein wissen wir, dass Zeit relativ ist, und dennoch erleben wir sie als verlässliches Orientierungsgerüst. Wären da nicht diese seltsamen Phänomene, dass uns mal die Zeit davonläuft und sie dann wieder quälend langsam verrinnt.

Robert Levine erforscht in dem empfehlenswerten Buch *Eine Landkarte der Zeit. Wie Kulturen mit Zeit umgehen* den Bezug zum Thema Zeit in verschiedenen Ländern. Er veranschaulicht, wie das Zeitgefühl eines Kulturkreises das körperliche, seelische und soziale Wohlbefinden seiner Menschen beeinflusst. Hier nur einige Beispiele:

Je gesünder die Wirtschaft, desto höher das Tempo.
Je entwickelter ein Land ist, desto weniger freie Zeit bleibt pro Tag.
Größere Städte – schnelleres Tempo.

89 Achtung! Im Beta-Modus ist das kaum möglich, denn der arbeitet strikt logisch-linear. Aber das, was jetzt kommt, kannst du nicht intellektuell begreifen. Am besten schaust du dir vorher noch *Interstellar* als eine Art Meditation an. Ich habe noch nie einen Film gesehen, der die Komplexität dieses Themas so gut rüberbringt.

Heißere Orte – langsameres Tempo.[90]

Das winzige Volk der Pirahã (ein Indianerstamm im Amazonasgebiet) kennt weder Vergangenheit noch Zukunft. Der Ethnologe Daniel Everett beschreibt ihre Wahrnehmung als ein »Prinzip des unmittelbaren Erlebens«[91]. Sie glauben weder an einen Himmel noch an eine Hölle, die auf sie warten. Sie leben jetzt. Da sie nur hier sind, fallen auch all die Sorgen und Ängste weg, die unsereinen bezüglich der Zukunft und der Vergangenheit beschäftigen.

Hast du schon einmal darüber nachgedacht, was von deiner Vergangenheit und Zukunft übrig bliebe, wenn du keine sprachliche Zeitform hättest, um sie auszudrücken? Und versuche einmal, eine Sorge zu finden, die du ohne Zukunftsbewusstsein aufrechterhalten kannst. So viel zur Realität von Zeit …

90 Das kann ich von meinen Karibikaufenthalten bestätigen.
91 Quelle: TAZ vom 5.9.2011, http://www.taz.de/!77472/

Doch gehen wir noch einen verrückten Schritt weiter, um dem Titel des Buches gerecht zu werden. Du sitzt, liegst oder stehst gerade irgendwo, richtig? So, schau dich um. Nimm den Moment bewusst wahr. Das ist deine Gegenwart, korrekt?
Wo ist deine Zukunft jetzt gerade? Nicht da, stimmt's?
Kannst du genau sagen, wie deine Zukunft in zwei Stunden aussehen wird? Nein. Wird sie überhaupt je kommen? Nein. Denn zwei Stunden später wirst du wieder irgendwo sitzen, stehen, liegen, und es wird … in der Gegenwart sein! Lass uns also festhalten: Du wirst nie in der Zukunft ankommen, weil sie dann schon wieder deine Gegenwart ist.
Schauen wir uns deine Vergangenheit an. Die hast du doch gehabt, oder? Und du weißt auch, wie sie war. Echt? Hast du noch nie erlebt, wie eine einzige zusätzliche Information deinen Blick auf deine Vergangenheit drastisch verändert hat?

Stell dir folgende Situation vor: Du fühlst dich von einem Freund verraten, weil er nicht zu deinem Geburtstag gekommen ist. Du schmollst deswegen seit einem Monat und bist kurz davor, die Beziehung abzubrechen. Dann hörst du per Zufall, dass er seit Wochen schwerkrank im Bett liegt. Was passiert in diesem Moment mit der von dir erfahrenen Vergangenheit? Sie fällt wie ein Dominospiel in sich zusammen und baut sich in einem neuen Kontext auf. Bis du herausbekommst, dass dein Freund gelogen hat und doch nicht krank war … Deine Vergangenheit ist nichts weiter als eine aus wenigen sicheren Eckpunkten heraus rekonstruierte Geschichte in deinem Verstand.

Neulich las ich einen Bericht über eine psychologische Studie in den Vereinigten Staaten. Erst bekamen die Probanden in einem hochmanipulativen Gespräch wahre Geschichten aus ihrer Kindheit und Jugend erzählt, doch nach und nach begann ihr Gegenüber, auch falsche Details mit einzubauen. Schließlich wurden sie mit dem Vorwurf konfrontiert, sie hätten als Jugendliche einen Raubüberfall begangen. Das Ergebnis war erstaunlich. Wenn ich mich recht erinnere, gaben über die Hälfte das Verbrechen zu, obwohl sie es nie begangen hatten!
Das klingt vielleicht unwahrscheinlich, aber was ist deine Vergangenheit? Sie existiert nicht wirklich. Sie besteht aus gespeicherten Erinnerungen, die wir in einen zeitlichen Zusammenhang setzen. Die Vertreter von NLP haben festgestellt, dass unser Verstand seine Erinnerungen auf einer Art innerem Zeitstrahl anordnet. Sie bezeichnen diesen Zeitstrahl als eine Timeline.

Schließ deine Augen, und stell dir vor, du befindest dich in einem leeren Raum. Nun denke an deine Vergangenheit. Von woher kommt sie auf dich zu? Von hinten? Von rechts, links, oben, unten? Alles ist möglich. Nimmst du wahr, dass alle Ereignisse wie auf einer Perlenkette angeordnet sind? Es spielt dabei keine Rolle, ob sie genau so stattgefunden haben. Dein Bewusstsein konstruiert aus den Bildern und der Bedeutung, die du ihnen verleihst, deine Story. Und diese wiederum beeinflusst stark, wer du heute zu sein glaubst.

Weil ich damals das und das erlebt habe, bin ich heute so und so …
Weil ich damals das und das nicht bekommen habe, kann ich heute nicht …

Jetzt wird es spannend. Was, wenn in deiner Timeline neue Erinnerungen auftauchen oder bekannte Erinnerungen neu bewertet würden? Würde sich dann nicht auch dein Verständnis der Gegenwart ändern?

Ein persönliches Beispiel:
Ich habe lange Zeit geglaubt, mein Vater hätte mich nicht ausreichend geliebt. Auf dieser Idee baute meine ganze Story vom ungeliebten Sohn, unsicheren Mann, einer offenen Wunde usw. auf. Ja, ich gebe es schamvoll zu, ich war mir nicht zu blöd, ihn dafür anzuklagen, und lange habe ich gegen all die Werte, die er mir zu vermitteln versuchte[92], rebelliert. Bis ich anlässlich seines sechzigsten Geburtstages beschloss, ein paar Familienmitglieder und einige seiner Kindheitsfreunde vor laufender Kamera über seine ersten Lebensjahre zu befragen. Je länger ich ihnen lauschte, desto stiller wurde ich. Sie berichteten mir vom Hunger der Kriegsjahre, von Prügeln mit der Lederpeitsche, von nicht anwesenden Vätern, totgeborenen Geschwisterchen und eisiger Kälte.
Ich kannte diesen Mann 31 Jahre und war nie zuvor auf die Idee gekommen, mich für sein Leben zu interessieren! Plötzlich fiel es mir wie Schuppen von den Augen, wie sehr mein Vater mich liebt, und ich verstand, dass er immer sein Bestmögliches gegeben hatte. Diese neue Information bewirkte einen radikalen Dominoeffekt auf meiner Timeline. Ich interpretierte viele Erinnerungen aus

92 Zugegebenermaßen etwas ungelenk … Sorry, Dad!

Kinder- und Jugendtagen plötzlich ganz anders. Zwar wurde ich dadurch nicht über Nacht ein anderer Mensch, doch die Wellen dieser neuen Deutung kamen peu à peu auch in meiner Gegenwart an. Ich fühlte mich nun geliebt. Ich begriff, dass ich immer den Segen meines Vaters gehabt habe. Nun konnte ich in Frieden das Erbe meiner männlichen Ahnenkette annehmen und weiterentwickeln.

Meine Geschichte ist kein Einzelfall. Ich habe viele Menschen kennengelernt, die Jahrzehnte unter einem schrecklichen Ereignis in ihrer Kindheit gelitten haben – besser gesagt unter der Bedeutung, die sie ihm gegeben haben. Wenn so jemand plötzlich eine völlig neue Interpretation angeboten bekommt[93] und sie annehmen kann, verändern sich die Gegenwart und somit auch die Zukunft.

Lass uns gemeinsam noch verrückter werden. Wenn die Veränderung unserer Vergangenheit unsere Gegenwart beeinflussen kann, warum sollte es die Zukunft nicht auch können?

Was ist deine Zukunft? Ist sie jetzt existent? Nein. Sie ist eine Aneinanderreihung von erwarteten Ereignissen auf deinem inneren Zeitstrahl. Schließ noch einmal deine Augen, und stell dir vor, du befindest dich in einem weiten Raum. Nun denke an deine Zu-

93 Zum Beispiel von »Ich wurde vom Leben bestraft« zu »Dieses Ereignis ist ein Auftrag«.

kunft. In welche Richtung stellst du dir vor, geht sie? Nach vorn? Nach rechts, links, oben, unten? Alles kann sein.

Jetzt visualisiere auf deinem Zeitstrahl in der Zukunft, wie du in einem bedeutsamen Bereich deines Lebens immer und immer wieder versagen wirst. Wie fühlt sich das an? Hat das einen Einfluss auf die Gegenwart, besonders wenn du es dir oft vorstellst? Darauf kannst du wetten! Verändert es dein aktuelles Empfinden, wenn du eine gute Zukunft vor dir siehst? Klar.

Stürzen wir die Zeit vom Thron!

Wenn das, was du deine Vergangenheit und Zukunft nennst, eine innere Anordnung von Bildern ist, können wir auch sagen: Vergangenheit, Zukunft und Gegenwart existieren gemeinsam in diesem Moment. Kannst du mir folgen?

Wann hast du jemals etwas anderes gehabt als diesen Augenblick?

Was bedeutet dies konkret für deinen Erfolgsweg?

Drei spannende Implikationen warten auf dich:

1. JETZT ist alles, was du hast. Bleib hier!

Dein Leben findet jetzt statt. Missbrauche die Idee der Zukunft nicht, um der Gegenwart aus dem Weg zu gehen.
Im Augenblick zu leben und die Zukunft aktiv zu gestalten – das schließt sich nicht aus, im Gegenteil. Hier kommt eines der schönsten Paradoxa auf dem Weg des Erfolgs:

> Obwohl dein Ziel in der Zukunft liegt,
> kannst du es nur in der Gegenwart erreichen.

Für ein erfolgreiches Leben ist es essentiell, kristallklar vor Augen zu haben, wo du in deiner Zukunft ankommen möchtest, und dennoch wach in der Gegenwart zu bleiben.
Geht das beides? Ja. Das Navigationsgerät unseres Autos macht es uns vor. Du gibst zu Beginn der Fahrt deine Zielkoordinaten ein (= gewünschte Zukunft). Dein Navi merkt sie sich. Gleichzeitig nimmt es aufmerksam die Gegenwart wahr. Es weiß jederzeit, wo du dich befindest und was hier auf den Straßen passiert. Es lenkt dich immer im Jetzt – Meter für Meter – hin zu deinem Wunschort. Wenn du diesen erreichst, bist du nicht etwa in der Zukunft, sondern in der Gegenwart!

Wie kann das ganz praktisch auf deinem Erfolgsweg aussehen?
Nehmen wir an, dein Ziel ist eine glückliche Liebesbeziehung. Wunderbar! Erstelle dir eine Erfolgsroutine (Seite 287). Visualisiere deine Wunsch-Beziehung für zwei bis fünf Minuten genau so, wie

du sie haben möchtest. Am Morgen, am Mittag, am Abend. Damit programmierst du dein inneres Navigationsgerät auf dein Ziel. Für den Rest des Tages lass die Bilder los und folge hier und jetzt den Anweisungen deines Navigationsgerätes.
»Jetzt bitte den Müll rausbringen, denn darauf wartet dein Partner seit gestern.«
»Nun bitte links abbiegen und für den unnötigen Streit von gestern entschuldigen.«
»Die nächsten 200 Meter bitte lächeln.«
»Kurzer Stopp am Blumenladen …«
»Biege nun gutgelaunt und wohlriechend in euer Schlafzimmer ein, löse die Handbremse und …«

Um eine wundervolle Zukunft mit deinem Partner zu erfahren, musst du bereit sein, *hier* und *jetzt* der liebevolle und achtsame Mensch zu sein, den es dafür braucht. Sei bereit, *heute* wach und präsent alles dafür zu geben (und vergiss den Spaß dabei nicht). Viele Millionen aneinandergereihter Augenblicke in der Gegenwart führen dich zu deinem Ziel.

Ich treffe immer wieder auf Menschen, die davon träumen, wie sie voll erblühen, alles geben, ihr Wahnsinns-Potential leben werden, wenn … ja, wenn … der richtige Job da ist, der Geldgeber für ihr Projekt vor der Tür steht, wenn …
Dieses WENN ist eine gefährliche Illusion. Es wird nämlich nie kommen, wenn du nicht beginnst, HEUTE so zu leben, als wenn das WENN bereits eingetreten wäre.

Frage dich immer wieder:
Wer muss ich jetzt sein, um die von mir gewünschte Zukunft anzuziehen?

2. Das Tor zu deinen Möglichkeiten

Solange du an deinem inneren Zeitstrahl anhaftest, weil du glaubst, er würde deine wahre Geschichte präsentieren, passiert Folgendes: Dein Verstand wertet die vergangenen Ereignisse aus und projiziert sie auf die Zukunft:

»Ich habe in der Vergangenheit häufig versagt, also werde ich es wieder tun.«

»Wir haben uns so oft gestritten, also werden wir uns wieder streiten.«

»Ich weiß, wer ich in den letzten Jahren war, so werde ich auch morgen so sein.«

Man könnte auch sagen: Dein Geist schnappt sich die Reste deiner Vergangenheit, kaut in der Gegenwart ein wenig darauf herum und spuckt sie nach vorn wieder aus. Kommt er dann dort an, denkt er sich: »Siehst du, hat sich wieder nichts verändert. Ich hab es ja gewusst.« Dann schluckt er es wieder, kaut darauf rum … Bisschen eklig, oder? Ich nenne es deshalb auch schöpferisches Wiederkäuen.

Abhilfe schafft die Gegenwart. Sie ist das Tor zu unerwarteten Möglichkeiten. Wenn du dich dem aktuellen Moment ganz hingibst, das heißt mit all deinen Sinnen jetzt voll präsent bist, existieren keine deiner eingebildeten Begrenzungen. Das ist einer der Gründe, warum Menschen in Krisensituationen zu ungeahnten Leistungen fähig sind. Wenn der Tiger vor ihnen steht, haben sie schlicht nicht die Zeit, darüber nachzudenken, dass sie früher schlecht im Stangenklettern waren. Sie sind in null Komma nichts den Baum hoch.

Negative Einflüsse der Vergangenheit sind nicht da, wenn du voll gegenwärtig bist.

Beame dich regelmäßig durch konzentrierte Visualisierung für einen kurzen Moment in deine Zukunft. Dann entspanne dich und komme voll hier an. Erfülle diesen Moment so gut du kannst. Sei *jetzt* deine beste und freieste Version. Und jetzt. Und jetzt …

Jetzt und hier existieren die erdachten Grenzen deines alten Ichs nicht. Du bist offen für neue Möglichkeiten, für neue Impulse und Eingebungen.

Wie kannst du lernen, mehr Momente in der Gegenwart zu verbringen?

- **Durch Meditation.** Ich lege dir sehr nahe, dir eine einfache Meditationspraxis zuzulegen. Meditation ist eine offene Tür in die Gegenwart. Nicht nur, dass du lernst, im Hier und Jetzt zu sein, Meditation schult dich auch darin, deinen gesamten Alltag gegenwärtig und achtsam zu erfahren. Die positiven Effekte von Meditation auf Körper und Geist wurden mittlerweile in über 1.000 Studien dokumentiert, darunter nicht wenige, die an so renommierten Universitäten wie Harvard und Stanford durchgeführt worden sind.
  Meditation öffnet deinen intuitiven Kanal. Sie verbessert deine Lernfähigkeit, dein Gedächtnis und deine Problemlösungsfähigkeiten. Es gibt Hunderte verschiedene Meditationstechniken. Ich rate dir zur stillen Einsichtsmeditation, auch Vipassana genannt. Du findest im Anhang Empfehlungen dazu. Richte dir auf jeden Fall 15 Minuten Stille pro Tag ein.
  Für alle, die glauben, nicht ausreichend Zeit dafür zu haben: Du weißt ja jetzt, wie das mit der Zeit funktioniert – sie ist eine Illusion. Du kannst also gern weiterhin an der Idee festhalten, du habest zu wenig davon. Oder aber du wählst, ab heute Zeit für die wesentlichen Dinge zu haben. Dann wird etwas Erstaunliches geschehen: Es wird so sein. Ich garantiere dir, dass diese 10 bis 15 Minuten eine gute Investition

sind. Du wirst im Endeffekt mehr Zeit durch die Meditation gewinnen, da du deinen Alltag wesentlicher und konzentrierter bewältigen kannst.

- **Suche, so oft du kannst, die Natur auf.** Die Natur ist ein natürlicher Tempel der Stille. Alle Pflanzen und Tiere sind hier. Laufe auf dem Gras. Berühre die Bäume. Schau in den Himmel. Atme tief ein und aus. Spüre die Erde. Schau, staune, lausche. Mein Meditationslehrer hat einmal gesagt: »Stille überträgt sich über Osmose. Wenn du deinen Rücken an einen stillen Baum lehnst, dann überträgt er seine Stille auf dich.«
- **Die Vitalisierungs-Atmung** ist eine wirkungsvolle Methode, um wieder präsenter zu sein. Zweifel, Müdigkeit und Erschöpfung sind meistens Zustände des Verstandes, häufig verbunden mit alten Glaubenssätzen. Ergo kannst du sie willentlich verändern.

  Du kennst bestimmt die folgende Situation: Du fühlst dich hundemüde und kannst dich auf das, was du gerade tust, nur noch mit Mühe konzentrieren, da stößt du plötzlich auf etwas Interessantes – ein Spiel, ein spannendes Thema, einen lebendigen Menschen –, und die Müdigkeit ist wie weggeblasen! Du hast dich entschieden, mit deiner BeGEISTerung in die Gegenwart zurückzukehren.

  Nutze die folgende Technik, um körperliche und geistige Müdigkeit durch Energie und Lebendigkeit zu ersetzen. Willst du sie gleich ausprobieren?

Vitalisierungs-Atmung

Schließe deine Augen. Nimm die Stellen deines Körpers wahr, die du als müde erlebst, und spüre in diese Körperregionen hinein. Werde dir aller Probleme oder Zweifel bewusst, die du mit dieser Müdigkeit in Verbindung bringst.

Sprich jetzt zu dir im Stillen, als würdest du es laut sagen:

»Mein waches Selbst, ich werde nun zwanzig tiefe, verbundene Atemzüge in meine Brust aufnehmen. Jeder Atemzug ist durchdrungen von Lebendigkeit, die dich verkörpert. Diese Lebenskraft wird durch meinen Körper strömen und all meine körperliche und geistige Müdigkeit und alle Probleme, die damit zusammenhängen, auflösen.«

Um die Botschaft an dein Unterbewusstsein zu verstärken, wiederhole sie noch einmal:

»Mein waches Selbst, ich werde nun zwanzig tiefe, verbundene Atemzüge in meine Brust aufnehmen. Jeder Atemzug ist durchdrungen von der Lebendigkeit, die dich verkörpert. Diese lebendige, bewusste Energie wird durch meinen Körper und mein Gehirn fließen. Sie wird all meine körperliche und geistige Müdigkeit, allen Schmerz und alle unangenehmen Gefühle auflösen. Ich bin bereit, wach zu sein. Ich bin bereit, lebendig zu sein.«

Nimm nun zwanzig tiefe, verbundene Atemzüge.[94] Lass die Atemzüge von der Brust zu den Teilen von Körper und Verstand strömen, die müde sind. Lass sie die körperlichen Spannungen und die Gedanken, die du mit der Müdigkeit assoziierst, auflösen. Zähle die Atemzüge mit. Nachdem du die zwanzig Atemzüge beendet hast, kehre in den normalen Bewusstseinszustand zurück, öffne die Augen und spüre, wie du entspannt, energetisch und wach bist.

- **Die Stop & go-Technik**
  Wie oft passiert es uns im Alltag, dass sich die Dinge verselbstständigen. Du stehst am Morgen auf und visualisierst noch freudig, doch dann streitest du dich mit deiner Partnerin, und ab da läuft der ganze Tag schief. Die Programme und Muster sind wie die Rille auf einer alten Schallplatte. Da du diese Lieder sehr, oft gehört hast, ist die Rille tief. Deshalb rutschst du so schnell und leicht wieder rein und bleibst darin hängen.
  Die Stop & go-Technik setzt fette Kratzer auf die alte Platte, so dass das Muster durchbrochen wird. Sie funktioniert verblüffend einfach und etabliert neue Gewohnheiten.

94 Diese Meditation und die Stop & go-Technik stammen von Frank Natale.Verbundene Atemzüge sind lange, langsame, tiefe Atemzüge in einer ununterbrochenen Bewegung; sie sind miteinander verbunden, ohne dass die Atemzüge beim Ein- oder Ausatmen gestoppt werden.

Wann immer du dich dabei ertappst, in einer alten Denk- oder Handlungsschlaufe zu hängen, schließe deine Augen für einen Moment.
Rufe dir innerlich kräftig und entschlossen ein »Stopp!« zu.
Dann sage dir: »Dieses Muster gehört zu meiner Vergangenheit. Ich wähle jetzt und hier frisch. Mein Leben beginnt in diesem Moment neu.«
Nun frage dich: »Wer will ich jetzt sein, damit meine gewünschte Zukunft wahr wird? Wie will ich sein? Wie werde ich jetzt handeln?«
Und dann öffne deine Augen und tu es.

Sollten es die Umstände erlauben, kannst du diese Sätze auch laut aussprechen. Eine deutliche Körpergeste (einmal um die einige Achse drehen oder wie ein wütender Stier stark ausatmen) verstärkt die Wirkung.
Wenn dein altes Muster stark ist, musst du die Technik vielleicht hundert Mal anwenden. Na und? Das alte Lied wird mit jedem Mal etwas weniger vertraut klingen.

3. Vertikale Empfängnis

Wenn ich dich bis hierhin nicht verloren habe, riskiere ich es und biete dir eine noch abgefahrenere Sicht auf deine Gegenwart an.

Wie bereits erwähnt, ordnet der Verstand üblicherweise die Zeit auf einem linearen Strahl an. Aus dieser Grundidee heraus tendieren wir dazu, unserem Gefühl nach der Zukunft entgegenzulaufen. Wir wähnen sie irgendwo vor uns. Jedenfalls nicht hier. Ich nenne dies die horizontale Anstrengung, denn diese Perspektive erzeugt in uns häufig die Erfahrung, um etwas kämpfen zu müssen.

Doch gerade dieser innere K(r)ampf treibt das, was wir uns wünschen, eigentlich von uns weg. Die Fixierung auf den Horizont führt auch dazu, dass wir die Chancen, die uns auf dem Weg begegnen, übersehen. Achte einmal in den kommenden Tagen darauf, wie die Menschen über die Straßen laufen. Die meisten wirken getrieben. Kopf nach vorn geneigt. Sie kommen irgendwoher, und sie wollen irgendwohin. Was sie nicht mitbekommen, ist das Jetzt. Wenn sie an ihrem Ziel angekommen sind, ist es für sie bereits wieder Vergangenheit, und sie wollen schon wieder irgendwohin … Kannst du die Anspannung in dieser Art, sich durch das Leben zu bewegen, spüren?

Was wäre die Alternative?

Ich nenne sie die vertikale Empfängnis.

Stell dir vor, dass das, was du als Zukunft anstrebst, jetzt bereits in einer anderen Dimension existiert. Nein, ich habe keinen Joint geraucht. Ich bin nüchtern. Was ich vorschlage, ist gar nicht mal so weit hergeholt. Einstein sagte einmal: »Der Unterschied zwischen Vergangenheit, Gegenwart und Zukunft ist für uns Wissenschaftler eine Illusion, wenn auch eine hartnäckige.« Nach der Relativitätstheorie existiert alles zur selben Zeit. Wir sprechen auch vom Raum-Zeit-Kontinuum. Rein theoretisch kann alles, was »vorwärts« passiert, auch »rückwärts« geschehen.

Vielleicht fragst du dich jetzt: »Warum soll ich mir dann überhaupt Ziele setzen?« So einfach ist es nun auch wieder nicht. Wenn du die Sinnhaftigkeit von Zielen anzweifelst, gehst du von einem starren, fertigen Universum aus. Doch das Ding fluktuiert. Jeder Impuls wirkt auf Vergangenheit, Gegenwart und Zukunft ein. Die sogenannte Viele-Welten-Interpretation aus der Quantenmechanik ist ein Versuch zu erklären, warum die Ergebnisse von Messungen in quantenmechanischen Systemen nie ganz vorhersehbar sind. Vereinfacht ausgedrückt wird vermutet, dass durch jede Messung in der ursprünglichen Welt mehrere parallele Welten mit unterschiedlichen Messergebnissen entstehen. Wenn das stimmt, dann haben deine Zielimpulse die Macht, dich in neue Welten zu beamen.

Im Augenblick sind das alles noch wilde Spekulationen, doch sie erinnern uns daran, wie wenig wir wissen. Es gibt Dimensionen, die können wir derzeit rein intellektuell noch gar nicht begreifen. Dennoch hat dies praktische Implikationen für deinen Erfolgsweg, die du nutzen kannst.[95]

Hattest du nie das Gefühl, gerade einen besonderen Moment zu erleben, in dem dein Ja oder Nein ein Universum für dich verschließt und ein anderes öffnet? Ich glaube, das ist es, was bewusst gewählte Ziele tun. Sie öffnen Türen in neue Welten.

In dem Fall, dass du dich dem Ganzen nicht wissenschaftlich, sondern romantisch nähern möchtest, empfehle ich dir von Herzen das Buch *Die Brücke über die Zeit* von Richard Bach. Es geht darin um eine intensive Liebesbeziehung und um Wahlen, die die beiden Liebenden in verschiedenen Dimensionen treffen müssen, um wirklich zueinander zu finden. Ich habe dieses Buch gelesen, als Andrea und ich wie zwei Kometen aufeinandertrafen und es scheinbar nicht schafften, uns zu vereinen. Es gab Augenblicke in unserer Beziehung, in denen ich genau dieses Gefühl hatte: »Der nächste Schritt entscheidet alles.« Diesen Instinktmoment kenne ich auch aus meinen großen Businessprojekten.

95 Ich kann mir bis heute nicht wirklich vorstellen, wie der physische Druck, den ich auf einen Schalter ausübe, irgendwo ein Heer von Elektronen in Bewegung setzt, die gleich darauf in einer Glühbirne Photonen freisetzen und so Licht erzeugen. Dennoch schalte ich das Licht selbstverständlich an und aus.

Vertikale Empfängnis bedeutet, dich von der Illusion frei zu machen, deine Zukunft liege da irgendwo vor dir, und du müsstest nur schnell genug rennen, um sie zu erreichen.

Vertikale Empfängnis bedeutet im wahrsten Sinne des Wortes, dich jetzt und hier (auch körperlich) mehr aufzurichten und dir klarzumachen:

Alles ist bereits da. Also sei wach und entspanne dich.

Öffne dich für die Magie dieses Moments. Die Wahl, die du jetzt triffst, beeinflusst Welten. Erlaube dir, die Version, die du in deiner Zukunft sein möchtest, schon heute zu sein, zu fühlen und auszudrücken.

Wenn deine Zukunft bereits existiert, brauchst du sie nicht erkämpfen, du darfst sie empfangen.

Gestatte dir die Vorstellung, dass dein zukünftiges Ich genauso mit dir hier kommuniziert, wie du mit ihm. Je achtsamer du die Gegenwart erfüllst, desto deutlicher wirst du einen Qualitätsunterschied in deinen Zielen spüren. Manche – geboren aus der Angst und Gier – fühlen sich angestrengt an. Vielleicht ein Hinweis, dass du versuchst, etwas zu erzwingen, was nicht sein soll. Andere faszinieren dich. Sie springen dich regelrecht an. Vielleicht sind sie gar nicht deine Idee, sondern eine Botschaft deines zukünftigen Ichs.

Vertikale Empfängnis bedeutet, deinem Ziel klar zu folgen und dennoch weich zu bleiben, um *jetzt* und *hier* Inspirationen zu empfangen.

Vertikale Empfängnis

Hier kommt eine kleine, aber sehr wirkungsvolle Übung, um dies auszuprobieren:

Stelle sicher, dass du heute ungefähr dreimal, zum Beispiel alle zwei Stunden, eine Minute zum Innehalten findest. Am besten, du nutzt die Alarmfunktion an deiner Uhr oder deinem Smartphone.

Wenn so ein Moment gekommen ist, schließe deine Augen und peile kurz deine Zukunft an. Visualisiere dein Powerziel. Aber nicht horizontal, als wenn es irgendwo da vor dir am Weg auf dich warten würde, sondern vertikal, entweder über oder unter dir, je nachdem, was sich besser anfühlt. Stell dir vor, dass die von dir gewünschte Realität auf dieser anderen Ebene bereits existiert.

Dann stell dir vor, wie du mit dieser Realität für einen kurzen Moment eins wirst. Wenn du sie unter dir gesehen hast, stell dir vor, du rutschst ganz sanft in diesen Film hinein. Hast du sie über dir gesehen, fühle, wie der Film langsam und sanft zu dir heruntersinkt und hier mit dir verschmilzt. Wenn du »angekommen« bist, frage dich aus der Zukunft heraus: »Welchen Rat möchte ich mir von hier aus geben?« Lass dich überraschen.

Danach atme einmal sanft und tief ein und aus und lass deine Zukunft los. Spüre deinen Körper in der Gegenwart. Öffne deine Augen und nimm sehr bewusst deine aktuelle Umgebung wahr. Schau dir die Menschen und Objekte um dich herum an. Spüre deine Füße auf dem Boden. Höre die Geräusche.

Sage jetzt laut oder leise zu dir: »Ich bin voll und ganz hier.« Sag es auf eine Weise, dass du spürst, was du sagst. Erlaube dir voll in diesem Moment anzukommen.

Wenn du fühlst, dass du richtig da bist, frage laut oder leise: »Was kann ich jetzt und hier für meine GUTE Zukunft tun?« Und warte ab, welche Antwort in dir aufsteigt. Manchmal wird es vielleicht still bleiben. Oder es taucht eine sehr konkrete Antwort auf:
»Rufe Herrn Müller an und frage ihn um Rat.«
»Genieße diesen Moment.«
»Atme tief durch, entspanne dich und lächle.«
Was auch immer für eine Eingebung kommt, ich möchte dich ermutigen, ihr zumindest aufmerksam zu lauschen und sie, wann immer es passt, auch umzusetzen. Auch jenseits dieser drei be-

sonderen Momente kannst du natürlich immer wieder, wenn du gerade daran denkst, ganz bewusst in der Gegenwart ankommen. Sehen, hören, spüren, was dich gerade umgibt, und einmal bewusst – laut oder leise – denken: »Ich bin voll und ganz hier.«

Nimm wahr, welche neue Qualität dein Tag dadurch gewinnt.

Ich wünsche dir viele erfüllte Momente im Jetzt!

Resümee

Anhand der Länge dieses Kapitels kannst du ablesen, wie sehr es mir am Herzen liegt.

Was kann wichtiger sein als die Gegenwart?

Gerne würde ich dir nun in die Augen schauen und fragen: »He, wie hast du das Thema aufgenommen?« Ich möchte noch einmal betonen, dass ich für diese Sichtweise keine »harten Fakten« habe. Es ist der Versuch, eine Felderfahrung mit dir zu teilen. Was ich ganz sicher weiß, ist: Das, was wir im Augenblick als Realität wahrnehmen, ist nur eine sehr begrenzte Dimension. Mehr können wir noch nicht erfassen, doch da ist mehr, und es wird sich uns erschließen, indem wir uns immer wieder verrückende Fragen stellen.

Vielleicht ist es alles noch ganz anders. Oder unsere Urenkel werden diesen Text lesen und denken: »Na klar ist es so. Habt ihr daran gezweifelt?« Wie auch immer, ich empfinde diese Perspektive auf das Thema Erfolg als heilsam und unterstützend. Sie lässt dich deinen Weg sanfter und empfänglicher gehen. Probiere es aus![96]

Was habe ich gerade verstanden?

Was bedeutet diese Erkenntnis für mich?

Durch welche konkrete Handlung kann ich die Erkenntnis sofort in mein Leben integrieren?

96 Oft drücken Filme solche Paradoxa sehr gut aus. In diesem Zusammenhang möchte ich dir sehr ans Herz legen, die folgenden drei Filme in einem entspannten Zustand zu schauen: *Matrix* und *Die Legende von Bagger Vance* und noch einmal *Interstellar.*

18. SCHRITT: WILLKOMMEN IN DER QUANTENSUPPE

Was mich angeht, ich kenne nur Wunder.

Walt Whitman

Die größte Illusion, der wir auf dem Erfolgsweg erliegen können, ist der Wahn, alles verstanden und unter Kontrolle zu haben. Wenn du die 24 Schritte kontinuierlich praktizierst, hast du ohne Zweifel einen größeren schöpferischen Wirkungshebel zur Verfügung. Viel mehr als sonst wird dir gelingen. Das ist schön.

Doch wenn ich dir einen Rat geben darf – und der kommt wirklich von Herzen –, bleib mit den Füßen auf dem Boden, und bewahre dir die Offenheit des Staunens.

Wir sind winzig kleine Zellen in einem unermesslich großen Kosmos. Mikroskopisch kleine ICH-AGs sozusagen. Ein solides Erfolgshandwerk bringt die ICH-AG auf Vordermann und lässt sie wirksam handeln. Sie wird agiler, flexibler und zieht effektiver Chancen und Verbündete an. Doch wenn wir daraus den Schluss ziehen, wir hielten nun das Lenkrad des Universums in unseren Händen, machen wir uns lächerlich. Es ist gesund, ein Gefühl für die Größenverhältnisse zu wahren.

An meinem Arbeitsplatz steht ein schwarzer Schädel, herausgeschliffen aus einem Kometen. Er ist circa 4 Milliarden Jahre alt.

Wenn mein Ego mal wieder zum Höhenflug ansetzt – und das passiert schnell, wenn die Dinge so laufen, wie ich es mir wünsche –, dann schaue ich für einige Minuten in die dunklen Augenhöhlen der Skulptur. Sie wirken auf mich wie zwei Öffnungen in das leere, weite All. Ich lasse mich hineinziehen und daran erinnern, was ich bin – Sternenstaub. Eine Note in einer Sinfonie, die seit mindestens 13 Milliarden Jahren ertönt.
Diese Vorstellung deprimiert mich nicht. Sie entspannt mich. Sie lässt mich wieder mehr mit der Schöpfung tanzen, statt zu versuchen, ihr meinen Rhythmus aufzuzwingen.

Egal, wie weit wir auf unserer Reise gekommen sind – der Großteil des Lebens ist und bleibt ein Mysterium. Egal, was wir zu wissen glauben – morgen werden wir verschämt darüber schmunzeln.

Es gibt Menschen, die auf der Basis dieser Wahrheit schlussfolgern, es ergebe keinen Sinn, mit Konzepten und Modellen zu arbeiten. Das glaube ich nicht. Du verwendest auch das Konzept »rechts« und »links« erfolgreich zu deiner Orientierung, obwohl es streng genommen so etwas wie rechts und links gar nicht gibt.

Studiere also die Erfolgsschritte ein, bis du nicht mehr darüber nachdenken musst. Kläre dich und gib dein Bestes. Wirf alles, was du bist und hast, in die Waagschale. Und dann … lass los. Entspanne dich. Schau, wie das Universum deinen letzten Schachzug beantwortet. Lausche und dann mach den nächsten.

Es gibt so viele Wunder, die wir nie mit Worten werden beschreiben können. Genauso verhält es sich mit Erfolgsprinzipien. Sie klingen logisch und helfen sehr, deine schöpferische Kraft zu bündeln und in Bewegung zu setzen. Doch spätestens dann kommt eine Ebene hinzu, die ich dir nicht beschreiben kann. Sie hat etwas mit deinem Eingebettetsein in dieses große universelle Orchester zu tun. Wenn du dich nur auf das mechanische Abspielen deiner Noten konzentrierst, verpasst du die Magie.

Es gibt so viele wundersame Dinge, die wir noch nicht verstehen. Die machtvolle Wirkung von Placebo-Effekten. Die Kraft eines unschuldigen Gebetes. Die Begegnung mit Fremden, die wir schon lange zu kennen glauben. Intuitive Eingebungen, die wir uns nicht erklären können. Woher wissen unsere Tiere, wann wir nach Hause kommen? Ist das nur Zufall?
Gutdokumentierte Wunderheilungen strafen die wissenschaftlichen »Tatsachen«, was geht und was nicht geht, Lügen. Alles nur Mythen? Oder Hinweise auf ein Wirken komplexer Zusammenhänge, die wir mit unseren bewussten Sinnen noch nicht erfassen können.

Wäre es nicht wunderbar, wenn du diese Ebene dennoch anzapfen könntest?

Erinnerst du dich an das Bild vom U-Boot, Speedboot und dem Segelflieger? Heute betrachten wir deinen Erfolg aus der Perspektive des Segelfliegers. Du brauchst für das Folgende weder religiös noch esoterisch unterwegs zu sein. Du musst mir auch nichts glauben. Das Einzige, worum ich dich bitte, ist, dich beim Lesen der nächsten Absätze zu entspannen (Alpha!). Wir gehen es wieder praktisch-lässig an.

Schau dich einmal da, wo du gerade bist, um …
Meistens nehmen wir unsere Welt aufgeteilt in Objekte wahr. Tisch, Stuhl, Buch, andere Menschen, Vogel, du selbst … Diese scheinbar festen, greifbaren, messbaren Dinge nennt der Quantenphysiker David Bohm die *explizite Ordnung des Universums*. Sie gehen aus der *impliziten (formlosen) Ordnung des Universums* hervor und kehren dahin auch wieder zurück. Die implizite Ordnung ist ein unsichtbares, jedoch omnipräsentes, omnipotentes Meer an Energie. Damit wir hier nicht vor Ehrfurcht erstarren, nennen wir dieses Meer ab jetzt frech die Quantensuppe. An der Grenze zwischen dieser Quantensuppe und dem Reich der Formen wird es verrückt. Denn je kleiner der Ausschnitt ist, den wir heranzoomen, desto mehr verschwimmt die Trennung zwischen formlos und fest. Für dein Auge sieht ein Tisch fest und stabil aus. Doch in der Welt der kleinsten Teilchen, der Quanten, herrschen andere Gesetze. Tauchen wir tiefer und tiefer in die Materie des Tisches ein, ist er plötzlich gar nicht mehr so fest. Er besteht zu 99,99999999 Prozent aus Leere.[97] Der winzige verbleibende Rest sind Teilchen, die sich umso merkwürdiger verhalten, je näher wir ihnen kommen. Diese allerkleinsten Teilchen agieren nämlich nicht wie kleine Billardkugeln, so wie wir dies in der Schu-

97 Das trifft auch auf den Menschen zu, über den du dich gerade noch geärgert hast. Hat es wirklich Sinn, sich wegen eines Haufens Nichts so aufzuregen?

le anhand von Atommodellen gelernt haben. Die Wissenschaft hat voller Staunen einen sogenannten Welle-Teilchen-Dualismus ausgemacht. Ein Quantenteilchen ist sowohl Welle als auch Teilchen. Es ist da und doch auch wieder nicht. Verstehst du das? Ich nicht.

Das Ganze ist in jedem Teil anwesend,
auf jeder Ebene der Existenz. Die lebendige Wirklichkeit,
total, ungebrochen und ungeteilt, befindet sich in uns allen.
David Bohm

An der Schnittstelle zwischen expliziter und impliziter Welt ist es also nicht mehr möglich, das formlose Energiemeer und die konkrete Form klar voneinander zu trennen. Das, was wir als fest wahrnehmen, ist eine optische Täuschung, die dadurch entsteht, dass die Teilchen so irrwitzig schnell schwingen. Die Energiewelle wird zum Teilchen, um im nächsten Augenblick als Welle wieder ins Energiemeer zurückzusinken. Die Erscheinungen werden unscharf, und, wie Werner Heisenberg es formulierte, jedes Beobachten der Teilchen verändert sie bereits.

Da die Teilchen gleichzeitig auch Energiewellen sind, also keine klare Abgrenzung besitzen, bedeutet dies, dass es in unserem Universum nichts gibt, was wirklich getrennt von etwas anderem wäre. Alles ist für immer mit allem verbunden.[98] David Bohm nennt un-

98 Ist das nicht abgefahren? Die Person, die dieses Buch schreibt, und die, die es liest, sind beide temporäre Ausstülpungen derselben Quantensuppe. Wir sind, ob wir wollen oder nicht, untrennbar miteinander verbunden. Hallo, Quantennachbar!

ser Universum auch das »holografische Universum«, weil in jedem Teil unseres Universums die Information über alles enthalten ist. Das zugrundeliegende Energiefeld ist in diesem Sinne *allwissend*.

Fassen wir zusammen:

1. Energie ist unendlich vorhanden.
2. Alles ist mit allem verbunden.
3. In jedem Zipfel dieses Universums existiert das Wissen über alles andere.
4. Da du selbst ein Teil dieses Universums bist, müsstest du alle relevanten Informationen jederzeit anzapfen können.

Was, wenn Google auf einer technischen Ebene nur eine Fähigkeit widerspiegelt, die in jedem von uns schlummert?

Da dieses Thema für deinen Erfolg sehr wichtig ist und ich hier alle Leser und Leserinnen mitnehmen möchte, bringe ich noch ein zweites Bild:

Stell dir vor, du wärest eine Welle im Ozean. Zu Beginn deines Lebens entspringst du den unendlichen Weiten des Meeres. Du wächst heran, rollst dahin und erlebst Höhen und Tiefen, um dich am Ende wieder in deinem Ursprung aufzulösen. Versuche, dich in die Welle hineinzufühlen. Wie du dich langsam aufbaust. Wie du abenteuerliche Erfahrungen in der frischen Gischt sammelst. Wie du irgendwann im Spiel der Gezeiten vergisst, dass du ja immer noch ein Teil des Ozeans bist. Du hast dich so sehr darauf konzentriert, Welle zu sein, dass du innerlich die Verbindung zum Meer verloren hast. In diesem Vergessen nimmst du dich als Einzelwesen wahr. Getrennt von den anderen Wellen, abgeschnitten vom Meer. Angst taucht auf. Einsamkeit. Das Bedürfnis, mit einer anderen Welle zu kuscheln. Und das ermüdende Gefühl, alles allein bewerkstelligen zu müssen.

Kannst du die innere Anspannung spüren, die damit einhergeht?
Die zelluläre Müdigkeit einer jahrelangen Einzelanstrengung?
Die Furcht, loszulassen und sich dem Ganzen anzuvertrauen?
Doch gleichzeitig eine tiefe Sehnsucht nach deinem wahren Zuhause?

Verstehst du nun, warum sich das Leben manchmal so schwer und kompliziert anfühlt? Nicht, weil das Leben kompliziert ist, sondern weil wir versuchen, es aus einer Illusion heraus zu leben.

In Wahrheit existiert keine Trennung.
Egal, wer du bist, wie du bist, wo du bist –
du bist für immer ein Teil dieses unendlichen Meeres.
Du bist in jedem Augenblick mit allem verbunden.

Falls dir dieser Gedanke fremdartig erscheint, möchte ich dich gern fragen: Was beweist dir so sicher, dass du von allem getrennt bist? Die Tatsache, dass dein Körper klare Grenzen hat?

Wenn du dich nicht über deinen Körper definieren würdest, wo würdest du dann die Grenze zwischen dir und mir ziehen?
Wo ist die eindeutige Grenze zwischen dem, der dies schreibt, und dem, der jetzt liest?
Liest du dies, weil ich es geschrieben habe? Oder schreibe ich es, weil du es lesen wirst?
Wer von uns ist der Anfang und wer das Ende?
Wo hörst du auf, und wo beginne ich?

Wenn ich mir solche Fragen stelle, wird mir zuerst leicht schwindelig, doch dann beginnt sich etwas in mir zu entspannen und zu erinnern. Ich bin zu oft in Meditationen in diese Ebene der Realität eingetaucht, um sie noch ernsthaft infrage stellen zu können.

Letztlich ist es eine Frage der Logik. Nur weil wir es heute noch nicht alle klar erkennen, heißt es nicht, dass es nicht stimmt. Schau dir rückwärts die Evolution menschlichen Bewusstseins an, und du siehst eine Serie von begrenzten Irrtümern. Was wir im Augenblick Globalisierung oder Internet nennen, ist die Morgendämmerung eines kollektiven Erwachens. Das Ich erwacht im Wir. Ich bin überzeugt, dass Menschen, die in zwanzig bis dreißig Jahren geboren werden, uns dafür belächeln werden, dass wir noch an eine Trennung geglaubt haben.

Falls sich meine Worte mit einer Ahnung in dir decken, stehen wir gemeinsam vor den eigentlich spannenden Fragen:

Was, wenn wahrer Erfolg eben nicht bedeutet, sich als einzelne Welle abzustrampeln, sondern dich von der Kraft des ganzen Ozeans tragen zu lassen?
Was, wenn es diese unendlich potente und intelligente Quantensuppe tatsächlich gibt?
Was, wenn in ihr alle Antworten auf deine Fragen existieren?
Was, wenn sie unendlich viele Möglichkeiten enthält, die du jetzt noch nicht kennst?
Wie kannst du ihre Weisheit und Potenz anzapfen?

Du ahnst es sicher schon: durch deinen sechsten Sinn, auch Intuition genannt. Er ist dein Zugang zum riesigen Feld der Möglichkeiten.

Jeder von uns hat schon Augenblicke erlebt, in denen ihn diese größere Realität berührt hat. In denen er plötzlich hinter den Kulissen war. Vielleicht erinnerst du dich an einen dieser Augenblicke, in denen dich »etwas« küsste, das eindeutig größer war als du. Gleichzeitig hast du gespürt, dass du ein Teil davon bist. Manchmal überrascht uns diese Offenbarung in der Farbenpracht eines Sonnenuntergangs. Oder während wir den Klängen einer Sinfonie lauschen. Wir suchen und finden dieses Erkennen jenseits der Worte in tiefer Meditation genauso wie in den Augen eines geliebten Menschen.

Ohne es auch nur annähernd erklären zu können, dehnt sich in solchen Augenblicken unser Bewusstsein über alle bekannten Grenzen hinweg aus. Vielleicht dauert es nur eine Zehntelsekunde, und doch fühlt es sich wie eine Ewigkeit an. Ein Augenblick, in dem es kein kleines Ich gibt, keine Trennung, keine Angst mehr gibt. Ein ewiger Augenblick tiefster Stille und unendlicher Weite. Ein Moment von zweifelsfreier Klarheit, der dein normales Leben mit seinen Anstrengungen, seinen Kämpfen und seinen Ängsten als das erscheinen lässt, was es ist: ein flüchtiger Traum.

In solchen Augenblicken wissen wir jenseits aller Worte, wer wir sind. Dass unsere wahre Heimat diese Weite, diese Stille ist und … dass wirklich alles möglich ist.

Jenseits unserer physischen Sinne verfügen wir über eine feinere, stille Wahrnehmung. Wir sind fähig, dieses intelligente Quantenfeld direkt zu erfahren und mit ihm zu kommunizieren.

Der Zugang dazu ist leichter als gedacht. Er öffnet sich, wenn du bereit bist zu vertrauen. Wenn du bereit bist, deine Kontrolle darüber, wie die Dinge geschehen sollen, loszulassen. Denn es sind die Grenzen deiner persönlichen Vorstellungen, die die Wunder des Lebens vor dir verbergen.

In dem Fall, dass dieses allumfassende, allwissende Feld existiert, ist es jetzt gerade dort, wo du bist, und du bist ein Teil davon, korrekt? ES weiß genau, was du brauchst, und du kannst diese Information über deine Intuition anzapfen. Was du dafür benötigst, sind Vertrauen und Neugier. Frag das Feld.

Vertrau, dass es so einfach ist.
Sei neugierig und probiere es aus.
Am besten jetzt gleich.

Stell sicher, dass du für circa 5 Minuten nicht gestört wirst, such dir eine entspannte Position im Sitzen und lies den folgenden Text für die Kommunikation mit deinem sechsten Sinn gut durch. Schließe dann deine Augen und versuche es.

Kommunikation mit dem sechsten Sinn

Atme ein paarmal weich und tief ein und aus.

Stell dir vor, du sitzt in deinem privaten Weisheitskino. Vielleicht sieht es aus wie ein Kino, das du kennst. Vielleicht existiert es so nur in deiner Phantasie.

Auf jeden Fall ist es ein Kino, das nur du betreten kannst und in dem du dich ganz sicher und geborgen fühlst.

Spüre, wie du bei jedem Ausatmen tiefer in den bequemen Kinositz sinkst.

Vor dir befindet sich eine große, leere Leinwand. Sie erstrahlt bei jedem Einatmen noch heller und klarer. Sie leuchtet regelrecht aus ihrem Inneren heraus. Es ist die Leinwand, über die du mit deinem sechsten Sinn kommunizieren kannst.

Mach dir nun bewusst, dass dies ganz leicht und direkt geschehen kann, da du jetzt und hier immer mit dem gesamten Feld des Lebens verbunden bist.

Sage dir innerlich:

»Über meine innere Weisheit bin ich immer direkt und klar mit allem Leben verbunden.

Meine innere Weisheit kennt die Antwort auf jede meiner Fragen.

Ich bin bereit, die Antworten jetzt zu empfangen und eindeutig zu verstehen.

Ich bin bereit, mein Rechthaben loszulassen, und öffne mich dem Glücklichsein.«

Dann stelle die Frage, die dich gerade bewegt, und bitte deine innere Weisheit, die Antwort darauf auf die Leinwand zu projizieren.

Beispiel:
»Innere Weisheit, bitte zeige mir den nächsten wichtigen Schritt, den ich für mein finanzielles Ziel gehen sollte. Zeig ihn mir so, dass ich ihn gut verstehen kann.«

Dann lehn dich in deinem Kinosessel zurück und lass dich überraschen. Vielleicht erscheint auf der Leinwand ein Satz. Vielleicht siehst du bildhaft, was zu tun ist. Vielleicht hörst du eine Stimme.

Manchmal wirst du sofort eine Antwort erhalten. Manchmal wirst du nachfragen müssen. Wichtig ist es, die Antwort erst einmal offen anzunehmen, selbst wenn du sie nicht sofort verstehen solltest.

Was hast du erlebt?
Bist du bereit, diesen Eingebungen zu vertrauen und ihnen zu folgen?

Natürlich wirst du dabei auch mal eine schräge Erfahrung machen. Aber je öfter du damit experimentierst, umso untrüglicher wirst du

zwischen Intuition und Ego-Impuls unterscheiden können. Manche Menschen bekommen eine Gänsehaut, andere fühlen ein Kribbeln im Bauch, die nächsten »wissen« es einfach.
Wenn du häufig auf diese verspielte Weise Fragen stellst und den Antworten behutsam folgst, wird dein Instinkt für die richtigen Zeichen immer klarer werden. Ich erziele damit mittlerweile verblüffende Ergebnisse, auf meinem eigenen Erfolgsweg wie auch in meinen Coachings und Beratungen. Oft empfange ich so Lösungen, auf die mein kleines Ich nie im Leben hätte kommen können.

Ja, es wird immer einfacher und offensichtlicher.

Was habe ich gerade verstanden?

Was bedeutet diese Erkenntnis für mich?

Durch welche konkrete Handlung kann ich die Erkenntnis sofort in mein Leben integrieren?

19. SCHRITT: KEINE ANGST VOR FEHLERN

Be like water, my friend!

Bruce Lee

Wenn wir sehen, wie viele Erwachsene ängstlich in ihrer Komfortzone verharren, müssen wir uns fragen: »Was ist passiert?« Wohin ist das lebenshungrige, experimentierfreudige Genie verschwunden, das es nicht erwarten konnte, aus dem Bett zu springen, um den beginnenden Tag in das nächste Abenteuer zu verwandeln?

Es ist nicht tot, es hat sich nur versteckt. Manchmal kommt es hervor – wenn wir frisch verliebt sind; wenn sich unser Über-Ich im Alkohol gelöst hat; wenn uns ein Kinofilm zum Träumen verleitet. Dann rennt es mit offenen Armen dem Horizont entgegen … bis es plötzlich resigniert stehen bleibt. Es ist an eine unsichtbare Mauer gestoßen, eine Mauer, errichtet aus der Angst vor Fehlern und der Angst vor Ablehnung.

Ich habe mit sehr vielen Menschen ehrlich über ihre Sehnsüchte gesprochen. Es sind in 95 Prozent aller Fälle diese zwei existentiellen Ängste, die uns davon abhalten, unserem inneren Feuer zu folgen. Wir fürchten uns vor Fehlern und vor der Ablehnung der anderen.

Ein Kind wird ohne Angst geboren. Es vertraut. Es folgt seinem natürlichen Instinkt, Neuland zu erobern. Es experimentiert permanent. Es lernt begeistert. Es korrigiert schnell. Doch wenn wir wiederholt auf eine destruktive Weise für unsere Abenteuer kritisiert werden, keimt in uns die Angst vor Fehlern auf. Sie errichtet besagte unsichtbare Mauer um unsere Komfortzone. Geraten wir in ihre Nähe, flüstert sie uns zu: »Du kannst es nicht. Du darfst es nicht.« Irgendwann versuchen wir gar nicht mehr, die Komfortzone zu verlassen. Wir finden »vernünftige« Gründe, um uns zu erklären, warum es nicht geht.

Auch die Angst vor Ablehnung wird uns eingepflanzt. Viele Kinder werden von ihren Eltern durch Liebesentzug »erzogen«. Das funktioniert deshalb so gut, weil wir soziale Wesen sind, die Liebe und Zugehörigkeit mehr als alles andere brauchen; wir werden fast alles dafür tun beziehungsweise lassen. Es verunsichert uns als Kinder zutiefst, wenn wir uns natürlich zeigen und dann erleben, dass sich einer unserer geliebten Halbgötter deshalb zurückzieht. So verlieren wir unsere Spontaneität. Wir leben nicht mehr aus unserem Zentrum heraus, sondern fragen uns: »Was muss ich tun, um geliebt zu werden?«

Ich würde dir jetzt gern ein Allheilmittel gegen diese zwei Ängste verraten, doch ich befürchte, das gibt es nicht. Der einzige Weg, diese Mauer der Angst langsam zu überwinden, besteht darin, auf sie zuzugehen, statt ihr auszuweichen. Dann machst du eine erstaunliche Erfahrung: Sie ist nicht fest. Sie ist passierbar.

Was würdest du tun beziehungsweise sein lassen,
wenn du keine Angst vor Fehlern oder Ablehnung hättest?

Stell dir diese machtvolle Frage immer wieder und dann …? Ja, dann tu es!

Riskiere bewusst, etwas falsch zu machen und/oder abgelehnt zu werden. Nicht aus Trotz, sondern um deiner Freiheit willen. Zu Beginn wird sich diese unsichtbare Schwelle unangenehm anfühlen. Übertrittst du sie oft genug, verwandelt sich deine Angst in Erregung. Denn letztendlich signalisiert sie dir nur, dass du wieder einmal an der Grenze deiner Komfortzone stehst. Konzentrierst du dich darauf, was dich dieser nächste Schritt kosten kann, wirst du dich fürchten. Richtest du dich darauf aus, was er dir schenken kann, wird dich der Moment erregen.

Tatsächlich wirken Fehler vitalisierend – wohlgemerkt: bewusst begangene Fehler. Sie befreien deine gefesselte Lebenskraft.

Fehler sind der Treibstoff deiner Evolution.

Du lernst dazu. Du erkennst dich tiefer. Du reifst. Wenn du in irgendeiner Disziplin schnell gut werden möchtest, begehe in möglichst kurzer Zeit möglichst viele Fehler, möglichst bewusst.

Ein Fehler ist letztendlich nichts weiter als ein Ereignis außerhalb der Norm. Doch wer legt die Norm fest? Meist sind es nicht einmal wir selbst. Wir überlassen dies externen Autoritäten. Meine Eltern etwa hielten es für einen großen Fehler, dass ich mein Medizinstudium abbrach. Ich glaubte ihnen und bestrafte mich lange

Zeit mit Schuldgefühlen. Heute bin ich saufroh, dass ich diesen »Fehler« gemacht habe, denn ich lebe meine Berufung – zum Beispiel, indem ich dieses Buch schreibe.

Wir übersehen gern, dass gerade die Menschen, die wir am meisten bewundern – Künstler, Stars, wohlhabende Geschäftsleute –, ihr hohes Level an Meisterschaft erreicht haben, weil sie bereit waren, bewusst sehr viele Dinge auszuprobieren, viele Fehler und Niederlagen einzustecken und schnell und unsentimental zu korrigieren, was sie nicht zu ihrem Ziel führte.
Die Betonung liegt hier auf *bewusst*. Denn wenn du wie ein störrischer Esel denselben Fehler immer wiederholst, lernst du gar nichts. Setze einen neuen Schritt und schau dir möglichst nüchtern das Ergebnis an. Verabschiede dich von der bockig-kindlichen Einstellung »Ich *will* es auf *meine* Art erreichen!« und kultiviere stattdessen eine Haltung von: »Ich bin bereit, alles zu lernen, was es dazu braucht.«

Zwischen »Ich will …!« und »Ich bin bereit …« liegen Welten! Die Einstellung »Ich will …!« kannst du gut bei dem wütenden Dreijährigen beobachten, der sich auf dem Fußboden im Supermarkt wälzt, weil er nicht exakt das Eis bekommt, das er haben will. Er besteht darauf, dass das Universum/seine Mutter seinem Willen sofort Folge leistet.
Nervig, oder? Doch seien wir ehrlich, auch wir fallen noch ab und zu in diese Trotzhaltung zurück, oder? Wir wollen etwas unbedingt, sind aber nicht bereit, uns dafür zu verändern.

Ich berate viele Selbstständige in Bezug auf ihren wirtschaftlichen Erfolg. Es ist erstaunlich, wie lange wir leiden können, bevor wir bereit sind, unsere Geschäftsidee oder unsere Strategie infrage zu stellen. Lieber jammern wir noch ein bisschen über das ungerechte Universum, anstatt eine Veränderung einzuleiten. Es ist eine irrsinnige Verschwendung an Lebensenergie, Zeit und häufig auch Geld, wenn du immer wieder dasselbe tust und dich wunderst, dass nichts Neues dabei herauskommt.
Ich bin selbst so ein Sturkopf gewesen, und manchmal bin ich es immer noch. Manche notwendige Korrektur habe ich um Jahre hinausgezögert. Dabei ist die Korrektur die wichtigste Phase im Schöpfungskreislauf.

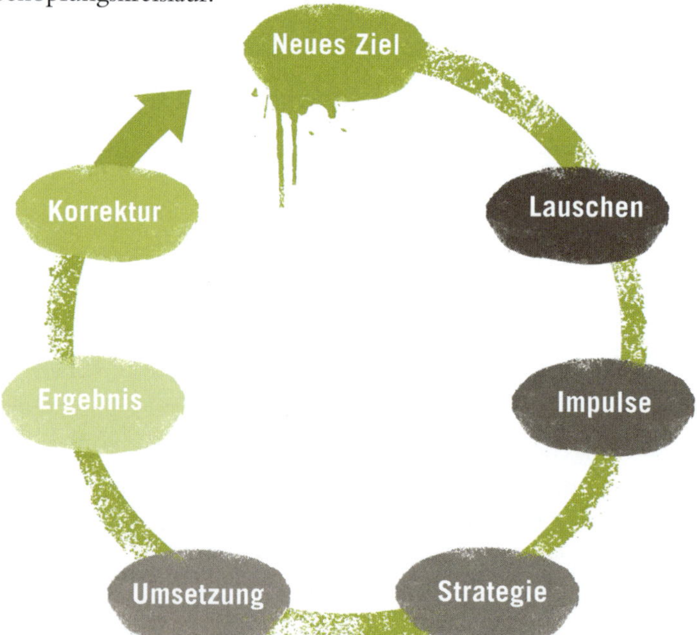

Du stellst ein Ziel auf. Dann lauschst du. Zum Beispiel, indem du am Morgen dein Ziel visualisierst und dir dann die Frage stellst: »Was kann ich heute für seine Realisierung tun?« Oder du fragst andere nach ihren Lösungsideen und hörst aufmerksam zu. So sammelst du Impulse. Die setzt du dann mit Hilfe der hier vorgestellten Erfolgsprinzipien zu einer klaren Strategie zusammen. (Was tust du täglich für dein Ziel? Was tust du heute dafür? Was morgen? Gibt es Zwischenziele?)
Nun beginnst du, diese Strategie umzusetzen. Schritt für Schritt. Du ziehst sie nicht blind und dickköpfig durch, sondern achtest sehr genau darauf, wie das Leben auf deine Impulse antwortet. Ergebnisse stellen sich ein. Nun ist es Zeit für eine Bestandsaufnahme und eine eventuell notwendige Korrektur.

Analysiere so nüchtern wie möglich Erfolg und Misserfolg.

Was hat funktioniert?
Was ging nach hinten los?
Was willst du beibehalten?
Was willst du korrigieren?

Diese Fragen solltest du nach jeder wichtigen Etappe stellen.
Zum Beispiel nach einem wichtigen Gespräch.
Am Ende eines Tages.
Am Ende der Woche …

Wenn du auf dem Weg zu deinem Ziel nicht vorankommst und nicht erkennen kannst, woran es liegt, hole dir einen wachen, erfahrenen Berater dazu. Wir ignorieren gern unsere eigenen blinden Flecken.

Manchmal zögern Menschen zu lange, sich einen professionellen Coach beziehungsweise Experten zu leisten. Sie möchten kein zusätzliches Geld ausgeben und haben vielleicht auch Angst vor unangenehmen Wahrheiten. Ich kann dir aus eigener Erfahrung raten: Warte nicht damit. Achte aufmerksam darauf, wo das Leben deinem Ich-Willen »Widerstand« entgegenstellt. Wenn dies nicht nur sporadisch, sondern häufiger geschieht, ist dies fast immer ein Zeichen für etwas, was du übersiehst.
Lausche auch deinen größten Kritikern. Ja, vielleicht übertreiben sie. Vielleicht könnten sie es netter formulieren. Doch du kennst sicher das Sprichwort vom »Körnchen Wahrheit«, das meistens dran ist. Wo berühren sie mit ihrer Kritik eine offene Wunde in dir, die du nicht sehen willst?

Ohne Zweifel: Was wir in dieser Phase der Korrektur entdecken, kann schmerzen, besonders, wenn wir nicht wissen, wer wir wirklich sind. Dann tendieren wir dazu, am oberflächlichen Image unserer Persönlichkeit festzuhalten. Doch das bist nicht du. Das ist nur eine Fassade. In *Ein Kurs in Wundern* steht dazu:

»Nichts Unwirkliches existiert.
Nichts Wirkliches kann bedroht werden.«

Das, was DU bist, übersteht jede Niederlage, jeden Fehler, jede Korrektur. Du kannst dir keine Eitelkeit leisten, wenn du dein Ziel erreichen willst. Lass es wehtun. Sei wütend. Trauere über deine Fehler. Doch erlaube dir nicht, dich in Schuldgefühlen oder Rechtfertigungen zu suhlen. Pure Zeitverschwendung. Korrigiere. Lausche wieder. Empfange neue Impulse. Bau daraus eine andere Strategie. Handle danach. Beobachte die neuen Ergebnisse. Korrigiere abermals …

Noch ein Tipp: Halte deine Erkenntnisse schriftlich fest. Es ist ein Riesenunterschied, ob du mal flüchtig darüber nachdenkst (»Ich sollte etwas verändern …«) oder dich festlegst (»Ich habe erkannt, dass … Deshalb werde ich jetzt folgende Dinge verändern: …«)

Zu Beginn wirst du eventuell versucht sein, dein Ego zu schonen und die Korrekturphase zu überspringen. Dann bleibst du in einer schöpferischen Sackgasse hängen und machst das Leben, deine verständnislosen Mitmenschen, dein Karma und Ähnliches für deinen mangelnden Erfolg verantwortlich.
Sei smarter! Du bist kein Opfer. Mach dir klar, dass deine unangenehmen Gefühle nicht durch das Feedback des Lebens, sondern durch dein Festhalten an deinem alten Ich ausgelöst werden. Wenn du auf Jammern verzichtest und dich auch nicht ablenkst, wird es anfangs innerlich brennen. Lass es geschehen. Sieh es als ein Feuer der Reinigung. Das Leben verbrennt, was nicht mehr zu dir gehört. Illusionen, Ängste, unproduktive Verhaltensmuster … Je öfter dein Rechthabenwollen in der Korrekturphase stirbt, desto leichter wird es dir fallen, dich dem Prozess freiwillig hinzugeben. Du

durchläufst den Kreislauf immer schneller. Du beginnst wieder wie damals als Kind, lustvoll Fehler zu begehen. Denn indem du schnell korrigierst, bahnt jeder weitere Fehler deinen Weg zum Erfolg. Er lässt dich reifen. Er bringt dich deiner von allem Wandel unabhängigen Essenz näher.

Willst du viel Erfolg und Glück? Dann musst du dich fragen:

Bin ich bereit, dafür neue Wege auszuprobieren?
Bin ich bereit, mich täglich dafür zu blamieren, zu fallen und peinliche Fehler zu begehen?
Bin ich bereit, unsentimental den Staub abzuklopfen, wieder aufzustehen und weiterzugehen?
Bin ich bereit, mich immer wieder dem Feedback des Lebens zu stellen und meinen Kurs zu korrigieren?

BIN ICH BEREIT ?

Sei wie ein Fluss. Er kennt sein Ziel – das Meer. Er lässt sich durch nichts davon abbringen, es zu erreichen. Doch auf dem Weg dahin wechselt er uneitel Form, Geschwindigkeit und Strategie, schnell, flach, tief … Manche Hindernisse höhlt er zäh aus, andere umfließt er elegant. Er probiert neue Wege aus. Manche führen ins Nichts. Na und? Er wechselt seine Richtung so lange, bis er sich mit dem Meer vereint. Er ist zur selben Zeit absolut flexibel und gleichzeitig auf sein Ziel fixiert. Er fordert sein Ziel nicht ein – er hat sich ihm hingegeben.

Das Ego fürchtet Hingabe instinktiv, denn sie führt ins Unbekannte. Sie lässt dein kleines Ich immer wieder sterben. Hingabe hat nichts damit zu tun, dich selbst aufzugeben oder hängen zu lassen. Dich deinem Weg wach und klar, mit jeder Faser deines Wesens hinzugeben, ist die aktivste Antwort auf das Leben, zu der du fähig bist.
Je mehr Erfolg du erfahren willst, desto mehr wirst du dich hingeben müssen. Das ist keine Strafe und kein Verlust, sondern Freiheit. Hingabe bedeutet, in vielen Situationen ein Quäntchen mehr zu geben, zu leisten, zu riskieren, als die meisten es an dieser Stelle tun würden.

- Mach dich locker.
- Durchbrich jeden Tag mindestens ein Mal deine Routine.
- Denke jeden Morgen einen Gedanken, der dich selbst in seiner kühnen Frechheit ins Schwitzen bringt.
- Verhalte dich deinen Mitmenschen gegenüber so neu, dass sie dich endlich wieder einmal wach und erstaunt anschauen.

- Geh einen ungewohnten Weg zu deiner Arbeit.
- Überrasche deine Liebsten mit einer heiklen Frage.
- Zieh etwas an, das du normalerweise nie tragen würdest.
- Iss mal wieder mit den Fingern.
- Setz dich beim Essen auf den Platz, auf dem normalerweise deine Kinder sitzen.
- Lass dich darauf ein, einen Tag lang alles zu machen, was dein Geliebter von dir will.
- Geh auf eine Party von fremden Leuten und stell dich mit einem anderen Namen vor.
- Sprich mit einem Menschen, der nicht »zu dir passt«.
- Lies ein Buch, das dich zu neuem Denken herausfordert.

Es gibt so viele Möglichkeiten, aus der Komfortzone auszubrechen …

Manchmal wird es sich wild anfühlen. Ein andermal einfach nur peinlich.
Na und?

Jedes Mal, wenn du die Routine durchbrichst, hast du die Chance, etwas über dich und dein wahres Wesen zu erfahren.

Wenn ich zwischen zwei Übeln wählen muss,
dann probiere ich immer gerne das aus,
das ich vorher nicht ausprobiert habe.

Mae West

Die Menschen, die du bewunderst, sind nicht da, wo sie sind, weil sie alles richtig gemacht haben. Sie sind da, weil sie sehr wahrscheinlich wesentlich mehr bewusste Fehler als andere gemacht und diese dann immer wieder korrigiert haben.

Mach nicht den einen großen Fehler und versuche, alle Fehler zu vermeiden.

Von der Norm abzuweichen, bedeutet, lebendig zu sein.

In der Norm zu erstarren ist dein langsamer und sicherer geistiger Tod.

Be like water, my friend.

Was habe ich gerade verstanden?

Was bedeutet diese Erkenntnis für mich?

Durch welche konkrete Handlung kann ich die Erkenntnis sofort in mein Leben integrieren?

20. SCHRITT: BLEIB SAUBER, MEIN FREUND

"Wenn du nicht du wärest, würdest du dir selbst hundertprozentig vertrauen?

Die Aufforderung, Neues auszuprobieren und Fehler zu begehen, bedeutet nicht, dass du deine Integrität aufs Spiel setzen sollst.

Deine Integrität ist der Schutzraum deiner Seele.

Mit Integrität meine ich deine Bereitschaft, klare Werte aufzustellen und sie unter allen Umständen aufrechtzuerhalten. Wir können uns vieles schönreden, doch unser Herz hat einen natürlichen Instinkt für Integrität. Wenn du auf deinem Weg zum Erfolg Werte verletzt, die dir heilig sind, wirst du leiden.

Ich spreche aus Erfahrung. Ich bin besonders in jungen Jahren auch durch Türen gegangen, die mir und meinen Mitmenschen nicht gutgetan haben. Ich weiß, wie es sich anfühlt, wenn man sich selbst verrät. Auch wenn ich kein religiöser Mensch bin – an den sieben Todsünden ist etwas dran. Hochmut, Habgier, Wollust, Zorn, Selbstsucht, Neid, Faulheit – und ich würde noch Angst ergänzen – sind die Fallen auf dem Weg. Bis zum Ende unseres Lebens.

Der Begriff *Sünde*, wie wir ihn aus dem Neuen Testament kennen, bedeutet im griechischen Original »Verfehlen eines Ziels«. Wenn wir auf unserem Weg unser eigentliches Ziel verfehlen und uns selbst verlieren, dann verletzen wir etwas in uns, was tiefer schmerzt als eine körperliche Wunde: unsere Unschuld. Wir verlieren so an Selbstachtung und Würde. Kein Erfolg dieser Welt kann diesen Verlust ausgleichen. Ganz zu schweigen von dem Leid, das wir eventuell über andere bringen.

Mir geht es hier nicht um Moral, sondern um Weisheit. Dein Herz wird schwer und dunkel, wenn du dich verlierst. Bleibe dir selbst treu. Halte deine Integrität unter allen Umständen aufrecht, auch wenn dir das Leben eine scheinbar verlockende Abkürzung anbietet. Selbst, wenn es bedeutet,

- dadurch langsamer an dein Ziel zu kommen,
- einen lukrativen Deal platzen zu lassen,
- einen »Freund« oder Geschäftspartner zu verlieren.

Wir alle stehen immer mal wieder an solchen existentiellen Weggabelungen. Um hier die für dich beste Wahl zu treffen, musst du deine eigenen Werte sehr genau kennen.[99] Ich rate dir, dich darum zu kümmern, bevor dein Erfolgszug an Fahrt aufnimmt. Je mehr schöpferische Schwungmasse aktiviert wird, desto wichtiger wird ein klares Wertezentrum, auf das du dich jederzeit beziehen kannst.

Sei deinen Werten unter allen Umständen treu. Vor allem in deinen Handlungen.

---

99 Eine genaue Anleitung dazu findest du in *Heirate dich selbst*.

Erzählen können wir alle viel. Es sind unsere Handlungen, die zeigen, wofür wir tatsächlich einstehen. Integre Handlungen führen dich nicht immer auf die bequeme, ausgetretene Straße. Manchmal wirst du über deine Werte fluchen, weil sie es dir scheinbar schwerer machen als anderen. Manchmal wirst du dich einsam fühlen. Doch glaub mir, es lohnt sich. Ich habe es auf die harte Tour gelernt. Hoffentlich bist du cleverer und achtest selbstverständlich und freiwillig auf die Hygiene deiner Seele.

Das Leben ist auch ein großer Test. Nicht im Sinne von Schule, sondern im Sinne einer echten, existentiellen Heimkehr. Jede Begegnung, jede Businessmöglichkeit, jede geöffnete Tür fragt dich:

»Woran glaubst du?«
»Wer bist du?«
»Wofür steht dein Leben?«

Es ist nicht egal, was du antwortest.
Halte den Glauben an deine Werte aufrecht.
Er hält dich auf dem richtigen Pfad.
Dem Weg nach Hause.

Ich wünsche dir von Herzen, dass du am Ende sagen kannst:

»Ich habe meinen Glauben gehalten.«

Was habe ich gerade verstanden?

Was bedeutet diese Erkenntnis für mich?

Durch welche konkrete Handlung kann ich die Erkenntnis sofort in mein Leben integrieren?

21. SCHRITT: DIE MACHT DER DANKBARKEIT

> **Wenn du glaubst, zu wenig bekommen zu haben, womit vergleichst du dein Leben dann?**

Häufig höre ich als Vorbehalt gegenüber dem Streben nach Erfolg, dass es Menschen unzufrieden mit dem mache, was sie jetzt haben. Das kann tatsächlich geschehen.

Insbesondere der Vergleich mit anderen wirkt – wenn wir nicht achtsam sind – wie pures Gift. Eben warst du noch so glücklich über deinen neuen Pool, da baut dein Nachbar einen größeren. Mit Massagedüsen! Plötzlich kommt dir deiner klein und uninteressant vor.

Gerade hast du dich noch über deine Gehaltserhöhung gefreut, da liest du in der Zeitung eine Auflistung der Gehälter der DAX-Vorstände. Und deine Freude platzt wie eine Seifenblase.

Der Vergleich kann uns leiden lassen. Er kann uns die Gegenwart vermiesen und uns dazu verleiten, nicht mehr wertzuschätzen, was wir heute besitzen.

Gott sei Dank muss das nicht sein. Denn es gibt ein Antidot für das Gift des Vergleichens: Dankbarkeit.

Dankbarkeit ist die intelligenteste Art, äußeren und inneren Reichtum in deinem Leben zu erschaffen.

Indem du etwas bewusst wertschätzt, nimmst du es überhaupt wahr. Oft haben wir ein schlechtes Gedächtnis, wenn es um die guten Dinge des Lebens geht – und leider das Gedächtnis eines Elefanten, was die negativen Aspekte betrifft.

Die Aufmerksamkeit eines anderen Menschen, unsere körperliche Gesundheit, ein Dach über dem Kopf oder das Wunder, am Leben zu sein – all das nehmen wir leicht als selbstverständlich hin. Dabei sind es unendlich kostbare Geschenke, die wir uns durch nichts verdienen können. Dankbarkeit lenkt deine Aufmerksamkeit auf den Reichtum, über den du bereits verfügst.

Dankbarkeit reinigt dein Herz von Gier. Sie öffnet dich für die Fülle, die existiert. Indem du sie anerkennst, erschaffst du mehr davon. Dankbarkeit öffnet dich und schafft Vertrauen. Wenn du realisierst, wie reich du schon beschenkt wurdest, vertraust du dem Leben noch stärker. Du gewinnst das Vertrauen, dass alles zur richtigen Zeit da sein wird.

Impuls: Dankbarkeit kultivieren

Ich lade dich deshalb ein, ab jetzt jeden Abend vor dem Schlafengehen kurz die Geschenke deines Tages aufzuzählen:
Wer hat dich inspiriert?
Wer hat dich unterstützt?
Wer hat dich berührt, beschenkt, bezahlt?
Zähle mindestens fünf Geschenke auf. Das können Ereignisse, Menschen, Erkenntnisse oder tatsächlich materielle Geschenke sein. Am Ende des Tages deinen Blick darauf zu lenken ist schlau –

so schläfst du nicht nur mit einem guten Gefühl ein, du wachst auch reicher wieder auf.

Hinter der Dankbarkeit steht das Prinzip der Anerkennung: Alles, was du in deinem Leben bewusst in seiner Präsenz anerkennst, wird mehr.

Wenn du dich viel mit Mangel beschäftigst, erkennst du ihn an. Du schenkst ihm deine Aufmerksamkeit. Allein, dass du intensiv darüber nachdenkst, macht ihn gefühlt größer, und die bereits existierende Fülle wird ausgeblendet. Doch damit nicht genug. Dein zwanghaftes Denken an Mangel verschließt deinen Blick für Chancen. Du denkst, fühlst und handelst wie jemand, dem viel fehlt. Deine ganze Ausstrahlung wird durchtränkt von Mangel. Du ziehst »magisch« Gelegenheiten und Beziehungen an, die deine Erfahrung von Mangel bestätigen. Willkommen im Teufelskreis!

Wenn du dich auf deine Misserfolge konzentrierst, wirst du häufiger versagen.
Wenn dich der Pickel auf der Nase deines ansonsten wunderschönen Partners stört und du obsessiv darüber nachdenkst, mutiert er langsam zum Mount Everest, und der Mensch dahinter verschwindet vollständig.
Wenn du ständig daran denkst, dass du dein Ziel noch nicht erreicht hast, schiebst du es damit regelrecht vor dir her.

Sobald du aber damit beginnst, die kleinen und großen Wunder, an denen du täglich mitwirkst, bewusst wahrzunehmen und wertzuschätzen, bestätigst du den Reichtum in deinem Leben.
Dein Unterbewusstsein registriert dies und erschafft mehr davon.

TIPP

Um die Wirkung des Prinzips der Anerkennung leibhaftig zu erleben, blättere zurück zum 10. Schritt und spiele noch einmal das Anerkennungsspiel.
Spielst du dieses wundervolle Spiel regelmäßig, garantiere ich dir einen wahren Quantensprung im freudvollen Erschaffen deiner Wirklichkeit. Das ständige Anerkennen aller Ergebnisse ist eine kontinuierliche, starke Botschaft an dein Unterbewusstsein.
Die Wirkung des Spiels ist wirklich erstaunlich!

Was habe ich gerade verstanden?

Was bedeutet diese Erkenntnis für mich?

Durch welche konkrete Handlung kann ich die Erkenntnis sofort in mein Leben integrieren?

22. SCHRITT: LACH DICH FREI

Wann hast du das letzte Mal so richtig herzhaft über dich und deine aberwitzigen Bemühungen gelacht?

Weil du dir große Ziele vornimmst,
weil du unglaublich reich werden,
deinen Seelenpartner finden,
traumhafte Orgasmen genießen,
den Stein der Weisen entdecken
und die Welt retten möchtest,
brauchst du das noch lange nicht ernst und verbissen zu tun.

Ich möchte dich ausdrücklich einladen, dem Thema Erfolg mit Freude und Verspieltheit zu begegnen. Sonst ist es den Aufwand nicht wert. Abgesehen davon wirst du Humor auf deinem Weg dringend brauchen. Erfolg ist nämlich keine Formel, die, wenn du sie einmal auswendig gelernt hast, stetig vorhersehbare Ergebnisse bringt. Es ist ein Abenteuer. Mal gibst du alles, und die Rechnung geht auf. Dann tust du exakt dasselbe, und es passiert nichts, oder der Laden fliegt dir um die Ohren.

Was bringt dich zum Lachen, wann immer du daran denkst?

Es gilt mittlerweile als erwiesen:

- Wer lacht, lebt länger – und vor allem gesünder.
- Eine Minute Lachen ist genauso effektiv wie 45 Minuten Entspannungstraining.
- Lachen erzeugt positiven Stress.
- Regelmäßiges Lachen sorgt im Alter für freundliche Gesichtszüge.
- Lachen lockert und trainiert die Muskulatur.
- Wir atmen tiefer.
- Das Herz wird gestärkt.
- Die Verdauung wird angeregt.
- Das Immunsystem wird besser.
- Lachen macht »high«, denn im Belohnungszentrum unseres Gehirns werden Glücksdrogen ausgeschüttet. Vor allem Dopamin, was wiederum unsere Kreativität und Leistungsfähigkeit anregt.

Erfolg ist eines der aufregendsten Spiele, das ich kenne, mit einem hohen Selbsterkenntnisfaktor. Es lohnt sich – doch nur, wenn du locker bleibst.

Verwechsle Entschlossenheit nicht mit Verbissenheit. Du kannst deinem Ziel entschlossen folgen *und* dabei grinsen.
Wenn sich deine Kiefermuskeln wieder einmal verkrampfen, kümmere dich um gute Entspannung. Zieh dir deine Lieblingskomödie rein. Genieß dein Lieblingseis. Hab Sex. Nur wer über seine Winzigkeit lachen kann, wird seine natürliche Großartigkeit entdecken.

Mach ’ne Pause.
Schau von oben auf dein Leben, und erlaube dir, über dich selbst zu grinsen.
Das Universum dreht sich auch ohne deine Hilfe weiter.

Was habe ich gerade verstanden?

Was bedeutet diese Erkenntnis für mich?

Durch welche konkrete Handlung kann ich die Erkenntnis sofort in mein Leben integrieren?

23. SCHRITT: SEI EIN WEISER GÄRTNER

Vertrauen ist eine Oase im Herzen,
die von der Karawane des Denkens nie erreicht wird.
Khalil Gibran

Du hast eine Vision formuliert?
Du hast dein Ziel aufgestellt?
Du hältst dich jeden Tag an deine Erfolgsdisziplin?
Du holst dir regelmäßig Feedback ein und korrigierst, wenn angebracht, deine Strategie?
Kurz gesagt: Du gibst von deiner Seite aus alles?
Dann bleibt dir jetzt nur noch eins:

Entspanne dich, so gut es geht, und vertrau dem Prozess!

Ich weiß, das ist oft leichter gesagt als getan. Besonders, wenn mal starker Gegenwind bläst. Dennoch bleibt dir nichts anderes übrig, als tief durchzuatmen und zu vertrauen.

Jeder Mensch sollte zuhause einen Garten oder zumindest ein kleines Hochbeet betreuen. Denn von der Natur lernst du Vertrauen.

Wusstest du, dass, wenn du einen Bambussamen in der Erde vergräbst, manchmal für zwei Jahre gar nichts passiert? Scheinbar! Unter der Erde erkunden die Rhizome ihre neue Heimat und wurzeln sich ein. An der Oberfläche bekommst du davon jedoch nichts

mit. Irgendwann aber durchbrechen die Bambussprösslinge plötzlich den Boden und legen ein rasantes Höhenwachstum hin. Manche Sorten wachsen bis zu einem Meter pro Tag!
Jetzt stell dir einmal vor, du wärest ein junger, unbedarfter Gärtner und wüsstest das nicht. Du pflanzt begeistert einen Bambussamen und guckst jeden Morgen neugierig nach, ob der Samen schon gekeimt hat. Nach einer Woche wirst du unruhig. Nach einem Monat reißt dir der Geduldsfaden. Je nach Typ wühlst du die Erde ungeduldig auf und schaust nach, oder du lässt das Beet enttäuscht liegen und pflanzt an anderer Stelle neu. Oder du hängst das Gärtnern ganz an den Nagel. In jedem Fall bringst du dich um die Früchte deiner Bemühungen, weil du nicht vertraut hast.

Es liegt nicht in deiner Macht zu entscheiden,

- wie lange der Samen deiner Ziele keimen muss,
- in welchem Rhythmus die Pflanze wächst
- und wann es Zeit für die Ernte ist.

Du bist nicht Gott, du bist nur der Gärtner. Dein Job ist es, das Beet zu bereiten, den richtigen Samen auszuwählen und den Reifungsprozess zu begleiten. Den Rest übernimmt das Leben. Darauf musst du vertrauen, auch wenn du keinen sofortigen Erfolg erkennen kannst. Hör dich einmal unter erfolgreichen Menschen um. Du wirst kaum jemanden finden, dessen Weg glatt und linear verlaufen ist. Sie alle wurden getestet. Sie haben auch verzweifelte Momente erlebt. Doch sie haben nicht aufgegeben. Sie haben vertraut.

Viele Menschen vertrauen nicht, sondern hoffen. Hoffnung kann enttäuscht werden.
Andere versuchen, mit der Schöpfung Deals auszuhandeln. »Wenn ich das und das mache, musst du mir das und das garantieren.« Dass solch ein Kuhhandel nicht funktioniert, erfahren wir spätestens dann schmerzhaft, wenn uns plötzlich ein geliebter Mensch oder unsere Gesundheit genommen wird.

Es gibt in diesem Universum keine Garantien, die einem menschlichen Verständnis entsprechen würden. Doch wer vertraut, braucht das auch nicht. Vertrauen wurzelt tiefer. Um es zu finden, musst du deine Vorstellungen von fair und falsch hinter dir lassen und zu deiner ureigenen, sehr, sehr ehrlichen und intimen Beziehung mit der Existenz finden. Nicht auf der Ebene von Argumentation – hier gibt es immer ein Für und Wider –, sondern in deinem Herzen, im stillen Gebet. Es gibt einen Ort in dir, an dem die Entscheidung fällt, ob du dieses Universum als eine chaotische Bedrohung oder eine unbeschreiblich intelligente Ordnung erfährst.

Du kannst dieses unerschütterliche Vertrauen nicht erzwingen, doch du kannst darum bitten. Menschen, die es gefunden haben, leben anders. Gelassener, sanfter, risikobereiter. Sie verfügen über die Gabe, ihre Vision entschlossen zu verfolgen, selbst wenn es im Außen kein Anzeichen von Erfolg gibt.

Oft finden wir den Zugang dazu genau in den Zeiten, in denen alles schiefgeht. Es ist keine Kunst, Ja zu sagen, wenn alles nach un-

seren Vorstellungen läuft. Rückblickend sehe ich das völlig klar. Es waren die Krisen, in denen ich zu meinem Urvertrauen gefunden habe. Als ich nicht wusste, wie ich die nächste Miete bezahlen soll; als ich so begeistert meine ersten Seminare organisierte und niemand kam; als wir unser mittlerweile gut laufendes Business in Berlin auflösten und nach Süddeutschland zogen, wo niemand etwas von uns wissen wollte; als ich nach zehn Jahren erfolgreicher Arbeit plötzlich in ein dunkles Loch der Sinnlosigkeit fiel; als ich eine Bruchlandung mit dem Fallschirm hinlegte und mir die Wirbelsäule brach.
DAS sind die Momente, die heiligen Testknotenpunkte, an denen wir allein und nackt unserer Existenz gegenüberstehen. Da hilft uns kein kluger Ratgeberspruch weiter. Entweder wir fallen in diesen Momenten in ein Loch von Furcht und Zweifel oder in die Arme einer Existenz, die uns liebt und trägt. Ich glaube, dass wir diese so magischen Moment beeinflussen können, indem wir aufrichtigen Herzens um Vertrauen bitten.

Ich habe Phasen erlebt, in denen ich hart und kontinuierlich arbeitete und nichts geschah. Und dann, völlig unerwartet, gingen plötzlich innerhalb weniger Wochen die Samen auf, die ich während eines ganzen Jahrzehnts gepflanzt hatte. In so einem Moment kniest du innerlich nieder und stößt ein Dankgebet aus, dass du nicht zu früh aufgegeben hast.

Die Lektion des Vertrauens kostet uns den kleinkrämerischen Geist und verwandelt uns in hingegebene Geliebte des Lebens.

Wenn du wissen willst, wer du bist und zu was du wirklich fähig bist, bleib auch in den Tagen der Prüfung am Ball.
Sanft und entschlossen.
Lass dich vom Leben öffnen.
Lass dich lehren, was es bedeutet zu vertrauen.

Eine Frage, die mir sehr häufig gestellt wird, lautet: Woher weiß ich, wann es Zeit ist, noch mehr für das Ziel zu kämpfen, und wann, es loszulassen?

Diese Antwort findest du nicht mit dem Kopf. Denn hier kannst du sie auch jederzeit wieder neu anzweifeln. Paradoxerweise findet sie dich, wenn du so mutig bist, dich der Ohn-Macht hinzugeben, die am Grund einer tiefen Ent-Täuschung auf dich wartet. Geh ihr nicht aus dem Weg, indem du in Aktionismus flüchtest. Fall aber auch nicht ins Drama, sondern tauche so still wie möglich in die Erfahrung der Ohnmacht ein. Es wird einen Moment geben, an dem du verschwindest. An dem es stiller wird als still. Dann spuckt dich dieser Nullpunkt wieder aus, und du wirst genau wissen, ob die Antwort *Loslassen* oder *Weitergehen* heißt.

Solange du noch zweifelst, hast du nicht alles gegeben.

Wenn du alles gibst,
gehst du immer als Sieger vom Feld.

Was habe ich gerade verstanden?

Was bedeutet diese Erkenntnis für mich?

Durch welche konkrete Handlung kann ich die Erkenntnis sofort in mein Leben integrieren?

24. SCHRITT: SANFTE ENTSCHLOSSENHEIT

Es ist immer zu früh, um aufzugeben.

Norman Vincent Peale

Bewusste Manifestation bedeutet, einen zuerst unsichtbaren Traum aus dem luftigen Äther deiner Ahnungen bis in die materielle Dimension deiner Welt hinein zu gebären.

Sei dir darüber klar, dass die verschiedenen Ebenen deiner Wirklichkeit – je nach Dichte – unterschiedlich schnell auf deinen Impuls reagieren.
Am raschesten reagiert dein Bewusstsein. Auf der mentalen Frequenz kannst du die Richtung innerhalb von Sekunden ändern. Eine gute Frage, und du beamst dich aus der Hölle in den Himmel. Leider ist dies auch die flüchtigste Ebene. Wenn dein Veränderungsimpuls nicht auch auf die tieferen, grobstofflicheren Ebenen vordringt, verpufft er wieder. Das hat jeder von uns tausend Mal erlebt.

Wenn es dir gelingt, den Fokus auf der Mentalebene lange Zeit aufrechtzuerhalten, formen sich daraus langsam neue Gedankenmuster, die sich nach und nach zu neuen Überzeugungen verfestigen. Aus diesen Überzeugungen entspringen dann neue Handlungen.

Denkst und handelst du eine Zeitlang in eine neue Richtung, dann folgen – schon wesentlich langsamer – auch deine Emotionen. Zuerst sporadisch und zart, doch falls du den Impuls lange genug sendest, prägen sich neue Gewohnheiten im Fühlen aus.

Am längsten brauchen meistens die physische Dimension deines Lebens und deine Mitmenschen, um deine schöpferische Initiative als neue Wirklichkeit voll anzunehmen. Das hat zwei Gründe. Erstens schwingt Materie viel langsamer und zäher als zum Beispiel mentale Energie. Zweitens hast du ja in das, was dich gerade als Realität umgibt, Jahre investiert. Es braucht Zeit, bis du dein gesamtes Investment vom Alten abgezogen und ins Neue gelenkt hast.[100] Bis dahin kann es zu Irritationen kommen, weil eine der Ebenen nicht so mitzieht, wie du es dir wünschst.

- Du willst liebevoller mit dir selbst umgehen, kannst es aber zu Beginn noch nicht fühlen.
- Ihr wollt eure Beziehung heilen und stärken, doch zuerst kommt der ganze alte Groll hoch.
- Du hast dir ein großes finanzielles Ziel gesetzt, denkst und handelst richtig, und plötzlich musst du eine fette Steuernachzahlung ans Finanzamt leisten oder wirst beklaut.
- Du willst begeistert durchstarten, um einen großen Traum zu realisieren, doch gerade deine liebsten Menschen reagieren mit heftigem Widerstand.

---

100 Das ist wie mit einem Brummkreisel. Stell dir vor, du hast ihn über Jahre hinweg mit deiner Energie am Drehen gehalten. Nun gehst du weg, weil er dich nicht mehr interessiert. Trotzdem wird er sich noch eine ganze Weile weiterdrehen.

- Du willst dich gesund ernähren und rauschst von einer Fressattacke in die nächste.

Wir nennen solche Phänomene liebevoll *karmische Erstverschlimmerung*. Es ist wirklich wichtig, dass du sie als natürliche Prozesse verstehst, und in solchen Phasen nicht aufgibst!
Unterdrücke nichts. Mach nicht auf verkrampften Optimisten. Wenn dich etwas ankotzt, dann fühle das. Wenn du verzweifelt bist, fühle das. Und! – gib trotzdem nicht auf.
Wenn du jedes Mal alles hinwirfst, sobald es nicht so läuft, wie du es dir wünschst, bricht das neu geschaffene, zarte Energiefeld wieder in sich zusammen. Dann fängst du, wenn du dich aufgerappelt hast, wieder von vorn an.

Es ist menschlich, sich leichte Erfolge zu wünschen, doch ein Meister, eine Meisterin erscheint JEDEN TAG auf der Übungsmatte – egal, ob sie oder er gerade belohnt wird oder nicht.

Kaum eine andere Charakterstärke ist auf dem Weg zu deinem Erfolg so wichtig wie sanfte Entschlossenheit.

Wenn du auf Rückschläge mit Kampf, Flucht oder Verleugnung reagierst, unterbrichst du die Reifung der jungen Pflanze.

Bleibst du sanft und entschlossen bei deiner Wahl, reift das Neue weiter und manifestiert sich in seinem eigenen Tempo in alle Ebenen hinein.

Menschen in einer Leistungsgesellschaft wie der unsrigen tendieren meist zu Extremen. Entweder wir versuchen, unseren Willen gegen alle Widerstände durchzuboxen, oder wir kollabieren, wenn uns die Erschöpfung übermannt.

Sanfte Entschlossenheit bedeutet: Du erscheinst nicht nur jeden Tag auf der Übungsmatte, sondern du bist *gleichzeitig* freundlich mit dir.

An Tagen, an denen du in deiner vollen Kraft bist, gibst du richtig Gas. Du gehst ruhig auch mal in den Schmerzbereich hinein, um deine Muskeln auf allen Ebenen zu trainieren. An Tagen, an denen du dich mies fühlst oder etwas schiefläuft, gehst du dennoch deiner Erfolgsdisziplin nach – nur wesentlich sanfter.

Aldous Huxley wurde gegen Ende seines Lebens einmal gefragt, was für ihn die Quintessenz seiner spirituellen Suche sei. Er antwortete sinngemäß:

Wissen Sie, es ist mir fast peinlich. Nach all den Jahrzehnten der Suche; nach den vielen spirituellen und psychologischen Wegen, die ich kennengelernt habe; nach all den zahlreichen, großen Meistern, denen ich begegnen durfte, bin ich zu folgendem Schluss gekommen:

Die machtvollste und heilsamste Praxis, die es gibt, ist es, sich selbst und dem gesamten Universum freundlich zu begegnen.

Auf deinem Weg des Erfolgs warten unzählige kleine und große Herausforderungen auf dich. Manche meisterst du, andere nicht.

Du hast dich aufgemacht auszukundschaften, wozu ein Wesen fähig ist, das seine innere Größe stärker bejaht als seine Angst. Manchmal fliegst du hoch oben am Himmel, frei und kühn wie ein Adler, und manchmal kriechst du am Boden entlang wie eine angeschlagene Raupe.

Wenn es dir so geht wie mir, dann erlebst du die heutige Welt wie einen Fluss, der uns alle immer schneller, intensiver und fordernder mit sich nimmt. Es gibt Tage, da genießt du das wilde Wasser. Dein Gesicht wird von der Gischt der Wellen geküsst, und du reitest auf ihnen, sicher und frei, weil du vertraust. Das sind die Tage, an denen du weißt, dass alles Sinn ergibt, was du in den schlauen Büchern gelesen hast. Tage, an denen du jenseits aller Worte spürst, dass dich die gesamte Existenz liebt.
Und es gibt jene Tage, da drücken dich die Fluten deines Lebens unter Wasser. Ängste und Zweifel rauben dir die Luft zum Atmen. Deine Verkrampftheit macht es dir unmöglich, dich wieder lässig auf dein Surfbrett zu schwingen. Tage, an denen du jeden erwürgen könntest, der dir einen guten Ratschlag aufschwatzt. Tage, an denen nichts von dem funktioniert, was du gerade noch stolz gelernt hast. Tage, an denen du alles gegeben hast, und doch reicht es vorn und hinten nicht. Abende, in denen du mit dem Gefühl ins Bett gehst, nur einen Bruchteil dessen geleistet zu haben, was du dir vorgenommen hattest.

Was kannst du in jenen Tagen tun, um deine Seele vor der Bitterkeit des Selbsthasses zu beschützen?

Kultiviere dir selbst gegenüber eine sanfte Freundlichkeit.

Das beginnt oft mit einem einfachen, tiefen Durchatmen.
Mit einem Loslassen der angespannten Schultern (vielleicht jetzt gerade?).
Mit einem Blick in den offenen Himmel.

Schau auf die Welt um dich herum, und erinnere dich daran, dass alles, was du wirklich besitzt, dieser eine unbegreifliche Augenblick ist.

Jetzt!

Du kannst ihn verbittert erfahren, oder du kannst ihn verzaubern, indem du freundlich mit dir bist.

Kannst du dich bedingungslos lieben? Und zwar so, wie du bist? Nicht erst, wenn du den nächsten Sieg errungen hast. Sondern jetzt.

Und dann setze entschlossen und freundlich deinen nächsten Schritt. So freundlich, dass sich die Menschen magisch von dir angezogen fühlen und die Blumen am Wegrand dir ihre Kelche entgegenneigen.

Kannst du das tun? Für dich? Für uns alle?

Gib nicht auf und bleibe sanft dabei.

Was habe ich gerade verstanden?

Was bedeutet diese Erkenntnis für mich?

Durch welche konkrete Handlung kann ich die Erkenntnis sofort in mein Leben integrieren?

DEIN ERFOLGSCHECK

Nun sind wir am Ende des MANIFESTATIONS-Parts angekommen. Ich bin mir bewusst, wie schnell so ein Buch durchgelesen ist und wie lange es braucht, um dessen Essenz wirklich umzusetzen. Tu dir selbst einen Gefallen und fliege mit deinem Geist nicht gleich weiter … zum nächsten Input, zur nächsten Idee.

Verweile hier für einen wesentlichen Moment. Erlaube dir eine Bestandsaufnahme. Wie steht es HEUTE um deine Erfolgsfähigkeiten?

Mach den Erfolgscheck.

Bewerte auf einer Skala von 0 (gar nicht) bis 5 (vollständig), wie sehr die folgenden Aussagen auf dich zutreffen:

1. Mein Startpunkt

Ich habe einen klaren Überblick über den Ist-Zustand meines Lebens. Ich kenne die Bereiche, die gut funktionieren, und ich kenne meine Baustellen.

0 1 2 3 4 5

2. Wirklich-wirklich

Ich weiß, was ich in den wesentlichen Bereichen meines Lebens wirklich-wirklich will.

0 1 2 3 4 5

3. Zielklarheit

Ich habe in den Bereichen, in denen ich mir eine signifikante Verbesserung wünsche, klare und konkret messbare Ziele aufgestellt.

0 1 2 3 4 5

4. Die Kunst des Festnagelns

Ich kenne meinen inneren Schweinehund und weiß genau, wie ich dafür sorgen kann, dass er meine Erfolgsbemühungen nicht boykottiert.

0 1 2 3 4 5

5. Freiwillige Gehirnwäsche

Ich kenne die Grundprinzipien einer guten Gehirnhygiene. Ich versorge mein Gehirn täglich und bewusst mit guten Bildern in Form von Ziel-Visualisierungen, stärkenden Affirmationen und inspirierenden Informationen.

0 1 2 3 4 5

6. Handlungskontinuum

Ich führe jeden Tag mindestens drei bewusste Handlungen für mein Ziel aus. Und zwar so lange, bis es erreicht ist.

0 1 2 3 4 5

7. Intelligente Fragen

Ich weiß um die Macht der Fragen, die ich meinem Verstand täglich stelle. Ich verfüge über ein großes Repertoire an ermächtigenden, lösungsorientierten Fragen und wende diese sofort an, wenn ich nicht weiterweiß, eine Krise erfahre oder eine Herausforderung zu meistern habe.

0 1 2 3 4 5

8. Power-Affirmationen

Ich verfüge über ein Set von Power-Affirmationen, die mir auf meinem aktuellen Lebensweg helfen, mein Potential immer weiter zu entfalten. Ich wende sie auch regelmäßig an.

0 1 2 3 4 5

9. 100 Prozent selbstverantwortlich

Ich verzichte auf Ausreden und Jammern. Ich übernehme die volle Verantwortung für mein Glück und meinen Erfolg.

0 1 2 3 4 5

10. Das passende Setup

Das Gesetz der Anziehung ist mir bewusst. Mein Gedanken-Setup, aber auch mein äußeres Setup passt zu der Wirklichkeit, die ich anstrebe. Wenn nicht, weiß ich, wie ich das schnell verändern kann.

0 1 2 3 4 5

11. Selbstwirksamkeit

Ich weiß um die Bedeutung der Selbstwirksamkeit und trainiere sie täglich mit kleinen, aber effektiven Ritualen.

0 1 2 3 4 5

12. Ich liebe Disziplin

Wenn ich an Disziplin denke, löst dies Freude in mir aus. Denn sie ist für mich keine Strafe, sondern Freiheit. Meine tägliche Erfolgsroutine hält meinen Geist auf das fokussiert, was mir wichtig ist, und bringt mich dem täglich ein Stück näher.

0 1 2 3 4 5

13. Ich lerne gern dazu

Ich bilde mich ständig weiter. Ich schaue, wer hat, was ich noch suche, und lerne von ihm. Ich bitte gern um Rat und Feedback.

0 1 2 3 4 5

14. Starke Felder

Beziehungen sind Kraftfelder. Ich wähle sorgfältig aus, mit welchem Kraftfeld ich mich verbinden möchte. Ich nehme mir das Recht heraus, mit den Menschen mehr Zeit zu verbringen, die ähnliche Werte und Ziele haben wie ich.

0 1 2 3 4 5

15. Erfolgsteam

Für große Ziele bin ich gern Teil eines Teams von Menschen, die sich gegenseitig wirksam auf ihrem Weg des Erfolgs unterstützen. Ich weiß, wie ich so ein Team selbst initiieren kann.

0 1 2 3 4 5

16. Frieden mit meinem Schatten

Ich weiß, wie ich unangenehme Gefühle – wie Neid, Angst, Ohnmacht oder Zweifel – friedvoll integrieren kann.

0 1 2 3 4 5

17. Alpha-Flow

Ich erfahre regelmäßig – mehrmals pro Woche – Zustände von Alpha-Flow. Mein Weg ist geprägt von Freude und Leichtigkeit.

0 1 2 3 4 5

18. Die Magie der Gegenwart

Mein Leben jetzt ist mir sehr kostbar. Ich lebe achtsam und genieße oft Momente in der Gegenwart.

0 1 2 3 4 5

19. Intuition

Ich weiß, wie ich meinen sechsten Sinn »anzapfen« kann, tue dies oft und folge seinen Impulsen auch.

0 1 2 3 4 5

20. Mut

Ich probiere oft und gern Neues aus. Wenn ich dabei einen Fehler begehe, korrigiere ich schnell und sanft.

0 1 2 3 4 5

21. Integrität

Ich kenne meine Werte. Ich lebe, wie ich spreche. Ich behandle meine Mitmenschen so, wie ich es mir von ihnen wünsche. Ich lebe aufrichtig und fair.

0 1 2 3 4 5

22. Dankbarkeit

Ich nehme mir täglich Zeit für eine dankbare Schau auf mein Leben. Dann fühle ich mich meistens reich beschenkt.

0 1 2 3 4 5

23. Humor

Ich lache gern und oft. Vor allem über mich selbst.

0 1 2 3 4 5

24. Vertrauen

Ich kann auch in Phasen, in denen scheinbar gar nichts vorangeht oder ich sogar Niederlagen einstecke, mein Vertrauen ins Leben und in meinen Weg spüren. Ich erlebe generell eine positive Beziehung zur Existenz.

0 1 2 3 4 5

25. Sanfte Entschlossenheit

Was auch immer kommt, ich gebe das, was mir wichtig ist, nicht auf. Ich gehe meinen Weg entschlossen und sanft.

0 1 2 3 4 5

26. Feiern

Egal, ob ich heute gewinne oder verliere – ob ich heute mein Ziel erreiche oder nicht –, ich finde immer einen Grund zum Feiern. Denn letztendlich ist alles ein Wunder.

0 1 2 3 4 5

Auswertung

Bitte zähle nun deine Punkte zusammen. Wie viele hast du erreicht?

110 – 130

Herzlichen Glückwunsch! Deine Erfolgsfähigkeiten sind stark entwickelt. Dies ist ein echter Grund zum Feiern. Wann hast du dich und das Leben das letzte Mal so richtig für diese Geschenke und Errungenschaften anerkannt? Gleichzeitig steht dir jetzt eine wichtige Lektion der Meister bevor: Das, was du bereits kannst, immer mehr zu verfeinern, bis du das Nichtstun im Tun entdeckst. Bis du so reibungslos mit der Schöpfung kooperierst, dass du nicht mehr davon sprechen kannst, dass DU es tust, sondern du erfährst, dass ES getan wird. Vielleicht ist es auch Zeit, deine Erfahrungen zum Thema Erfolg als Mentor an andere Menschen weiterzugeben?

80 – 109

Wie bewertest du selbst diese Punktzahl? Bist du damit zufrieden? Das könntest du sein, denn nicht viele Menschen erreichen dieses Niveau an Erfolg. Ich könnte aber auch gut verstehen, wenn du nun Blut geleckt hast und denkst: »Jetzt erst recht!« Denn da ist ohne Zweifel noch Lust. Und nach meiner Erfahrung steigt der Erfolg im Vergleich zu deinen Verbesserungen ab jetzt oft exponentiell an. Also, wenn du herausfinden möchtest, was noch alles geht, lokalisiere deine Stärken und baue sie weiter aus. Benenne auch ehrlich deine Baustellen und saniere sie. Dies ist ein guter Zeitpunkt, um ein Team mit anderen Menschen auf diesem Niveau zu bilden. Du kannst dich freuen auf das, was kommt!

40 – 79

Bevor dich dein Ergebnis frustriert, lass mich einige gute Nachrichten mit dir teilen:

1. Du brauchst dich ab jetzt nie wieder über das ungerechte Universum zu beklagen, denn dir ist nun bewusst, woran es auf deiner Seite (noch) fehlt.
2. Die Punkte, die du bereits erreicht hast, sind ein guter, stabiler Boden, auf dem du aufbauen kannst.
3. Du weißt jetzt, dass in deinem Leben noch viel, viel mehr möglich ist. Schau dir an, was du bereits erschaffen hast. Kaum vorzustellen, wie dein Leben aussehen kann, wenn du das noch in dir schlummernde Potential weckst.

Also, willst du mehr? Dann ran an den Speck![101] Mein Tipp: Nimm dir nicht zu viel vor. Lokalisiere klar die Schwachstellen und löse sie genau in der hier vorgestellten Reihenfolge auf.

… – 39

Lass uns ehrlich miteinander sein. Wenn ich du wäre, wäre ich jetzt zumindest etwas frustriert. Falls du dich gerade so fühlst, will ich es dir nicht ausreden. Ich will dich nicht mit billigen Tröstungen abspeisen, denn damit würde ich das Genie, das du bist, beleidigen. Du hast an dieser Stelle zwei Möglichkeiten:

101 Oder an den Tofu, wenn du Vegetarier bist.

1. Du nutzt den Frust als ein Gewicht, um dich runterziehen zu lassen. Du lässt das Buch verstauben und vergisst seinen Inhalt schnell. Dann redest du dir weiter ein, dass du halt ein Loser oder ein Pechvogel bist.
2. Du machst dir klar, dass deine Punktzahl kein existentieller Stempel ist, der dir bei deiner Geburt eingebrannt wurde, sondern ein Meisterwerk. Ja, du liest richtig, ein Meisterwerk. Um genau zu sein: *dein* Meisterwerk. Du hast diesen Zustand in deinem Leben kreiert, und du kannst dieselben Prinzipien, die du dafür verwendet hast, nun für einen Neuanfang nutzen. Sei meinetwegen frustriert. Doch wende diese Kraft nicht gegen dich. Lass sie das Feuer unter deinem Hintern werden. Zünde die Rakete.

Vielleicht denkst du ja, das schaffst du nie. Weil du zu alt, zu dumm, zu willensschwach etc. bist. Nun, wenn du das denken willst, wirst du Recht behalten. Das ist deine schwindelerregende schöpferische Freiheit.
Doch falls es dich interessiert: Als ich diesen Test erstellt habe, habe ich mich an den Veit von vor 22 Jahren zurückerinnert. Damals habe ich mein erstes Buch zum Thema Erfolg gelesen. Wenn ich seinerzeit den Test ehrlich[102] durchgeführt hätte, hätte ich eine Punktzahl von 27 erreicht. Ich war damals dumm, dickköpfig, willensschwach und rechthaberisch. Heute führe ich ein sehr erfolg-

102 Daran wäre es wahrscheinlich bereits gescheitert, denn ich war ein selbstgerechtes Arschloch.

reiches und glückliches Leben. Wenn ich das schaffe, sehe ich keinen echten Grund, warum es dir nicht auch gelingen sollte.[103] Es kann also besser werden. Du musst nur anfangen. JETZT.

TIPP

Für alle, die nun bereit sind, ihren Erfolg zu stärken und noch viel, viel mehr von dem zu manifestieren, was sie wirklich-wirklich wollen:

- **Lies den Epilog durch und beginne das Buch dann sofort von Neuem. Dieses Mal praktischer, gründlicher.**
- **Hol dir das gesamte Downloadmaterial von der Webseite des Buches. Besonders die geführten Meditationen werden dich sehr unterstützen.**
- **Warte nicht. Mach keine Pause. Stell ein starkes Ziel auf und leg los.**
- **Meide besonders zu Beginn Menschen, die dir deine Träume ausreden wollen und dir zusätzlich zu deinen Zweifeln noch ihre aufladen. Geh mit ihnen essen, tanzen, spazieren, doch sprich mit ihnen erst über deine Erfolgsschule, wenn du dich damit stabil fühlst.**

---

103 Es sei denn, du wählst an dieser Stelle, deine schöpferische Macht zu missbrauchen, um dir einen auszudenken. Dann kann ich dir auch nicht helfen.

- **Bilde Teams! Noch mal der heiße Tipp: Check unsere Community HUMAN TRUST aus. Hier findest du Tausende Menschen, die mehr rocken wollen, und spezielle Austauschgruppen rund um die Themen dieses Buches. Einmal im Jahr führe ich alle Teilnehmer live durch die Prinzipien durch.**
- **Suche dir einen Mentor, Coach oder Trainer. Wenn du dir meine persönliche Unterstützung wünschst, geht dies am einfachsten über den Online-Kurs www.thinkbigevolution.com.**
- **Warte nicht. Leg los. Irgendwann ist das Leben nämlich vorüber. Und dann wünsche ich dir das Gefühl, es voll ausgekostet zu haben.**

EPI LOG

EPILOG

VON TRÄUMERN UND MEISTERINNEN

Die Menschheit ist ein Fluss des Lichtes,
der aus der Endlichkeit zur Unendlichkeit fließt.

Khalil Gibran

Das Buch liest sich dem Ende entgegen.

Wie geht es für dich weiter?

Oft fragen mich meine Klienten am Ende eines Trainings: Wie lange muss ich denn nun diese Erfolgsprinzipien praktizieren?

Es gibt kein »muss«. Nur die Frage:

Möchtest du dein Leben als Träumende, als Hoffender oder als wache Meisterin erfahren?

Ich beobachte manchmal meine Mitmenschen und auch mich selbst dabei, wie wir etwas anfangen, was uns guttut, und die Bemühungen sofort wieder einstellen, wenn wir ein Etappenziel erreicht haben. Das ist der Weg der Träumer. Sie bewegen sich immer nur dann innerhalb ihres Traumes, wenn eine Belohnung lockt oder eine Strafe droht. Ist dies nicht der Fall, schlafen sie wieder ein.

Hast du in diesem Buch etwas gefunden, was dir guttut? Was deinen Geist erweckt? Dann mach es weiter. Jeden Tag.

Ein Träumer ist in einem Traum gefangen, in dem immer irgendetwas fehlt. Er lebt aus einem gefühlten »ich muss« heraus. Er rennt gestresst seinen Zielen hinterher. Er denkt, das Leben drehe sich darum, von Punkt A nach Punkt B zu gelangen. Er hofft, dass es dort besser wird. Doch wenn er dann dort ankommt, hat er vor lauter Anstrengung den Weg dahin verpasst. Außerdem stellt er enttäuscht fest, dass es wieder nur eine Zwischenetappe war. Vielleicht lässt er nun erst mal alle Zügel schleifen oder schläft ganz ein. Bis die nächste Fata Morgana am Horizont aufleuchtet. Dann rafft er sich wieder auf …

Ich möchte dieses Buch mit dem schönsten Paradox deines Erfolges vollenden.

Kein Ziel dieser Welt wird dich erfüllen.
Erfüllung findest du nur, wenn du in dir erwachst.
Der Wert eines Zieles liegt in der Frage verborgen:
Was musstest du in dir finden, um es zu erreichen?

Ein Meister hat sein Leben seinem Erwachen gewidmet. Auch wenn er viele Meilen in der Welt zurücklegt, ist er immer auf dem Weg zu sich selbst.
Eine Meisterin wird nicht von ihren Zielen benutzt. Sie benutzt ihre Ziele – als tägliche Übungsmatte für das Training meisterlicher Tugenden:

Größe und Demut.
Willen und Hingabe.
Entschlossenheit und Geduld.
Klarheit und Nichtwissen.

Der scheinbare Gegensatz dieser Tugenden zwingt sie, aus dem begrenzten Ich-Verstand zu erwachen.

Ein Träumer träumt, dass er irgendwann perfekt und vollständig sein wird. Nur noch nicht jetzt. Er übt im Traum verbissen und kommt doch nie an. Denn auch wenn er vorgibt zu lernen, will er doch insgeheim nur eins: Recht behalten. Unter seiner angestrengten Suche verborgen verteidigt er sein kleines, mangelhaftes Ich – das Fundament des Traumes.

Eine Meisterin übt gern. Jeden Tag. Nicht um perfekt zu werden, denn Perfektion hat sie als eine Illusion durchschaut, sondern um alle Schleier zwischen ihr und der natürlichen Vollkommenheit der Dinge fallen zu lassen. Sie erfreut sich an den Siegen innerhalb des Traumes, doch sie hält nicht an ihnen fest. Denn auch diese werden gehen. Sie nimmt die Niederlagen als das, was sie sind: ein Feuer, in dem die Illusionen verbrennen.

Ein Meister versucht nicht mehr, krampfhaft im Morgen anzukommen, denn er erwacht im Jetzt. Immer wieder jetzt. Wacher, freier, tiefer. Er setzt seine Schritte in Liebe und in Achtung für den ewigen Weg. Sein Alltag ist kein Hamsterrad, sondern eine maßgeschneiderte Übungsmatte voller Wunder und Überraschungen.

Als Träumerin siehst du nur dich und deinen verzweifelten Kampf um die nächste Möhre. In der Tiefe hast du Angst. Angst zu verlieren. Angst, allein zu sein. Angst vor dem Nichts.
Als Meisterin erfährst du dein Spiel eingebettet in einen wesentlich größeren Kontext.

Du bist nicht der Anfang und nicht das Ende.
Du bist ein Schritt auf dem Weg ins Unendliche,
… ein Atemzug der Schöpfung,
… ein frohlockendes Augenzwinkern des Weltenwerdens.

Du findest in der Stille den Zugang zur majestätischen Unendlichkeit der gesamten Schöpfung und kannst deshalb deine kosmische Winzigkeit genießen!

Es gibt nichts Wirkliches zu verlieren, denn du findest alles in dir Obwohl du keines deiner errungenen Spielzeuge aus dem Traum mit in dein wahres Zuhause nehmen kannst, betrittst du im Traum lustvoll die Arena. Denn du bist ein einzigartiges, kreatives, magisches, spektakuläres Experiment des Lebens. Es wird nie wieder einen Funken geben wie dich! Da, wo du stehst, atmest, lernst und liebst, wird nie wieder jemand sein.

Bist du bereit, auf der Übungsmatte deines Alltags zu erwachen, indem du dich deiner Praxis voll hingibst?

Wenn du in diesem Buch etwas gefunden hast, das dich stärkt, übe es weiter.
Jeden Tag.
Bis du eins mit der Technik wirst und dann erfährst, was Lao-Tse so beschrieben hat:

Weniger und weniger wird getan,
bis nichts mehr getan wird.
Wenn nichts mehr getan wird, bleibt nichts ungetan.

Für die Träumerin ist Erfolg etwas, womit sie eine gefühlte Leere füllen möchte.
Für den Meister ist Erfolg etwas, was ihn noch mehr öffnet, damit sich seine Fülle verströmen kann.
Der Träumer will etwas bekommen. Der Meister beschreitet den Weg, um sich vollständig zu verschenken.
Eine Meisterin gibt sich heute komplett ihrem Üben hin, weil sie weiß, dass ihr Traum endlich ist. Sie weiß, dass sie in ihm sterben wird und mit ihr all ihre Errungenschaften. Ihre Vorbereitung auf den großen Tod ist der tägliche kleine Tod ihres Ichs auf der Übungsmatte.
Ein Träumer versucht, seine Sterblichkeit zu verleugnen. Das gibt seinem Ringen einen tragisch-komischen Geschmack der Vergeblichkeit.

Einem Meister verleiht das Wissen um seinen Tod die nötige Gelassenheit, heute und hier alles zu geben. Er weiß, dass alles, was er heute tut, morgen völlig irrelevant sein wird. Ob er heute seine Schatten besiegt oder nicht, daran können sich die Sterne morgen nicht mehr erinnern.

Vielleicht fragst du dich: Warum sollte ich dann heute meiner Erfolgspraxis nachgehen, warum sollte ich Ziele anstreben, wenn doch alles nur ein Traum ist?
Das ist eine gute Frage … die Antwort, die du wählst, entscheidet alles.

Eine Meisterin hat ihre Antwort gefunden.
Es ist die Haltung, mit der sie die Dinge tut.
Sie widmet jeden Schritt der Chance, noch tiefer zu erwachen.
Sie genießt entspannt, wenn die Ziele so eintreffen, wie sie es geplant hat.
Sie lauscht interessiert, wenn es anders kommt.
Hochkonzentriert verfolgt sie ihr Ziel – ohne auf seine Erfüllung zu warten.

Denn sie ist eins geworden mit dem Weg.

VON HERZ ZU HERZ

Was willst du wirklich-wirklich?
Sag du es mir, mein Herz.

Was willst du wirklich-wirklich?
Und was bist du bereit, dafür zu geben?

Vertrau der einfachen Antwort deiner Sehnsucht.
Und folge ihr.
Bis du vom Leben vollständig geöffnet wurdest.

Du bist nicht dein Geist. Achte ihn. Trainiere ihn.
Aber verwechsle dich nicht mit ihm.
Du bist mehr.
Du bist frei.

Das Ziel ist lediglich der Köder. Es lockt dich aus der Höhle deiner selbst erdachten Grenzen. Die tiefere Sehnsucht, aus der jedes Ziel entspringt, ist der Ruf deines wahren Selbst.

Jedes bewusst verfolgte Herzensziel lehrt dich etwas über dich.
Es lässt dich kühner und stiller auf der Spirale des Lebens tanzen,
noch bewusster in dem erwachen, was DU bist.

Die Welle lacht …
… und erkennt sich im Ozean wieder.

DANKE

Nur jene, die riskieren, zu weit zu gehen,
können herausfinden, wie weit sie gehen können.
T. S. Eliot

Ich möchte deine Bereitschaft anerkennen, den existentiellen Fragen des Lebens so viel Zeit und Aufmerksamkeit zu widmen.
Ich möchte dir meinen Respekt aussprechen für den Mut, dich so ehrlich und so wach auf deinen Weg zu machen.

Ich danke dir für dein Vertrauen. Selbst wenn wir uns noch nie physisch begegnet sein mögen, fühle ich mich dir zutiefst verbunden. Uns hat dieselbe starke Sehnsucht auf diesem Weg zusammengeführt.

Ob du es mir glaubst oder nicht, ich kenne deine Zweifel, und ich kenne deine Angst.
Wie sollte es auch anders sein? Wir sind Menschen. Wir sind vom selben Stamm.
Dein Ringen um Freiheit ist auch das meine.

Ich finde es großartig, dass du bereit bist, dich dem Erfolg auf einer so tiefen Ebene zu widmen.
Ich achte dich dafür, dass du der inneren Ahnung deiner Größe treu bleibst.

Es mag hinsichtlich der Zeit Verzögerungen geben, doch der Ausgang unserer Reise ist gewiss.

Mögest du glücklich sein!

In Verbundenheit,
dein Veit

ANHANG

Veit Lindau

… wirkt als Teacher, Speaker und Autor. Er versteht sich als ganzheitlicher Reformer, achtsamer Businesspunk und Freigeist. Er gilt im deutschsprachigen Raum als Experte für eine integrale Selbstverwirklichung des Menschen. Sein gegenwärtig größtes Projekt ist der Ausbau des HUMAN TRUST, einer integralen Coaching- und Vernetzungsplattform mit mehreren tausend Mitgliedern. Seine Bücher, einige davon Bestseller, sind provokante, liebevolle Weckrufe. Energisch und augenzwinkernd ruft er dazu auf, im täglichen Leben konkret umzusetzen, was wir wissen.

Info und Termine: www.veitlindau.com
Tägliche Impulse: www.facebook.com/veitlindau

Weiterführende Tipps

Der passwortgeschützte Leserbereich

Im Leserbereich habe ich für dich umfangreiches Zusatzmaterial (zum Beispiel das Lebensrad, Skripte, die geführten Meditationen und einen Videovortrag zum Download) zur Verfügung gestellt. Hier kannst du auch den Erfolgs-Check ausfüllen oder unseren Manifestations-Erinnerungsservice nutzen, um am Ball zu bleiben. Um dein Paket abzuholen, geh auf www.werde-verrueckt.de, und melde dich für den Leserbereich an. Das Passwort lautet »lebenslust«, zusammen- und kleingeschrieben.

Meditationen zum Download

Im Leserbereich findest du geführte Meditationen, darunter:

- *Der Kristall der Klarheit* (um den Zustand der Klarheit zu trainieren)
- *Der Berg deiner Seele* (um zu erkennen, was dir wirklich-wirklich wichtig ist)
- *Bilder aus deiner Zukunft* (um deine Ziele durch lebendige Visualisierung in deinem Unterbewusstsein zu verankern).

HUMAN TRUST

… ist die derzeit größte deutschsprachige Life Coaching Community für Menschen, die mehr aus ihrem Leben machen wollen. Begleitet durch Andrea und Veit Lindau.

HUMAN TRUST

Der HUMAN TRUST ist ein lebendiges Online-Angebot für Menschen, die Bedarf an persönlichem Wachstum, Vernetzung mit Gleichgesinnten und einem glücklichen Leben haben!
Hier findest du …

- täglich neue Impulse, Kurse und Videos für Erfolg, innere Ausgeglichenheit, Gesundheit, Fitness, lebendige Beziehungen und Achtsamkeit,
- Unterstützung durch Gleichgesinnte, Partner und Netzwerke,
- Ratgeber und Mentoren, die die Dinge, die du gerade durchlebst, schon gemeistert haben,
- Austausch, Kommunikation und Anerkennung,
- Anregungen und manchmal eine neue Sicht auf die Dinge,
- ab und zu einen freundlichen Tritt in den Hintern, um Dinge wirklich anzugehen.

Hol dir alle Infos und jede Menge kostenlose Angebote unter: www.humantrust.com

thinkbigEVOLUTION – Erfolg. Erfüllung. Evolution.

Lass dich 33 Tage lang von Veit Lindau persönlich auf deinem Weg zum Erfolg begleiten thinkbigEVOLUTION ist eine Einladung an dich, größer und freier darüber zu denken, was du kannst, wer du bist und was du der Welt zu geben hast, und dementsprechend zu handeln! Alle Informationen findest du hier: www.thinkbigevolution.com

INNERMETRIX.

Persönlichkeits-und Begabungstests

Wir alle können viel mehr erreichen, als wir bis hierher errungen haben. Doch wir können nicht alles erreichen. Denn jeder von uns ist eine einzigartige Mischung aus Begabungen, Verhaltensmustern und inneren Motivatoren. Sie zu kennen erspart dir als Einzelperson und jedem Team viel Ärger und setzt Potential frei. Denn so kannst du einen Erfolgsweg gehen, der wirklich dir entspricht, dich auf deine Stärken konzentrieren und für deine »Schwächen« Verbündete suchen.

Die persönlichkeitsdiagnostischen INNERMETRIX-Analysen basieren auf wissenschaftlichen Forschungen von z. B. C.G. Jung, William M. Marston oder Eduard Spranger. Die Tests sind hervorragend geeignet für Potentialanalysen, zur Klärung der eigenen Berufung, zur Verbesserung der Kommunikation und Leistung in einer Beziehung oder in einem Team.

Mehr Informationen: www.shop.lifetrust.info

Bibliografie

Quellen, die mich inspiriert haben

- John Assaraf: *The Answer. Grow Any Business, Achieve Financial Freedom, and Live an Extraordinary Life*, Atria Books 2009.
- Jack Canfield: *Kompass für die Seele. So bringen Sie Erfolg in Ihr Leben*, Goldmann Verlag 2005.

- Napoleon Hill: *Denke nach und werde reich. Die Erfolgsgesetze,* Ariston 2005.
- James Arthur Ray: *The Science of Success. How to Attract Prosperity and Create Life Balance Through Proven Principles*, SunArk Press 2005.
- Anthony Robbins: *Das Powerprinzip. Wie Sie Ihre wahren inneren Kräfte sofort einsetzen*, Ullstein 2004.
- Ron Smothermon: *Drehbuch für Meisterschaft im Leben*, Kamphausen Verlag 1996
- Jörg Starkmuth: *Die Entstehung der Realität. Wie das Bewusstsein die Welt erschafft*. Starkmuth Publishing 2010.
- *Ein Kurs in Wundern*, Greuthof Verlag.
- Der »Resultate-Kurs« von Frank Natale.

Weitere Buchempfehlungen

- Richard Bach: *Illusionen. Die Abenteuer eines Messias wider Willen*, Ullstein TB 1998.
- Richard Bach: *Brücke über die Zeit*, Ullstein TB 2000.
- Richard Bach: *Die Möwe Jonathan,* Ullstein TB 2008.
- Roy Baumeister und John Tierney: *Die Macht der Disziplin: Wie wir unseren Willen trainieren können*, Campus 2012.
- Wayne Dyer: *Mit Absicht: Den eigenen Lebensplan erkennen und verwirklichen,* Goldmann Verlag 2005.
- George Leonard: *Der längere Atem. Die fünf Prinzipien für langfristigen Erfolg im Leben*, Heyne Verlag 2006.
- Jack Kornfield: *Meditation für Anfänger*, Arkana 2007.
- Pero Micic: *Wie wir uns täglich die Zukunft versauen: Raus aus der Kurzfrist-Falle*, Econ 2014.

- Michael Talbot: *Das Holographische Universum*, Droemer Knauer 1994.
- Eckhart Tolle: *Jetzt! Die Kraft der Gegenwart*, Kamphausen Verlag 2010.
- Eckhart Tolle: *Eine neue Erde: Bewusstseinssprung anstelle von Selbstzerstörung*, Arkana 2005.
- Ken Wilber: *Boomeritis. Ein Roman, der dich befreit*, Phänomen-Verlag 2008.
- Ken Wilber: *Integrale Spiritualität*, Kösel 2007.

Weitere Bücher von Veit Lindau

- *SeelenGevögelt. Ein Manifest für das Leben,* Goldmann TB 2013.
- *Heirate dich selbst. Wie Selbstliebe dein Leben revolutioniert*, Kailash 2013.
- *Liebe Radikal. Wie deine Beziehungen erblühen, wenn du dich existentiell einlässt*, Kailash 2014.
- *NO Prblem. Wie du dein Problem verschwinden lässt*, Life Trust 2013.
- *MANIFEST. Der etwas andere Timeplaner* für 100 Tage gutes Leben, Life Trust 2014.

CDs, Videos, Seminare mit Veit Lindau

Im Onlineshop: www.shop.lifetrust.info

Filmempfehlungen

Matrix, Die Legende von Bagger Vance, Die Truman Show, eXistenz, The 13th Floor, Und täglich grüßt das Murmeltier, Wie im Himmel, Saint Ralph, Freedom Writers, Interstellar.

DEIN

KAPITEL

Stell dir vor, du hast JETZT einen Wunsch frei.
Stell dir vor, alles ist möglich.
Stell dir vor, dass dein Unterbewusstsein darauf wartet, dass du ihm genau sagst, was durch das Lesen dieses Buches in deinem Leben geschehen soll.

Beschreibe in diesem Kapitel deine Wunschresultate. Formuliere sie in der Gegenwartsform. Und vergiss nicht, dem Kapitel einen guten Titel zu geben.

Beim Lesen dieses Buches habe ich mich folgendermaßen gefühlt:

Ich habe die Antwort auf folgende Fragen gefunden:

Folgende wunderbare Ergebnisse haben sich bereits eingestellt:

Nach dem Lesen dieses Buches weiß ich …

Nach dem Lesen dieses Buches werde ich Folgendes tun:

- erfolgreich meinem Seelenplan folgen, von Glück erfüllt sein und konstant mind. €10.000 auf Konto haben.

So sei es.